6个台阶
——艺术类论文写作攻略
6 Steps to Writing an Art Paper

王洪义　著

哈尔滨工业大学出版社

内容提要

为帮助大专院校艺术实践或理论专业的学生完成学期论文或毕业论文,本书以循序渐进的方式,简明通俗的语言,通过六个写作单元的分析讲解,介绍了论文写作的全过程和关键点;提倡以科学态度而非传统哲学态度撰写艺术类论文,提供从选题路径到语言表述方式等具体而实用的写作指导意见;从操作环节入手引导学习者迅速提高论文写作能力,纠正当下艺术类论文写作及论文指导中的常见谬误。本书具有论证严密、方法简易、可操作性强、实用效果明显等特征,可作为艺术类学生论文写作的入门手册。

图书在版编目(CIP)数据

6个台阶:艺术类论文写作攻略/王洪义著. —哈尔滨:哈尔滨工业大学出版社,2014.7(2021.7重印)
ISBN 978-7-5603-4803-2

Ⅰ.①6… Ⅱ.①王… Ⅲ.①艺术–论文–写作 Ⅳ.①H152.3

中国版本图书馆CIP数据核字(2014)第131853号

责任编辑　杨　桦
装帧设计　卞秉利
封面插图　苏滨生
出版发行　哈尔滨工业大学出版社
社　　址　哈尔滨市南岗区复华四道街10号　邮编150006
传　　真　0451-86414749
网　　址　http://hitpress.hit.edu.cn
印　　刷　哈尔滨市石桥印务有限公司
开　　本　787mm×960mm　1/16　印张15　字数238千字
版　　次　2014年7月第1版　2021年7月第3次印刷
书　　号　ISBN 978-7-5603-4803-2
定　　价　38.00元

(如因印装质量问题影响阅读,我社负责调换)

写给同学们的话

编写这本小书的目的,是希望能帮助学习艺术(实践和理论)的同学写出一篇研究性论文。书名中的"艺术类论文",是指大专院校中艺术类学生需要完成的、与艺术实践或艺术理论有关的学期论文或毕业论文,而绝非一切以艺术为研究对象的论文。写作此书的因缘,与我近些年在美术学院中担当"论文写作"课的教学工作有关,因为这就使我不得不去指导很多同学写论文,有时候还会遇到外系学生拿着未被通过的论文来找我,希望给一些建议和指导。遇到这种情况,我多是拿几句大而无当、人云亦云的套话应付过去。我这样做不是因为我不肯尽教师的责任,而是除学识所限无力指导的情况外,还因为我知道论文写作是一个循序渐进的系统工程,对已经完成和将要完成的论文是很难提出有效的改进意见的。此外,我还常常看到一些找不到合适研究题目与方法的同学,会使论文写作成为一个让自己生气和恼火的过程。我猜想每年各种艺术或美术学院中能生产出些许思想僵化和内容空洞的论文,可能与这样的写作状态有关。因此,作为一个因教职而接触论文写作指导工作的教师,我想告诉各位青年才俊没必要为论文写作这样的小事而烦恼。只要你了解论文写作的一般步骤并按照这样的步骤去做,论文写作不但很容易,甚至还可能很有趣。当然,我知道仅凭个人教学经验在任课班级之外的更大范围里充当教师爷是相当冒险的,所以我在写作中尽可能参考了国外的著述和论文,也去图书馆翻阅了近年来国内出版的几本有关艺术论文写作的书,这些同行的研究不但给我很多启发和帮助,也使我在本书写作过程中避免了一些重复劳动,从而可以把主要精力用于较为实用的方面——只提具体建议,不对操作环节之外的艺术理论问题多加探讨。我也一向认为,无论是写论文还是做其他更复杂的事情,侈谈心性、无益事功总是无聊的。由此也可以推论,我这本小书里实在没什么高深的学问,至多能有一点实用性,而这也正是我所希望的——但愿能对各位同学的论文写作有些实际的帮助。由于全书是以递进方式介绍论文写作的六个步骤,因此书名就称为六个"台阶"了。

王洪义
2014 年 5 月 28 日

目 录

台阶一:选题 ·· 1
   1. 什么是论文? ··· 1
   2. 你的研究方向 ·· 3
   3. 找到合适的题目 ····································· 7
   4. 选题的方法 ·· 10
   5. 研究范围和论文类型 ································ 12

台阶二:搜集资料 ·· 15
   1. 从互联网开始 ······································· 15
   2. 阅读电子出版物 ····································· 20
   3. 该进图书馆了 ······································· 27
   4. 学会泛读 ·· 30
   5. 抄录资料 ·· 32
   6. 对网络查找资料的答疑 ····························· 35

台阶三:分析 ·· 37
   1. 不同的研究路径 ····································· 37
   2. 什么是分析? ·· 39
   3. 学术就是证据 ······································· 42
   4. 使用概念要清晰 ····································· 46
   5. 如何进行逻辑推理? ································ 48
   6. 头脑风暴 ·· 57
   7. 如何形成论点 ······································· 66
   8. 常见研究方法 ······································· 76

台阶四:结构 ·· 86
   1. 如何制作提纲? ····································· 86
   2. 简洁化表述 ·· 89
   3. 调整结构 ·· 92
   4. 论点的逻辑秩序 ····································· 94

台阶五：写作 ·· 98
   1. 什么是写作？ ·· 98
   2. 从初稿开始 ··· 100
   3. 给论文起个名字 ····································· 103
   4. 如何写摘要？ ······································· 106
   5. 关键词 ··· 106
   6. 引言 ··· 107
   7. 正文 ··· 115
   8. 结语 ··· 127
   9. 格式 ··· 132
   10. 注释和参考文献 ····································· 133

台阶六：语言 ·· 140
   1. 先休息，再修改 ····································· 140
   2. 清楚是第一位的 ····································· 142
   3. 如何处理文字？ ····································· 143
   4. 论文的语言风格 ····································· 148
   5. 校对与润色 ··· 157

附录1A 如何写文献综述？ ····································· 159
附录1B 陈师曾与齐白石的关系研究现状评述 ····················· 163
附录2A 如何写调查报告？ ····································· 182
附录2B 大、中学生审美情趣调查报告 ··························· 185
附录3 读唐画识"六法" ·· 189
附录4 被框架的女性意象：上海月份牌广告画的图像符号分析 ······· 197
附录5 日本京都学派的学风——独创性的学术研究方法与态度 ······· 219
附录6 一个大学生论文答辩后的致谢词 ·························· 230
主要参考文献 ·· 232

台阶一：选题

　　你可能在课堂上学过一些方法，也可能没学过。我想强调的，在你开始写论文的时候，找到合适的方法是很重要的，论文的学术深度通常也不是靠天才头脑的发现，而只是合理应用了某一种研究方法而已。但无论何种具体的研究方法和写作手法，都可能适用于我而不一定适用于你，因此写论文最好的方法，就是你自己能够掌握并运用的方法。在写作过程中你可以征询他人的建议，但是更要永远记住你是论文的最后决断者。写作中的"台阶"（即步骤）是客观存在的，从确认目标，选择题目，直到最后的修改、编辑和完成，每一步骤都意味着你的写作提升到一个新高度。

1. 什么是论文？

　　论文，也叫科学论文或研究性论文，它与一般所谓"文章"不同，它不是用来表达个人心情、感受和即兴看法的，而是用来记录科学研究过程和表述科学研究成果的。学习艺术的同学，多数会对"科学研究"这样的词语感到生疏甚至别扭，这种感觉是正当的，因为艺术与科学确实不是一回事。简单地说，是艺术求美，科学求真，俗话"可爱的不可信，可信的不可爱"就暗示了这两者的差别。一般说来，艺术家是不需要写什么论文的，充其量能记录一点个人创作经验也就足够了。但也有很多伟大的艺术家既搞创作也写论文，如外国的达·芬奇和丢勒，中国古今画论的大部分作者，他们才能广泛令人称奇。以前有个生动的比喻——创作是生孩子，研究是妇产科，没有妇产科也要生孩子的。而现在的艺术教育制度是要求生孩子的人也能当妇科医生，所以艺术实践学科的人也要写研究性的毕业论文，这当然是很高的要求。由此带来的一个常见困扰，是艺术学习者往往分不清科学与艺术的关系，会以艺术思维方式对待论文写作，把论文当成创作，这样就会两耽误，既写不好论文，也无益于创作。

需要说明的,这里所说"科学"是指科学态度而非学科划分。从学科划分的角度看,艺术研究既不是自然科学,也不是社会科学,它属于人文学科的组成部分,而所谓人文学科,简单说就是文史哲加上艺术。

从传统的论文形态看,人文学科与自然科学的区别是明显的,但当代人文学科的研究方法与传统的文史哲艺的研究方法已有很多不同——在相当大的程度上正日益成为科学研究的对象,因而其本身也正在成为"科学"。这种现象的出现来自两个原因:一个是人文学科中一些门类(包括文学艺术)使用与自然科学相同的方法为自己取得"科学"地位;另一个是由于科学技术发达和传播媒介改变,艺术不再像从前那样只是上层社会的特供产品,而是日益成为广泛的社会现象,也因而成为社会研究和科学研究的重要对象。这样从自然科学和社会科学的角度看上去,艺术成为科学研究对象之一,而从艺术学科的角度看上去,是使用科学的研究方法使自己也成为科学。

写论文不是搞创作,其价值在于客观性而非主观情感,因此写作者只能坚守与自然科学研究相同的态度和立场——实事求是。这就是说,我们今天写的论文,不但不能同于宣传文告和会议发言稿,甚至也不能同于传统的哲学和美学所惯用的立场和方法,① 而是应该以科学为基本立足点。那什么是科学?"科学的"与"艺术的"研究有什么不同?下面几条可能是最基本的差别:

● **科学不是感觉**。无论创作还是欣赏,艺术都离不开感觉。"我感觉他画得很好",说说可以,写论文不能这样,虽然你的研究动因可能来自某种感觉,但你的研究不能停留在感觉层面,因为所谓研究是寻找产生感觉的原因而不只是记录感觉本身。

● **科学是判断是非,不是判断美丑**。判断善恶是伦理学研究内容,判断美丑是美学研究内容,科学研究有点像法律,最看重证据(事实),因此你的主要对象应该是具体事物而非难以实证的思想或观念。

● **科学不是信仰**。信仰是心诚则灵,主观认定,不需要证据,如信仰

---

① 传统的美学或艺术学研究方法从属于哲学范畴,因此美学有"艺术哲学"之称。哲学和科学的研究对象可以同为自然界和人类社会,但关注的问题和达到的结果很不相同。哲学比较关心认识论、本体论,会追问世界的"本质"是什么,科学研究则更关注较为实际的问题。艺术是不能脱离具体物质样态的事物,近代以来又是科学统领一切,因此从全世界的潮流看,当代艺术研究正在日趋科学化而不是哲学化或美学化。

释迦牟尼或共产主义,不需要证明他们确实存在。即便要去证明,也只是去证明那个已经被认为是正确事物的正确性,这就与"怀疑一切"的科学精神相差太远了。

● **科学不是常识**。常识是尽人皆知的,不需要你再去证明(除非你发现了常识中的谬误)。如果你的论文只是为了证明齐白石是20世纪的伟大画家,或者赵无极住在法国而不是住在中国,那还是不要写的好,因为这是谁都知道的事情。但如果你是去指出常识中的错误,那就不但可以写论文,而且还会有很重要的研究意义。

● **科学不是哲学**。从哲学角度讨论艺术的情况很常见,艺术也是哲学的分支——美学的主要研究对象。但你如果不是以美学为研究方向,就没必要沉浸在那些抽象理论的池沼里。这是因为哲学研究偏重抽象思考,艺术研究偏重具体事物。如果你想通过论文写作提高自己分析问题、解决问题的能力,选择科学路径入手会很实用。

● **科学不是艺术**。虽然科学与艺术一样需要创造性,但是艺术是根据想象创造有情感属性的主观精神世界。科学也需要想象,但仅凭想象还不能成为科学,除非你能证明这种想象的客观实在性。同时科学研究比较排斥个人情感,它以认识主观情感之外的客观规律为最高目标。[1]

也可将上面这几条看作区分论文和非论文的简单标准。下面文字框中是国家标准委员会颁布的《科学技术报告、学位论文和学术论文的编写格式》中对论文的定义:

> 是某一学术课题在实验性、理论性或观测性上具有新的科学研究成果或创新见解和知识的科学纪录;或是某种已知原理应用于实际中取得新进展的科学结果,用以提供学术会议上宣读、交流或讨论;或在学术刊物上发表;或作其他用途的书面文件

2. 你的研究方向

据不完全统计,目前我国已有1 300多所高校(不包括高职)招收艺术专业的学生,在校生达120万之多,成为名副其实的全世界艺术教育规模最大的国家。而作为一个学科门类,"艺术"的范围也很大,它下属5个一级学科:艺术学理论、音乐与舞蹈学、戏剧与影视学、美术学、设计学。每个一级学科下边又涵盖若干二级学科(专业方向)。比如我所在的上海大学的艺术学科中,就包括了艺术学理论、戏剧与影视学、美术学和设计学四个一级学科。这个一级学科的名称与同学们(也包括老师)关系

---

[1] 此处参阅:金克木. 艺术科学丛谈[M]. 北京:三联书店,1986:129–134.

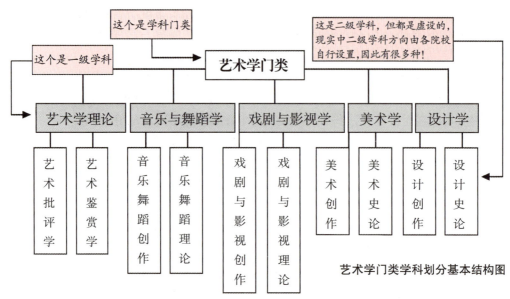

艺术学门类学科划分基本结构图

最密切,因为它是全国统一的,会写进你的毕业证书,也会在你的毕业论文封面上得到体现,成为你学习履历中的永恒标志。

学科门类和一级学科是国家进行学位授权审核与学科管理、学位授予单位开展学位授予与人才培养工作的基本依据,二级学科是学位授予单位实施人才培养的参考依据。目前艺术类一级学科下的各种研究方向,是各学校或学院自行设置的,虽然也要经过教育主管机构的备案,但没有全国统一规范,大部分是与该教学单位的师资力量和领导者的兴趣有关。即便是同一院校的同一研究方向,也会随着时间推移,呈现数量或名称上的动态变化。有时候,你入学时报考的研究方向,到你毕业时在招生目录上已经看不见了。近些年还有一种更不好的现象,是有些研究方向是根据一些教师的科研项目制订的,这样的研究方向就更不可能长远。

虽然艺术研究方向是如此之多,但概略划分不过两类:一是实践类;一是理论类。以美术学为例,前者是国版油雕(也可能有其他),后者是美术史论(也可能有其他)。谁都知道,这两种事物很不一样,前者偏于动手,后者偏于动脑。换句话说,前者是培养画画的,后者是培养写字的,这个差别对于同学们来说是至关重要的,因为它决定了你未来的职业方向。①

---

① 目前国内艺术类研究生教育也有两个类型:一是学术型(academic degree),一是专业型(professional degree),前者偏于理论,学制长;后者偏重应用,学制短。

因所知有限,这里无法详细介绍所有艺术研究方向,只对下面三个一级学科略作评述,所说皆为个人不成熟看法,仅供参考。

(1)艺术学理论

如果把音乐学、舞蹈学、戏剧学、电影学、电视艺术学、美术学、设计学等称为"艺术门类理论",艺术学理论就是独立于各艺术门类理论之外,又与这些艺术门类理论相平行的一门学科。其研究方向是打通各门艺术之间的壁垒,构建能涵盖各门艺术普遍规律的理论体系。[①]这也就是说,如果你研究的是具体的艺术现象或问题(如博伊斯的"7 000棵橡树"或冯小刚的贺岁片),研究结果也只为解释这些具体艺术现象和问题,你就不是艺术学理论。只有你的研究不是针对任何具体艺术作品和艺术中的具体问题,或者你的研究结果能适用于一切艺术门类时,你的研究才能进入艺术学理论的殿堂。如以榨油为喻,有人使用大豆,是豆油学;有人使用花生,是花生油学;有人使用芝麻,是芝麻油学;如果有谁能提炼出不是豆油不是花生油不是芝麻油也不是其他一切有具体植物属性的油,才是涵盖各种食用植物油普遍规律的理论——植物油学(不知道现在的"调和油"是否属于此类?)。不过也由此可知,在认识普遍规律的时候,也还需要先认识各种特殊规律,普遍规律是产生于特殊规律之中的。

如果你恰巧是艺术学理论专业的,你可能需要付出比学习单一门类的艺术理论更多的努力,采百花以成蜜,这是由学科属性所决定的。当然也常见另一种情况,是从某一具体艺术门类入手,经过深入研究而获得对艺术普遍规律的认识。如已故著名文艺理论家王朝闻先生是雕塑家出身,艺术学理论的有力倡导者张道一先生也曾长期研究工艺美术。

(2)美术学

美术学下设很多二级学科,如美术创作、美术史论、美术教育、美术考古、艺术市场等等;每个二级学科下又有很多研究方向,如美术创作分国画、版画、油画和雕塑,美术史论分美术史和美术批评,等等。所有这些下属学科和专业方向也可概分两类:一类偏于旧,是古已有之或久已有之(国版油雕和美术史);一类偏于新,是与时俱进或应时而生(如美术考古和艺术市场)。从已有研究成果看,是旧的偏多,新的偏少。这也很容易理解,因为所谓旧,就是因为时间长,而时间长自然研究的人就多,即便聚沙成塔,也会比仓促搭建的新式牌楼多些厚重和坚实。这是传统学科的好处,也是传统学科的难处,仅以美术史为例,是无论怎么进取,除了

---

① 王廷信. 艺术学理论的使命与地位[J]. 艺术百家, 2011(4): 23–26.

少数大家有触类旁通、借古开今的创造能力，其余研究总是多指向过去，不能完全跟上社会变化的需要；架上绘画创作也有类似情况——除了在市场中谋出路几无其他更好用途。

20世纪后半期的世界艺术潮流已脱离架上绘画另起炉灶，大众文化的兴起也让博物馆和美术馆中的经典艺术困守一隅，而艺术展览体制的多元和艺术市场的火爆也产生很多新的需求，这些都在研究对象和研究方法上对传统美术学提出挑战。所以目前国内很多艺术院校都在美术学名下增设新专业和新方向，如实践类的综合艺术、新媒体艺术等，理论类的艺术市场或艺术管理等，这预示着有时代特色的中国新美术学格局正在形成。

如果你是美术学方向的学生，最好能不在论文中炒冷饭，讲常识，或者去煞费苦心地考证一些无关痛痒的历史边角废料，而是要尽量发现新问题，研究新问题。这不仅仅是为写一篇能够让你顺利毕业的论文，也代表你做事的风格，如果你能对解决时代急需的美术学问题有所贡献，那就最好不过了。

（3）设计学

设计学与美术学不同，它本身就是新学科，其自身历史不长，[①]但由于其研究内容与国家经济建设和国民物质文化需求密切相关，所以不但发展速度快，且多为各艺术院校中重点发展的学科方向。设计学内部包含众多较为细致的专业方向，最常见的有视觉传达设计、景观设计、服装设计、展示设计、产品设计、动画设计、公共艺术设计、家具设计、首饰设计、数码媒体、设计史论，等等。除了学科新，范围广，内容杂，设计学还有两个重要特点：①理论与实践关系最为密切，被认为是"技术和艺术融通的边缘学科"。[②]一般说，对设计原理的研究是无法脱离具体设计实践而另搞一套的，其中的基本设计原理如平面构成和立体构成，本身就有很强的实践性质。②设计学与其他很多学科相互渗透（如社会伦理学、环境工程学、设计心理学、系统工程学、市场学等），这不但使设计学实践和理论有条件汲取多方面学术资源，也大大提升了设计学的创作高度和研究深度，使其成为一门内涵深邃、应用层面宽广的庞大学科。

从事物发展规律看，经济越发达，大众生活水平越高，设计学就会发

[①] 1998年国务院学位委员会决定在研究生教育中增设"艺术设计学"，在本科教育中用"艺术设计"取代原有的"工艺美术"。

[②] 辛华泉. 论艺术设计学[J]. 装饰, 2006(9): 5–7.

展越快,因此,当代设计学已经成为一门理论与实践密切结合、内部专业方向分化细致的热门学科。如果你正巧名列设计学门下,就需要在众多设计学研究方向上选择好自己的立足点,或总结实践经验以突显创意,或针对具体问题给出合理意见,或夯实理论功底以博采众长。总之,你的研究要关联社会需要,要有助于解决与国家经济建设和大众生活密切相关的难题。这样你不但是在写自己的以设计为研究方向的论文,你也同时在论文中设计了自己。

3. 找到合适的题目

论文写作的第一步是选择研究题目。这是个入门台阶,一旦选错了危害巨大,所以要慎之又慎。选题的用处,是提供一个可行的研究方向,划定一个合适的研究范围。你要特别注意两点:一个是选你自己感兴趣的题目,另一个是要选你有能力完成的题目(即便是接受老师指定的选题也要这样)。"有兴趣"才能调动个人的钻研兴趣,"知之者不如乐之者"说的就是这个道理;"有能力完成"是说你要有些准备,聪明人不会选择自己不熟悉的研究对象。比如你要研究艺术市场,就要略知商业方面的知识;你要研究外国美术,也要有较好的外文基础。此外还应注意下面几点:

3.1 题目宜小不宜大

艺术界中人多喜欢讨论大题目,不少同学在论文写作中也会选择大题目。不是说大题目绝对不可以写,只要言之有物,其实是大小皆宜的。你如果确实对大题目有兴趣,也无妨大胆下手。但一般说来,题目过大,难免材料多,头绪纷杂,不宜控制,无法做深入切实的研究,最后弄成模糊笼统的概述,反而有失大雅。所以常说的写论文要从大处着眼,从小处着手,就是因为小题目容易搜集材料和聚焦论点,如果做得好,还可以在局部意义上取得超越前人的学术成绩。选择小题目不意味着可以降低论文水准,而是要"小题大做",只有下大力气做,才能小题目有大收获,即便没有发出什么振聋发聩的声音,至少也能得到一种求真务实的学术训练。

实际上,论文题目的大小是与资料有关的。有什么资料就做什么题目,有多少资料就做多大题目,是资料决定题目,而不是题目决定资料。这很像家庭主妇去市场买菜,她本来想做地三鲜,但在市场转了一圈没有买到茄子,回家后她就改做青椒土豆片了。随着查找和阅读的深入,你预设论文题目也会随着资料搜集状况而有变化。比如你初选的研究范围可能是"新中国美术",相对较小的范围可能是"新中国美术中的人物画",更小的范围可能是"新中国美术中的女性人物画"这就是一个选题由大到小的"窄化"(Narrow)过程,即由研究较大范围逐渐缩小至该大范围里的某个小范围。下面表格中列举了一些由大变小的题目范例:①

大范围	大题目	中题目	小题目
古代美术	古代佛教美术	北朝晚期佛教美术	北朝晚期青齐区域佛教美术研究
	古代道教美术	古代湖南道教美术	沅湘地区乡土丧葬中的道教美术研究
油画	中国当代油画	20世纪80年代中国油画	20世纪80年代中国写实油画语言研究
		喻红的油画人物画	喻红油画作品中人物与背景并置呈现研究
中国山水画	20世纪山水画	20世纪山水画中的革命题材	钱松嵒与20世纪山水画中的革命圣地题材
	中国山水画皴法	中国山水画皴法	中国山水画皴法的流变及其成因
中国花鸟画	北宋宫廷花鸟画	"宣和体"北宋宫廷花鸟画	"宣和体"北宋宫廷花鸟画与诗的相关性研究
	明清花鸟画	明清花鸟画中的媒材发展	明清花鸟画中的媒材发展引起的墨法艺术流变
视觉传达	视觉传达中的期刊广告	视觉传达中的服饰奢侈品牌期刊广告	对视觉传达中的服饰奢侈品牌期刊广告的要素分析
	视觉传达中的图形创意	中国传统图形在视觉传达中的应用	中国传统剪纸吉祥图案在视觉传达中的应用

---

① 表格中"小题目"一栏中的论文题目,是近些年我国各高校的硕士或博士已完成的论文题目。

大范围	大题目	中题目	小题目
环境艺术	民居环境艺术	少数民族居住区环境艺术	丽江大研古镇纳西族民居环境艺术研究
	候车大厅环境艺术设计	铁路客运站候车大厅环境艺术设计	有民族特色的铁路客运站候车大厅环境艺术设计
产品造型	产品造型视觉界面	产品造型视觉界面分析评价方法	产品造型视觉界面分析评价方法与软件开发研究
	手机产品造型	功能主义的手机产品造型	功能主义的手机产品造型
服装设计	运动休闲服饰设计	运动休闲服饰设计中的波普艺术元素	波普艺术元素在运动休闲服饰设计中的应用研究
	女性服饰纹样	清代宫廷女性服饰纹样	清代宫廷女式服饰纹样在高级时装定制中的应用
中国电影	中国喜剧电影	冯小刚喜剧电影台词	冯小刚喜剧电影幽默台词建构的语用策略研究
	中国电影美学	张艺谋电影中的美学	当代审美文化视域中的张艺谋暴力美学现象批判
景观设计	湿地景观	辽河三角洲湿地景观	辽河三角洲湿地景观变化及驱动机制研究
	公路景观	公路景观与行车安全	高等级公路景观对行车安全影响的综合评估

3.2 要与现实有联系

与现实的联系，或说有没有现实意义，也是选择论文题目时必须要考虑的。任何学术研究都应该学以致用，所以选择题目以与现实有关联者为佳。那种与现实生活和时代需要毫不相干的选题，必然沦为没有意义的自娱自乐和空谈玄谈。常见到一些美术史论文既不能发现新材料，也不能在旧材料中找出新意。比如有人研究某一古代美术遗迹，而这个遗迹早就不存在了,即便存在也不是什么有影响力的事物,它既不能改变什么,甚至也不能增添什么,就算你能把这样的遗迹研究得清晰透彻,对做好今天的事情和理解古代的事情有什么用处呢?所以我想建议每一个有学术志向的同学,哪怕你不写论文,也不要把千百年来由无数人说了无数次的陈词滥调再重新说一遍。因为不写论文只是耽误你自己的事,而写出这样的论文却是浪费纸张油墨,还可能浪费很多读者的时间和精力。

3.3 避免主观化选题

学术论文最重要的价值是取得客观的结论,而艺术学界中常有一种现象,是很多热门讨论其实都在围绕着主观化的题目展开,这样就永远无法以科学的方法加以确认,就会出现各执一词、僵持不下、永无宁日的讨论局面。比如什么笔墨是否等于零的问题,什么中国画穷途末路的问题,什么行为艺术是好是坏的问题,等等,讨论各方都只能依据主观倾向提出看法,谁都拿不出客观准确的判断,也就永远不会有可信的结论。如果你选择类似"中国画的民族性"、"中国画创作的主体精神"、"中国山水画的时空感"、"中国画的笔墨心象语言"等题目开展研究,[①] 就很难避免主观情感的干扰,你甚至会在执笔之初就有明显的感情倾向,这当然是很不可取的。所以你要尽量避免选择那种无法客观检验的事情作为自己的论文题目,你要对自己的学术起点负责。

4. 选题的方法

对任何研究者来说,选题都不是轻而易举的事。虽然有时候突然产生的念头也能成为论文题目,但这种看似突如其来的灵感也是以长期思考为基础的,没有对某一领域或某一问题的日积月累的钻研和琢磨,你的头脑中就不会出现灵光乍现的时刻。下面有几个寻找选题的方法,不见得适用于每一个同学,但经验告诉我,它们对大部分同学是有效的。

● **亲身经历**——直觉和经验,是做研究的重要基础。你是否很有心得地完成了毕业创作?你是否参与过一些社会上的艺术活动或在某类艺术机构有过实习经历?如果有,这可能会成为你的论文研究内容。鲁迅的文学作品总是以绍兴为背景,费孝通的社会学研究也起源于自己的家乡,作为未来的艺术学者,你也不妨从自己最熟悉的领域开始。

---

① 这几个题目均为国内高校艺术硕士毕业论文题目。

- **向同行咨询和交流**——在你暂时没有好想法的时候,其他人可能会对你提出好建议。与同学或校内社团中人交流,有助于你了解周围学术研究现状,知道大家正在做什么、做到什么程度以及争论的焦点问题。由此可能会发现适合于你的研究切入点。
- **对现实问题的关注**——现实中永远存在一些迫切需要解决的问题,这是最有价值的研究题目,起码比那些无关现实的题目有更重要的应用价值。关注现实不仅指用眼睛去看,也包括交谈、参加研讨会、阅读报纸杂志、从大众传媒获得信息等。如果你的研究能够有助于解决一点哪怕很微小的现实艺术难题,那么就恭喜你——因为你赢得了同行的尊重。
- **阅读原始资料**——阅读历史书、参考书、传记,或者报刊文章,都可以帮助你发现选题。通过大量阅读文献,既可以领略前人或同行研究的风采,也可以从他们的研究中寻找薄弱环节,以求新突破。任何研究都难以回答所有的问题,对同一问题研究也会存在不同看法,这些都给你留下了驰骋个人想象力的空间。
- **个人兴趣**——出于个人兴趣对某个问题进行研究,不但是选择选题的合理途径之一,而且是最佳途径。兴趣,是最好的老师,有兴趣就有研究动力和热情,也就容易研究得好。但需要注意的,是这个兴趣必须有学术研究价值和可能,如果你的兴趣是UFO或者喀纳斯湖水怪,就不太合适作为论文选题了。
- **寻找地方资源**——中国地域辽阔,各地区的文化传统和现实条件多有差异,从地方资源入手也是选题常见方法。很多院校的指导教师会提倡这个方法,他们会指导学生关注所在地域的艺术研究资源,应该说这是一种很聪明的选题方法,因为研究所在地的艺术总会获得些优越条件(如现场考察或咨询访谈都比较方便)。做这种题目的好处是研究对象较为具体翔实,可避免空谈。但如果做不好也容易成为"一地鸡毛",不能在较宽广的学术层面上发挥作用。

选题可以在研究之前确定下来,也可以在研究开始后逐渐确定。后者是指先有一个大致方向,然后在研究过程中找到最适合的题目。一般说,学院中的论文制度会限制你更换选题,虽然能坚持最初的题目是值得嘉许的,但从研究角度看,中途改变选题也是正常的,算不上什么错误。如果你已经确定一个选题,这个选题的范围足够小,小到可以凭自己的能力完成,接下来你要做的,就是研究这个题目及一切相关问题(谁都无法对不了解的事物说三道四)。

为做到对所选题目心中有数,你一定要做一些耐心的阅读。你必须广泛查阅与你的论题有关的书和文章,并开展持续和大量的阅读。这将帮助你将你的选题与他人的研究联系起来,也有助于窄化你的题目(假设你初选题目是过于宽泛的)。

5. 研究范围和论文类型

可以说艺术类论文的研究范围无限宽广,这首先是因为"艺术"一词含义太宽泛,它可以作为生产意义上的美的产品的创造活动,还可以作为精神意义上的审美活动。古希腊的"艺术"用来表示各种技能和技巧,凡体现了熟练的技能和技巧的手工业产品就都是艺术。在现代社会中,美国艺术理论家托马斯·门罗(Thomas Munro)曾说过艺术的全部形式约有 400 种,按照他的意见,不仅文学、戏剧、绘画、音乐等是艺术形式,而且整形外科、美容,优美的举止、香料制造、烹调术、服装设计、理发、刺绣,等等,都是艺术形式。你在写论文时当然不能把研究范围扩展到这么宽泛,而根据学校里的学科设置和学习内容,以研究"物质形态"的艺术作品或现象作为主题,或许是简单可行的办法。当然,这样的范围其实也很大,至少包括了建筑、造型艺术、设计艺术、影像艺术等学科。其实最合理的研究方向,就是在这些四通八达的研究大道中,你自己深感兴趣并且有能力走到终点的那个方向。

一般说,确定研究范围与你预设的论文类型有关。作为一个即将毕业的艺术学生,你可能被要求撰写某一类型的论文,在不同的学术团体(科系)和不同的指导教师中,也会侧重于某一种类型(如评述性论文会受到艺术批评方向的导师的推重,考据性论文会受到美术史方向的导师的推重)。从科学意义上说,各种论文类型都是可取的,都有其适用性,类型本身并无高低优劣之分。下面表格中的几种类型是比较最常见的:

主要类型	基本性质	写作手法
综述类论文	整理已有知识	整理归纳
调查类论文	了解真实情况	调查取证
商榷类论文	质疑某种看法	问道穷理
评述类论文	表达个人看法	阐发思想
考证类论文	探察已知讹误	钩沉探微

以上几种论文形式中,有的能适用于一切研究对象,有的则有局限性。比如一般说,调查报告就不大适合美术史的研究,尤其不适合外国美术史的研究,因为一般本科生和硕士生会缺乏实地考察的条件;单纯的文献综述也不适合那些致力于新发现的研究,而只能为新发现充当背景知识;而辩论性论文的前提是发现他人论点中值得与之商榷的问题。下面几个建议是针对不同类型的论文选题的:

● **文献综述是对他人(同行)所做的与自己相同题目的研究成果的整理和归纳**。以汇集文献资料为主,重点是整理知识而不是创新知识,这需要写作者查阅和整理大量学术论著或其他相关资料。如果你对他人学术成果有比较透彻的分析和研究,也可以在综述的基础上对相关学术问题提出个人看法和建议。文献综述不但是一种论文类型,也是各种研究性论文都必不可少的前期准备工作。就算你不打算写一篇综述性质的毕业论文,但与你论文相关的综述研究你是不能不做的,否则你这篇论文的价值就会大打折扣。

● **调查报告是描述和分析事实的书面文字**。从功能上说一般分两种:一种是工作类调查报告;一种是学术类调查报告。前者主要用于行政事务,与同学们的论文写作无关;后者则广泛应用于学术各领域,在诸如考古、文物、历史、民俗研究中最为常见。有新发现的调查报告能有益于解决相关文化建设中的问题,或间接为学科建设起到推动作用,是学术论文的重要类型。决定调查报告质量的是调查活动本身,你了解得多就能写得多,了解的好就能写得好,因此调查报告不单是文字训练,更是实际工作训练,还是一种人生历练。特别是对初学者来说,通过调查报告写作而走出校园接触实际社会生活,是一次开阔眼界、增长见识的过程。另外,写论文从事实入手也会比从理论观念入手容易些。但因积习所累,目前国内艺术类论文中还比较少见调查报告形式,可见这还是一个有待发展的领域。

● **评述性论文是对历史、人物、事件、思潮、理论、观念、方法、研究或创作成果等的分析和评述**。对艺术类论文写作而言,这是最多见的,也是大多数指导教师和学生乐于采用的"主流"艺术论文形式,估计这类论文就数量看可能会占据全部艺术类论文的70%以上。这种论文的性质属于"第二次发现"——对已知事物的再次认知。但如果没有个人的独特视角或特殊心得,也不容易有新的发现。不同内容的评述类论文也有所偏重,比如有的侧重于评,有的侧重于述,但都不外乎是对已有知识体系的重估。此类论文的好处是可以较充分表达个人观点，缺点是如果证据不充分或缺乏原创力，很多看似铿锵有力的论点不过是人云亦云的套话和虚无缥缈的空话。所以越是评述性论文，就越要在搜集材料和证据上下大工夫。

● **商榷类论文也叫驳论类或争鸣类论文，通常是指出对方的错误观点，同时提出自己一方的观点**。这类论文中包含对立面和思想冲突，所以是最有趣味性的一种论文形式，也是最需要青年学生们去勇敢尝试的一种论文形式。当然，撰写此类论文的前提是你要有独到发现，证据要充分，要以理服人，切忌个人攻击。写作上的难点是因为要与对方讨论同一问题，因此你必须有在学术上发现对方问题的能力，或者说你能有高于对方的见识。而如果对方是心智成熟的学者，能留给一般初学者表达反对意见的机会就太少了。所以，商榷性论文相当于找"软柿子"下口，谁能找到学术上的"软柿子"谁就先成功了一半。

● **考证类论文也称为考据式论文，多出现在艺术史研究中**。它是以过去时代中某一事物或问题为主要研究对象，凭借一定的文献材料，经过辨析、梳理、判断，揭示出现在人们所不能详知或确知的历史真实情况。这种研究方法的核心是比较，[1]涵盖校勘、辨伪、考异等手法，这是一种历史学研究方法，尤其适用于史料的搜集、整理和考订，因此对于搞艺术史的人是很用得上的。但此类研究方法通常不适用于研究现实问题，也不适用于研究与个人体验有关的艺术实践经验。如果你不是以美术史为论文方向的同学，一般用不着尝试去写这样的论文。

---

[1] 傅斯年说过"假如有人问我们整理史料的方法，我们要回答说：第一是比较不同的史料，第二是比较不同的史料，第三还是比较不同的史料。"转引自：侯云灏. 20世纪前半期的新历史考证学及其历史地位[J]. 求是学刊, 2001(6): 95–102.

台阶二：搜集资料

初步确立选题之后，就要开始搜集资料，即搜集与你的研究有关的其他人的研究成果和相关信息，你要大量搜罗和阅读著述、论文或会议报告等文件。这是因为任何有深度的研究，都要以他人的同类研究作基础，详细了解他人的研究情况，可以使我们对自己的研究有清醒的认识。而能否找到足够数量的资料，也是判断选题是否合适的重要标志。如果与你的选题有关的其他文献很少，可能意味着你的选题价值不大；如果其他文献太多，可能意味着你的选题太缺乏原创性。而从写作实际需要的角度看，资料过多或过少都会带来不小的困扰（太多看不过来，太少难以征引）。因此搜集资料常常成为论文写作的关键环节。一般搜集资料要经过三个阶段：

①首先你要在互联网上搜索，熟悉你要研究的领域的基本情况。

②进入学术数据库开展进一步搜索，因为数据库中有更多更准确的同行的论文和报告。

③最后你需要埋头在图书馆里，阅读与你的选题相关的所有学术著作。

这个过程的开端是互联网，但你绝不能在那里结束。如果一篇研究论文仅仅使用互联网资料就很不可靠，还会使写作者在后期评审阶段中处于劣势（如果评委老师们看到你的参考文献都来自互联网，一定会皱起眉头），所以你一定要学会利用更好更学术化的信息来源——图书馆。

1. 从互联网开始

尽管互联网不应成为你的唯一信息来源（它可能是漏洞百出和很不全面的），但在你开始更深入的研究之前，还是应该首先利用互联网去熟悉你的研究对象。从这个意义上看，互联网的出现改变了传统的学术方法,相当一部分在过去需要耗时耗力去图书馆查阅书本的工作,现在坐在家里敲敲键盘就可以完成。但你在网络搜索时,也需要掌握几项最基本的技能。

1.1 使用不同的搜索引擎

搜索引擎能够为用户提供检索服务,用户输入关键词进行检索,搜索引擎从数据库中找到匹配该关键词的网页提供给用户。为了用户便于判断,一般搜索引擎除了提供标题和 URL(网页地址)外,还会提供一段网页摘要及其他信息。互联网大约包含 5 500 亿网页,百度和谷歌等是流行搜索引擎的代表。谷歌是全球规模最大和最受欢迎的搜索引擎,提供了简单易用的免费服务,它有上百亿网页及网页快照——但仍小于全部互联网页的 1/50,每天要处理 12 亿以上的网络搜索,占到全球搜索总量的 60%。其中 Google Scholar 是 Google 公司在 2004 年 11 月推出的免费学术搜索引擎,提供包括论文、图书、同行评论的文章、预印本、技术报告等多种类型的学术文献,覆盖面十分广泛。凡是在互联网上通行的网络数据库,都可作为 Google Scholar 的检索对象,用户在使用中也不需要特别登录,该搜索引擎现已成为学者、研究人员和学生查找专业文献资料的首选工具。①据说百度的中文网页约 20 亿,每天处理来自 140 个国家和地区的上亿次搜索请求。

你在互联网搜索时应使用多个搜索引擎。学校图书馆中的各种搜索引擎会提供适合大学教育目标的资料来源,流行的搜索引擎也能帮助你找到少量的学术信息。总之,无论你想选择什么研究对象,都可以在搜索引擎的菜单中找到相近资源。如果你能超越谷歌和百度,你就可以最大化地获得来自互联网的信息,例如,打进同一个搜索词在 www.wisenut.com 和 www.turbo10.com 中,搜索结果是不同的。在 www.google.com 与 www.yahoo.com 上搜索结果也是不同的。总之,任何一种功能单纯的检索工具都不能满足多样性的检索要求,只有使用多种检索系统,才能完成多方面的信息搜集工作。

1.2 判断网站的质量

当你像驾驶渔船的渔夫那样在互联网的海洋里巡游时,毫无疑问你

---

① 谷歌已在 2011 年 3 月 23 日关闭其中国搜索引擎,将搜索服务由中国内地转至香港,导致中国大陆用户使用谷歌搜索引擎进行搜索时经常会出现访问速度变慢或暂时无法访问的情况。

会发现一大批有吸引力的网址,这时你需要做的是将其中一部分送进垃圾箱,将另一部分保留下来作为可用资源。对上网经验丰富的同学来说,常常能凭网站主页面的设计风格看出其基本性质:黑色背景的通常是娱乐网站,白色背景的更具有传达学术信息的可能,而花里胡哨、鲜艳夺目的页面可能出于设计新手,有些个人博客却很专业地闪烁着学术的光芒。但你通常要避开一般的个人页面,尤其要避开能提供"免费论文"的页面,还要避开闪烁着很多五颜六色的广告的页面。你要清楚网站的类型,下面的网址域名后缀的含义你可能早就知道了:

.com = commercial(商业机构)
.org = organization(非盈利组织)
.gov = government(政府部门)
.edu = education(教育机构或设施)
.net = network(网络组织或机构)

不同的域名后缀表明该网站可能提供某种偏颇的信息,即一个网站因自身利益可能导致的某种信息倾向性。如政府部门的信息多有宣传和表彰政绩的意图,盈利组织的信息更会与产品推销挂钩,个人主页则时有自恋倾向。如果你意识到某网站在设法说服你,就像许多在网页列表顶端跳出的"广告"那样,你就要主动避开它们。此外虽然大的门户网站也会包含一部分艺术内容,但想查找相对较为专业的信息,专业的艺术网站总是更可取一些。雅昌艺术网中的拍卖数据就常常出现在研究艺术市场的论文中,成为研究者判断市场情况的依据;海内外各大博物馆和美术馆的网上展厅,也可使你不必亲临现场就能领略大师风范(尽管原作与照片有很大差距);一些专业教育机构的网络资源也能为你提供部分艺术基础理论信息。

> **什么是数据库?**
>
> 据库是以文件形式存在计算机存储器里的数据集合体,它是一个情报检索系统,是为配合文献检索而设计的,可分为事实型数据库或数值型数据库。数据库在网络上运行,使用者可以在校内互联网上很方便地查找和应用。对写论文的同学说来,最常用的是文献型数据库,尤其是能提供全文检索的文献数据库,能直接阅读和下载其他研究者的论文全文,对师生的研究和学习提供了很大方便。只是因为借助网络下载和传播数据资源过于便利,很容易损害数据库商的商业利益和数据库资源版权者的版权利益,所以使用者必须遵守知识产权法的规定和许可。事实上,中外各类数据库早已成为高校毕业论文写作的主要资料来源地,很少有人在论文写作中不使用任何数据库的。

1.3 设定你的搜索词

如果你在搜索对话框中输入的搜索词太多或太少,都会导致你得不到合适的信息。这时你要尝试针对相同搜索内容更换不同的搜索单词和短语。最基本的搜索方式是在搜索框中嵌入单个关键字。但是,单个关键字搜索到的信息会浩如烟海,而且绝大部分不符合自己的要求,这就需要进一步缩小搜索范围和结果。比如我在谷歌学术搜索框中嵌入"美术馆",得到的信息数是 16 700 条,如果嵌入"民营美术馆",得到的信息数是 375 条,改成"上海民营美术馆现状",信息数会缩减到 121 条,但这会更符合我的要求。雅虎搜索引擎中有一个自动查询机制,如果经搜索在雅虎目录和网站中都没有相匹配的内容,会自动利用其内置查询机制进行整个互联网范围的文档查找,你也由此能知道什么样的搜索字符串能符合你正在寻找的概念。此外还可以在两个搜索词之间使用空格或减号来限定搜索范围(两个关键字之间的空格表示"与",使用减号则相反),搜索的结果就更加精确。如果查找的是一个词组或多个汉字,可以将它们用双引号括起来,使关键字或词组成为一个字符串,这样查询"公共艺术"就去除了分别包含"公共"和"艺术"词组的文件,而只留下含有"公共艺术"的文件。这样虽然得到的结果会少,但也会更精确。

  许多搜索引擎具有先进的搜索选项,能帮你搜索和进入详细讨论。一般来讲,如果你希望获得关于某个问题的广泛性信息,那么最好使用雅虎那样的目录式搜索引擎,而要获得关于该问题的细节性信息,则要利用像 Alta Vista 这样的关键词检索工具。[①]谷歌的高级搜索选项,能极大提高搜索精确度,虽然使用它的人很少。最后,你还要去了解一些有特定方向的搜索引擎的内容,如果你在某一个搜索领域没有那么成功,不妨换另一个搜索引擎试试。

  除了这样的搜索之外,互联网还提供了其他可能性,有助于提升你的研究水准。比如:你可以找到与你所论主题相关的专家,通过电子邮件对他们进行访问;你还可以通过邮件、论坛和聊天等方式与同学们讨论你所遇到的问题。如果你能如此广泛地使用网络,你就很可能在与他人的交流中深化自己对课题的理解。而对于这样现代化的交际工具,青年学生也是最有条件熟练使用它们的。

---

① AltaVista 是世界上功能最完善、搜索精度较高的全文搜索引擎之一。以网页全文检索为主,同时提供分类目录搜索,内容极其丰富,提供 20 余种语言的查询服务,使用专门的语言识别技术,使不同语言的网页资料保存在同一个资料库中,从而提供各种语言的搜索。其主页面为英文。

上海大学图书馆的常用数据库资源名录

试用数据库
中国基本古籍库
书同文典籍数据库
RLOS 数据库试用通知
环球英语
超星文史资料开通试用
超星学术视频开通试用
超星院士文库开通试用
超星地方志开通试用
ESI 试用通知
IOP Publishing Journals

中文数据库
全国期刊联合目录服务系统
超星学术视频 镜像
海外收藏的中国近代史珍稀史料文献库
超星电子书(109 万册)
国务院发展研究中心信息网(国研网) 公网
KUKE 数字音乐图书馆 公网
全国报刊索引
钱伟长数据库
上海大学期刊投稿指南
上海大学学位论文数据库
上海作家作品数据库
万方数字化期刊库
维普－中文科技期刊数据库 新版试用 入口 3
中国科学引文库
中国知网(CNKI)本地镜像
中文社会科学引文索引(CSSCI)

外文数据库
High Wire Free Online Full-text Articles
Note Express 文献管理软件
Association for Computing Machinery (ACM) 入口 2
American Chemical Society (ACS)
Arts & Humanities Citation Index (A&HCI, ISI)
American Institute of Physics (AIP)
AIP Conference Proceedings
American Physical Society (APS)
American Society of Civil Engineers (ASCE)
ASIP & AMP (NSTL)
American Society of Mechanical Engineers (ASME)
CAMBRIDGE JOURNALS ONLINE (CUP)
Cambridge Books Online (剑桥图书在线)
Derwent Innovation Index (DII, ISI)
EBSCO
Engineering Index CompendexWeb (Ei)
Emerald 管理学、工程学
IEEE–IET ELECTRONIC LIBRARY (IEL)
INSPEC (Science Abstract, SA; ISI)
Institute of Physics (IOP)
ISI Web of Knowledge
Journal Citation Reports (JCR, ISI)
JSTOR–Journal Storage
John Wiley Publisher
Kluwer Online
Mathmatic Reviews
Nature Pubishing Group E-Journals 入口 2
NSTL– 全国开通的全文电子期刊
Optical Society of America (OSA)
牛津在线学术专著
Pro Quest Digital Dissertations (PQDD)
Reaxys (原 Cross Fire Beilstein / Gme lin)
Royal Society of Chemistry (RSC)入口 2
Science Citation Index Expanded (SCIE, ISI)
Science Online– 科学在线
Science Direct, Elsevier(SDOL)
Sci Finder Scholar (CA)网络版
Society for Industry and Applied Mathematics(SIAM)过刊
Springer Journals, Book Series 入口 2
Social Science Citation Index(SSCI, ISI)
Taylor & Francis ST 期刊数据库
Westlaw
新购纸本刊电子版

1.4 不要限制自己在互联网上

当你兴致勃勃地上网冲浪并连续发现新网址和新资源时,切记不要把自己获取信息的来源局限于互联网。从大的方面看,互联网只是一个开放的出版媒介,它所包含的信息很可能是相当粗糙的。如果你论文中的引用资料只是来自"张三的主页"或"李四的艺术博客"以及"××画廊主页"这等来源,你的文章就不会很令人信服,因为有更多的学术期刊和书籍,能够提供更好、更彻底、更稳定的相关学术信息,因而更有说服力量。

> **三大中文期刊全文数据库**
>
> 《中国期刊网全文数据库》(简称CNKI)、《维普中文科技期刊数据库》(简称"维普")和《万方数据库资源系统数字化期刊》(简称万方)是国内利用率和影响很高的三大中文电子期刊全文数据库,是国内大多数高校、公共图书馆和科研机构文献信息保障系统的重要组成部分。对使用者来说,CNKI 的检索较为方便,不具有专业检索知识的人也很容易掌握。万方和 CNKI 收录较多的文史哲类期刊,维普则偏重于收录科技期刊。各数据库在期刊收录上有一定重复。

2. 阅读电子出版物

电子出版物又称电子资源,即以数字化形式把文字、图像、声音等信息贮存在非纸质载体中,并通过网络和计算机终端再现出来的科技学术情报,能涵盖报纸、期刊、图书、学位论文、会议文献等多种范围。其学术服务优势在于信息海量,检索容易,操作便捷。每一个大学图书馆中都有很多电子资源,进入电子阅览室即可检索和查阅网络学术信息。其中以全文数据库最为方便实用。美国的 Academic Search Elite(学术期刊全文库)和中国的 CNKI 全文数据库都是最受使用者欢迎的,同学们可以在图书馆专业人员的帮助下,获得常用搜索引擎的使用方法,这对于你写论文是极有帮助的。你也可以通过校园网直接登录电子数据库,如上海大学图书馆主页上就有"电子资源"栏目,下面有"学术资源门户"、"数据库导航"、"常用数据库"、"电子期刊导航"等选项,前页表格就是该图书馆的"常用数据库"内容。

每一种数据库里包含不同学术信息。虽然一个图书馆里可能有几十种甚至上百种数据库,但对于写艺术毕业论文的同学来说,以下几种数据库可能是最常用的。

2.1 中国知网资源总库——CNKI 数据库

中文知网资源总库是最受学生欢迎的数据库,它是打开学术研究大门的一把钥匙。CNKI 数据库涵盖了国内 7 000 多种期刊、1 000 多种报纸、300 多家博士培养单位优秀博硕士学位论文、数百家出版社已出版图书、全国各学会/协会重要会议论文、百科全书、中小学多媒体教学软件、

大多数同学会很熟悉上面这个页面,是的,这是中国知网主页面(局部),如果你在论文开始的时候还没有见过它,就需要尽快熟悉它——你的论文写作的好朋友。绝大多数(也可能是全部)中国高等院校的图书馆中都有知网数据库,你要向学校图书馆问清楚用户名和密码,然后你就可以很轻易地在校园网上打开它。

专利、年鉴、标准、科技成果、政府文件、互联网信息汇总以及国内外上千个各类加盟数据库等知识资源。虽然这个数据库收录的学术资源不能说完全覆盖中文学术领域,但对绝大多数艺术学生来说,这样的数据库已经足够了。你只要在知网首页的搜索对话框中键入用户名和密码(由学校图书馆提供),就可以进入下列数据库中:

- 中国期刊全文数据库
- 中国博士学位论文全文数据库
- 中国优秀硕士学位论文全文数据库
- 中国重要会议论文全文数据库
- 中国重要报纸全文数据库

无论是单库检索,还是跨库检索,你只需要在搜索选项中键入合适的关键词,大量的论文题目就会跳到你的眼前来。不同的数据库也有不同的学术特征,如中国期刊全文数据库中的论文,可能要比一般博士学位和硕士学位的论文更有可读性;有一些会议论文质量不错,而多数会议论文则质量平平。这时你最需要的,是能够鉴别这些数据库中论文的质量,如果遇到质量不高的网络资源,迅速跳过即可,没有人能把数据库中的所有论文都通读一遍,因为没有那么多时间,也没有那个必要。

2.2 ASP 学术期刊集成全文数据库（Academic Search Premier）

ASP 是美国 EBSCO 公司的产品,是全球最大的综合学术参考类期刊全文数据库,收录 1975 年以来的 8 200 多种期刊,其中近 4 700 种提供全文,3 700 多种是经过同行评审的高水平学术期刊。其主题涵盖多种学术领域,包括社会科学、教育、法律、医学、语言学、人文、工程技术、工商经济、信息科技、通讯传播、生物科学、教育、公共管理、社会科学、历史学、计算机、科学、传播学、法律、军事、文化、健康卫生医疗、宗教与神学、生物科学、艺术、视觉传达、表演艺术、心理学、哲学、妇女研究、各国文学研究等领域,数据每日更新,堪称包罗万象。国内一般高校图书馆都有这个数据库,进入国外的公共图书馆也能很方便地打开这个数据库。使用 ASP 数据库阅读全文,要先安装 Adobe Acrobat Reader5.0 版本以上的阅读器,这可以从学校图书馆网站下载。

下面我们按操作顺序了解一下 ASP 数据库的使用方法,这里显示的是基本检索方法。为了更简洁地说明该数据的内容,我在下面使用的是该数据库的中文检索页面,但实际上除了搜索页面有中文显示外,该数据库收录的文献都是英文的。所以同学们在实际使用中应选择英文搜索页面。你首先用鼠标直接点击该数据库名称,如直接点击 Academic Search Premier,检索窗口就随之出现(如下图),你就可以开始检索了:

你也可以先点击左边的"检索选项"后,进入页面后根据提示小窗口选择你需要的检索模式,如"全文"、"期刊"、"出版物"、"出版日期"等,可以更精确地找到你所需要的文献资料。

除了基本检索之外,该数据库还有高级检索功能。如果你知道一个

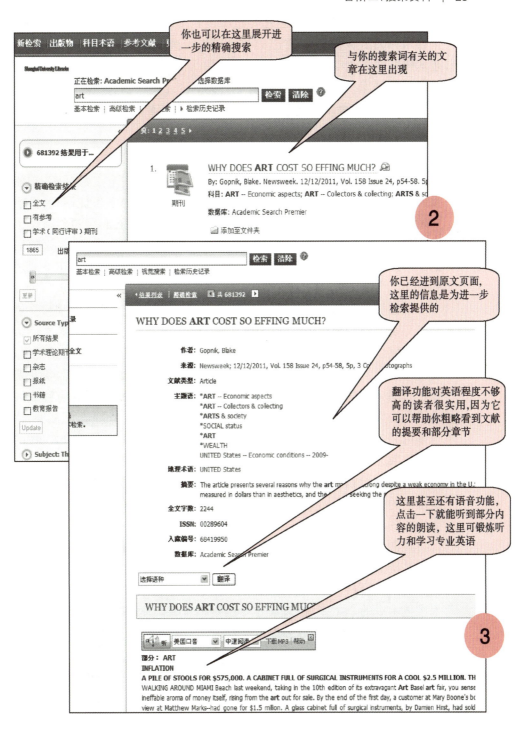

好的期刊名字，但你不确定它最近发表了什么文章，就可以在高级检索里打入相关出版物的关键字，这样就可以得到你想得到的信息了。虽然艺术研究的实效性不像科技界那么紧要，但是通过检索 ASP 学术期刊集成全文数据库，你能迅速了解世界上学术研究的现状，获得大量相关信息，因此只要你英语不是烂到完全不能用，建议你将这个数据库作为论文写作的主要信息来源之一。

2.3 JSTOR 西文过刊全文数据库

全名为 Journal STORage，是一个综合性学术过刊全文数据库，它侧重人文社科和一般自然科学主题，重点收录有影响的学术性期刊，目前 JSTOR 全文库是以政治学、经济学、哲学、历史等人文社科及自然科学主题为中心，以子集（Collection）方式组织不同学科的内容共计 29 个领域的学术期刊全文库，使用者可阅读这些刊物从创刊号到 3—5 年前的过刊全文。

该数据库以学术含量高而著称，使用者可以检索到大量期刊和文献的高分辨率的扫描图像，这是因为 JSTOR 以 600dpi 扫描的图形文件为用户提供图像，包括原刊广告都照登不误，可以说与原版印刷并无二致。也由于其大量文献以 PDF 格式储存，因此有些文件会非常大，需要花费很长时间来下载。但这里所有的文章都是专业性很强的，只是有些或许会不合于你所查找的范围。阅读 PDF 文件需要 Adobe Acrobat 阅读器，这也是可以免费下载的。如果你的电脑已经有了它，你就需要在 JSTOR 的最初页面上选择你想要寻找的内容。检索途径与方法也分为常见的基本检索和高级检索两种，而且提供三种浏览全文的模式：①直接进入包含检索词的论文页面；②逐页翻看；③转入某一特定页码。文件全文以图形页面方式出现在浏览器窗口，使用者不需要重新打开一个窗口。

最常见的艺术同学的抱怨是 JSTOR 上的论文过长，很难读懂，这或许不是论文库的问题而是你的知识储备有欠缺。事实上，阅读 JSTOR 的作用之一，可以使同学们区别非学术资源与学术资源的差异，对学习艺术或艺术史的学生来说，理解这个区别很重要。读 JSTOR 上的论文，即便最后不能做到学有所用，但也能知道学术论文是什么样子了。没吃过猪肉，但见过猪跑，也是很有价值的。而如果当你在论文中使用一个或几个来源于 JSTOR 的文献时，通常会使你的文章显得更加可靠和更有学术性。下面是上海大学图书馆提供的 JSTOR 各子集栏目及相关主题列表：

- African American Studies (18 titles)
- African Studies (52 titles)
- American Indian Studies (8 titles)
- American Studies (116 titles)
- Anthropology (91 titles)
- Aquatic Sciences (16 titles)
- Archaeology (90 titles)
- Architecture & Architectural History (31 titles)
- Art & Art History (190 titles)
- Asian Studies (71 titles)
- Astronomy (1 title)
- Bibliography (18 titles)
- Biological Sciences (240 titles)
- Botany & Plant Sciences (57 titles)
- British Studies (17 titles)
- Business (222 titles)
- Classical Studies (54 titles)
- Development Studies (10 titles)
- Developmental & Cell Biology (11 titles)
- Ecology & Evolutionary Biology (75 titles)
- Economics (166 titles)
- Education (131 titles)
- Feminist & Women's Studies (29 titles)
- Film Studies (14 titles)
- Finance (28 titles)
- Folklore (24 titles)
- General Science (29 titles)
- Geography (33 titles)
- Health Policy (23 titles)
- Health Sciences (35 titles)
- History (316 titles)
- History of Science & Technology (37 titles)
- Irish Studies (49 titles)
- Jewish Studies (15 titles)
- Language & Literature (265 titles)
- Latin American Studies (53 titles)
- Law (76 titles)
- Library Science (15 titles)
- Linguistics (38 titles)
- Management & Organizational Behavior (31 titles)
- Marketing & Advertising (14 titles)
- Mathematics (71 titles)
- Middle East Studies (53 titles)
- Music (83 titles)
- Paleontology (12 titles)
- Performing Arts (20 titles)
- Philosophy (96 titles)
- Political Science (148 titles)
- Population Studies (34 titles)
- Psychology (17 titles)
- Public Policy & Administration (38 titles)
- Religion (72 titles)
- Slavic Studies (19 titles)
- Sociology (122 titles)
- Statistics (50 titles)
- Transportation Studies (3 titles)
- Zoology (65 titles)

2.4 谷歌学术搜索和百度文档搜索

不知道谷歌和百度的人很少，不知道谷歌学术搜索（http://scholar.google.com）和百度文档搜索（http://file.baidu.com）的人很多。如果想寻找初步的学术资源，不妨先使用这两个最为人所熟知的搜索引擎，因为这很方便，无需像专业数据库那样用密码登录或付费使用，就可以快速查找相关学术资料，尤其适用于那些没有相关图书馆资源的个人用户。但这里能使用的免费学术资源与其所链接的网址所提供的权限有关，也就是说，在谷歌学术搜索和百度文档搜索中能找到的学术资源不都是免费的，有些网址的学术资源需要付费使用。使用谷歌学术搜索需要点击主页面对话框右侧的搜索设置，以确定相关搜索条件——设置语言、检索数量和检索字词；使用百度文档搜索也可根据需要在 Word、Pdf、PowerPoint 等格式中有所选择地进行搜索。

Google 学术搜索和百度文档搜索的主页面

2.5 维基百科和其他信息

论文写作中会涉及一些基础知识和专业术语，这首先需要查找工具书。维基百科（http://www.wikipedia.org/）就是一个很好的免费网络工具书。英文的"Wikipedia"是"wiki"（一种可供协作的网络技术）和"encyclopedia"（百科全书）结合而成的混成词，将这两个词结合起来意为"互联网中装载人类基础知识的百科全书"。维基百科绝大多数词条内都附有许多相关词条的链接，可引导使用者前往有关的页面以获得更进一

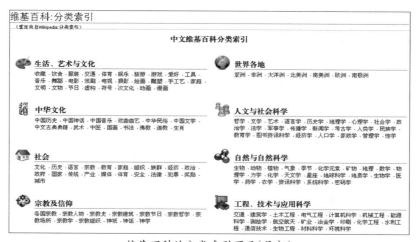

维基百科的分类索引页面（局部）

上海大学宝山新校区图书馆

步的信息。所以你打开一个页面就仿佛进入了一个系统,这对于补充论文写作所需要的基础知识有最大的好处。

维基百科的编撰者来自世界各地的志愿者,所有的展示文章、图片及其他内容都有很高的学术水准,大部分页面可以由任何使用浏览器的人进行阅览和修改。自 2001 年 1 月英文维基百科成立以来,维基百科不断快速成长,现已经成为最大的资料来源网站之一。它的好处是永远处在发展变化之中,所以查找比较新的知识和术语,最容易用到它。但它的不足之处是中文版条目远少于英文版,截至今天,英文版维基百科有 390 多万条目,中文版却只有 44 万条目。这对于外语欠佳的使用者是很有局限性的。

由于艺术研究内容的特殊性,很多研究内容可能会来自新闻报道(尤其是研究当代艺术),所以搜寻新闻话题也是资料工作的一部分。这可以去知网中的"中国重要报纸全文数据库"搜索,也可以直接浏览国内重要报刊的数字版。不过要记住,新闻报道通常不是学术性质的,它们的价值只是对流行信息的披露,而真正学术数据库里的长文章可能更博学多闻。对艺术学习者来说,更需要了解那些有深度和研究性的文章。

3.该进图书馆了

你在查找电子资源时恐怕已去图书馆多次,所以这里说进入图书馆研究,是专指阅读纸本图书。尽管在互联网时代很多阅读可以通过电子浏览器进行,但阅读纸本图书仍是最重要的增进学问的好方法。当你一

如果你不能感觉到进图书馆读书的乐趣，也不愿意了解他人的研究成果，那么你这个论文是很难写好的。

页一页地阅读优秀著述时，你会自然受到其风格、节奏和语法的影响，并会将这些来自他人的技巧融入你自己的写作。我们能在幼儿时学会说话，自然也会用相同的方式在阅读中学会写作。所以教师们通常希望学生能多读经典，如果是西方文学专业的学生，大概要从荷马开始，然后读乔叟和莎士比亚再到弥尔顿等；如果是西方哲学专业的学生，也要从柏拉图开始，然后是斯宾诺莎和洛克，再到康德和维特根斯坦等。但一般说来，艺术领域尤其是美术领域的经典著作，不会像文学、历史和哲学著作那样汗牛充栋，就算你肯皓首穷经怕也读不过来，而是数量不多，是很容易读的。况且对写论文只为毕业的同学来说，也不需要过大的阅读量，能根据论文实际需要有选择地阅读最低限度的文献也就可以了（这当然是一种相当功利化的读书态度，算不上最好的学习态度）。也许，现在能在毕业论文写作中仔细阅读 50 本书以上的本科生已经不多了。这样少的阅读量怕是难以写出有深度的论文的，但到了为毕业论文手忙脚乱时，大概也只能选择这种读书态度了。

去图书馆读书的学生可能会有一个误解，是图书馆里的书相对陈旧和落伍，只适合查找历史文献。这是因为图书馆从购书到上架总要有个过程，等我们在图书馆书架上看到一本新书时，常常是已出版很长时间。但另一方面，所有高校图书馆都会从不同的专家学者那里获得学科发展信息，并经常更新书目。也就是说，图书馆里的书不会在数年之内不去更新，除非你是在探索全新事物，因此不能从他人研究中获得相关信息，否则最有可能的，是当你准备研究一个新的题目时，许多与你研究内容相同的学术著作已经在图书馆恭候你了。

在当代学术进步浪潮中，没有什么能比获得重要学术信息更重要。对个人写作就更是如此。如果你进入图书馆后不知道如何找到某些资源，你一定要向图书管理人员求助，他们的专业技能足以帮助你找到你希望看到的东西。进入图书馆还有一个特殊的修养身心作用：在尘世喧器、人心浮动的时代中,你在图书馆里看书所花的时间越多,你就会越将图书馆看成一个精神避难所和心智加油站。当你舒服地坐在图书馆的椅子上被成千上万的书籍所包围时,当你专心致志地一页一页翻动记载无数美妙字句的纸页时,外部的尘世喧嚣和内心的鄙陋俗念也仿佛被屏蔽了,所以对本科生和研究生来说,应该把图书馆看成你这个年龄段中最重要的生活内容,它是一个沉浸心灵的圣所,一个逃避外界影响的围城,一个安静和平的精神避风港。你在那里花的时间越多,就越会觉得它神圣无比!

可惜现在有很多同学习惯于面对电脑屏幕看一本电子书,而不愿意步行于图书馆书架前的长廊中。以步行方式查找图书,所需体力当然超过按一下鼠标,但一旦你经历并不复杂的查找过程发现一本合适的书,那种快乐不是通过按鼠标这样简单的方法所能获得的。况且读书是不需要付出很多体力或健康的代价的,而电子屏幕上的信息由活跃的像素组成,它会无休止的变换和跳动,长期阅读数字书籍容易引起视疲劳,这在医学上被称为视频终端综合征。看书则没有这么大的伤害(一般大学生已经过了因读书而不断加重近视程度的年龄),当然,这不是指阅读那些为谋利而胡编乱造的商业读本,以及招摇撞骗的伪专家著作。好的书籍是一个有逻辑的思维组织形式,它不会让读者混乱和癫狂,大都包含着仅靠个人开动头脑(哪怕你是天才人物)所不能获得的丰富思想内容。此外还有一个作用也不可小视,是稍微严肃一点的学术著作都会提供相关书目索引或参考文献(多出现在全书正文结束之后的参考文献或每一章的延伸阅读部分),这正是你写论文时需要首先知道的内容。因此,找到一本好书就等于发现一个迷你图书馆,你在一本好书里看到的参考文献往往会比你自己找寻的更有价值。

与图书馆相比,互联网很像是一个庞杂混乱的市场,从色情网站到迂腐国学都乱糟糟地堆在一起,就像将很多不同颜色的油漆涂抹在一堵墙上,使用者则如同一个在闹市街头无家可归的人那样难以寻找到一片安静的栖身之地。这时候你就应该设想一下,如果能舒舒服服地坐在明亮的图书馆里阅读一本益人心智的书该有多好!当然,你也可以把书借出来躺在宿舍的床上翻阅,如果你还能控制阅读时间不影响视力,那你可真是舒服到家了。所以,赶快去图书馆吧,那里可能有你所需要的一切!

参考文献

[1] 吴贻弓. 上海电影志[M]. 上海：上海社会科学院研究所，1999.
[2] 张骏祥，程季华. 中国电影大辞典[M]. 上海：上海辞书出版社，1995.
[3] 苏联科学院艺术史研究所. 苏联电影史纲：第一卷[M]. 龚逸霄，译. 北京：中国电影出版社，1983.
[4] 程季华. 中国电影发展史[M]. 北京：中国电影出版社，1981.
[5] 北京科影厂编写组. 科教电影简论[M]. 北京：科学普及出版社，1986.
[6] 中国电影家协会. 中国电影年鉴[M]. 北京：中国电影出版社，1982-2004.
[7] 陈荒煤. 中国当代电影[M]. 北京：中国社会科学出版社，1989.
[8] H·列别杰夫. 党论电影[M]. 徐谷明，等，译. 北京：时代出版社，1951.
[9] 洪林. 科学教育电影创作问题[M]. 北京：中国电影出版社，1959.
[10] 孔祥瑾，刘咏. 科教电影佳作选[M]. 北京：海洋出版社，1987.
[11] 袁文殊. 电影求索录[M]. 北京：中国电影出版社，1980.
[12] 白安丹. 北京志·文化艺术卷·电影志[M]. 北京：北京出版社，1999.
[13] 吴以铮，杨力等. 农业影视佳作选[M]. 北京：农业出版社，1993.
[14] 杨力. 科教影视创作的美学思考[M]. 北京：学习出版社，1996.
[15] 刘咏，鲍济贵. 上海电影史料第1辑[M]. 上海：出版者不详，1992.
[16] 文化部电影局《电影通讯》编辑室. 科学教育电影创作谈[M]. 北京：中国电影出版社，1983.
[17] 文化部电影局《电影通讯》编辑室. 科学教育电影创作谈：（2）[M]. 北京：中国电影出版社，1989.
[18] 刘咏，鲍济贵. 上海电影史料：第2、3合辑[M]. 上海：出版者不详，1993.
[19] 刘咏，鲍济贵. 上海电影史料：第6辑[M]. 上海：出版者不详，1995.
[20] 韩韦. 科教电影编导简论[M]. 北京：中国电影出版社，1990.
[21] 乔治·萨杜尔. 世界电影史[M]. 徐昭，胡承伟，译. 北京：中国电影出版社，1995.
[22] 忻迎一. 宇宙与人[M]. 北京：中国电影出版社，2001.
[23] 居云峰，雷绮虹. 2002中国科普报告[M]. 北京：科学普及出版社，2002.
[24] 居云峰，雷绮虹. 2004中国科普报告[M]. 北京：科学普及出版社，2004.

4. 学会泛读

从学术意义上讲，学术著作和论文才是到位的和有价值的信息来源，这是因为学术著作和论文凝结了写作者的大量时间和心血，而一般网上文章可能在一个小时之内就能完成。由于论文写作需要一定的阅读量，你需要读的书可能不只2位数而是3位数，所以你必须学会泛读，而不是巨细无遗地阅读你能找到的每一本书和每一篇论文。这里说的泛读，是指你能从最浅表的书籍目录或论文标题中，找到那些能与你的论文联系更紧密的篇章，然后还能够迅速捕获文中有价值的信息。季羡林老先生在讲他写作《糖史》的阅读情况时曾说：

我曾经从1993年至1994年用了差不多两年的时间，风雨无阻，寒暑不辍。我面对汪洋浩瀚的《四库全书》和插架盈楼的书山书海，枯坐在那里……经过了两年的苦练，我练就一双火眼金睛，能目下不是十行，二十行，而是目下一页，而遗漏率却小到几乎没有的程度。①

这段话中的"目下一页"所描述的正是极高的泛读本领，有了这样的阅读速度，自然不会因为资料多看不过来而忧愁。史学家严耕望也说过，"对于其他的书，虽然也要从头到尾地看，但可把寻材料视为主要目的，附带的自然也增加你对于整个时代的全盘认识，这样读法自然可以快些，有些处甚至可以一目十行，不必处处求懂。"②当然这样的泛读能力也只有通过大量阅读才能练得出来。生长于读图时代的青少年，往往缺乏阅读纸本读物的经验和能力，这对于论文写作来说是有些妨碍的。如果你的阅读经验不够丰富，那就不妨在拿到一本书后先看看该书的内容简介（通常会在第一页中出现）或者前面一两章的内容，由此去推断这本书对你的论文写作是否有用。此外还可以从阅读基本著述或基础知识开始，比如一本"艺术概论"就会包容很多艺术知识。当然你还可以尝试着去阅读权威著作，这样会一举两得，不但可以获得相关研究成果，还可以从该书的文献引用或参考书目中获得相关选题的著述索引清单。如前页的参考文献就来自贾磊磊所著《影像的传播》的附录。而这些参考文献目录，完全可以作为相关题目论文写作的基本阅读材料，这会比你自己盲目查找相关阅读书目要便捷得多。

查阅诸如大英百科全书、大美百科全书、中国大百科全书，或者其他权威性的专业百科全书，也是获得与选题相关基本知识的好方法，尤其适合理解那些有一定专业意义的名词术语。比如"电影"（motion picture）这个词本是我们司空见惯的，但是如果你去翻阅大美百科全书（台湾光复书局），就会发现该书会用18页文字（第18卷324—342页）来详尽说明这个词的含义，这种解说比一般通识性理解要精确和翔实很多，所以非常适合在学术意义上使用。下面的"图像文献资料"是北京大学荣新江教授多年前为学生提供的历史学文献目录的第7部分，虽然这并非专为艺术学生开设的目录，但其文献意义仍然可以成为中国美术史研究的重要参考。

---

① 季羡林. 季羡林集[M]. 北京：中国社会科学出版社，2000: 382.
② 严耕望. 治史三书[M]. 上海：上海人民出版社，2008: 20.

> **文献目录：**
>
> 《贞观公私画录（一称史）》，唐裴孝源。曹魏至隋。
> 《宣和画谱》，北宋，撰人不详。曹魏至北宋。
> 《式古堂书画汇考》，60卷，清卞永誉，魏晋至元明，书画各30卷，对每个卷子汇引题跋，资料丰富。
> 《石渠宝笈》正续编，乾隆九年（1744）、五十六年（1791）编成，著录清内府藏书画，著录详细。三编，嘉庆四年（1799）编成。
> 《秘殿珠林》初、续编，乾隆九年编成，著录内府佛道书画。
> 《历代著录画目》，金陵大学中国文化研究所编印。
> 典籍：唐张彦远《历代名画记》、北宋郭若虚《图画见闻志》、南宋邓椿《画继》、元夏文彦《图绘宝鉴》等常用书。
> 《佩文斋书画谱》100卷，康熙四十四年（1705）官修，从1844典籍中采辑而成，内容包括：书体、书法、书学、书品、画体、画法、画学、画品、历代帝王书、历代帝王画、书家传、画家传、历代无名氏书、历代无名氏画、历代帝王书跋、历代帝王画跋、历代名人书跋、历代名人画跋、书辨证、画辨证、历代鉴藏书类、历代鉴藏画类。
> 《中国历代书画题跋汇编》，10册，天津古籍。
> 《中国历代书法论著汇编》，10册，天津古籍。
> 《中国历代画谱汇编》，16册，天津古籍。
> 《中国历代美术典籍汇编》，24册，天津古籍。
> 《中国历代画史汇编》，10册，天津古籍。
> W. R. B. Acker, *Some T'ang and Pre-T'ang Texts on Chinese Painting*, 2 vols., Brill 1954–1974.

此外还需注意，任何一篇像样的论文都需要多种多样的信息来源，因此你不要花太长时间沉浸在一本书或一个作者的思想里。从学术角度看，一个微小信息可能会来自很多不同的书本和不同的作者，你为写论文而展开的阅读也应该从一个作者到另一个作者。这是一个深山探宝的旅程。要切记，你不是复印机和扫描仪，你只要能在这些书山文海里选择那些对你有用的材料就行了。

5. 抄录资料

阅读他人著述是写论文必不可少的工作，你在阅读时必须用笔记录那些有用的信息以备在写作中引用，否则你将无法在论文中使用你搜集到的资料。一般说来，汇集参考书目和抄录资料是一件很麻烦、很细致的工作，耗时耗力不说，还可能劳而无功，因为不见得你抄下来的每段文字都能用得上（可见做学问这碗饭其实不好吃）。

为确保你抄录资料的质量和准确性，一定要以手工抄录为主，这样做的好处是能确保你不过度使用他人研究成果。因为在不得不用手工抄资料的条件下，我们一般会尽可能少地抄录那些并非紧要的片段，而在网络下载条件下，我们就会轻易地剪切和粘贴大量资料，因为这只需要敲几下键盘就可完成。但事实上过于容易的操作，会让你的抄录既随意又冗杂，反而不利于你下一步的工作。

在活页本上抄录资料的好处是可以在以后拆开重新归类，这会有利于下一步的文献整理工作。

抄录文字资料有多种方法，较适用于今天艺术学习者的是"活页"法，就是把文字抄录在可以灵活变更页码排列顺序的活页本上，这样的好处是可以根据写作需要重新排列顺序。西方论文写作训练中专门有卡片分类法，是把抄录好的卡片像扑克牌那样摆在桌子上，然后根据论文内容需要分为小卡片群，再合成为中卡片群，再合成为大卡片群。然后从大卡片群中抽出"中心观点卡片"，并依此编写论文提纲，最后按提纲顺序写成文章。如果你有兴趣尝试这种方法，只需用活页替代卡片即可。

活页纸可以两面使用，正面抄录引文，背面记录引文出处（如作者、文章题目、出版或媒体机构名称，出版日期或刊期，等等），在抄录引文时要记录原文页码。注意，每一张活页只能用来抄录单一来源的资料，不能在一张纸上抄录来自不只一本书或一篇文章的内容。

建议你在抄录文字那一面纸的右侧三分之二处划一条竖线，这样做的好处是用左侧三分之二的面积抄录原文，用右侧三分之一的面积记录你阅读时的感受和想法。在阅读过程中记录心得是必要的，如果你不能及时记录，那么你在阅读时产生的感受可能会在以后被忘记。抄录的方法只适合于对纸本资料的阅读，如果你是在线阅读，就需要下载文件。

在这个环节中最为重要的是，无论你使用什么样的抄录方法，都一定要学会在阅读中研究文本，而不是一味盲目地抄录他人语录。

如何判断资料的可靠性？

网上资料，数据库中的论文，图书馆里的图书，如同浩瀚无际的海洋。面对这么多资料，阅读者须有辨别能力，否则就会像在森林里迷路的人那样找不到出口。客观说，判断一本书或者一篇论文的优劣要靠实际阅读经验，除此之外很难有更好的判断技巧。下面的建议不能保证你会因此增强判断力，但或许可以在概率上为你的资料选择增加一点合理性：

● **根据作者身份和出版机构判断**。有些作者是公认的学术权威，有些出版机构（出版社和杂志社）被公认为较为重要，如果你找到的阅读材料出自这些人或机构，其学术质量可能会好些。但这也只能作为参考，不能视为绝对可靠，因为权威人士也可能炒冷饭（将同一内容重复写作出书很常见），权威出版机构也可能为迎合市场而出版质量不高的读物，而相当多的艺术类"核心期刊"刊发文章的标准也不过是版面费而已。

● **根据出版时间判断**。出版日期与文章内容极有关系，一般说，找资料要先今后古，就是要先读当下的、现代的出版物，后读前人、古人写的东西，如果不是很必要，甚至可以不读和少读古人写的东西。因为无论从内容还是从文字上看，总是后面的研究覆盖前面的研究，网络有云"长江后浪推前浪，前浪死在沙滩上"，如果不是研究古籍或古迹，我们没有必要把已经死在沙滩上的材料当做阅读的首选。

● **根据阅读内容的合理性判断**。这是最重要的判断标准，如所提论点是否有充分证据？是否能客观公正地陈述事实？在使用资料方面是否注明翔实的出处？是否能提出不同于官方或流行观念的独立看法？是否不使用或少使用个人感情色彩浓厚的文字？如果你有这种判断力，其他判断技巧也就没什么用了。

● **根据阅读材料所参考引用的文献判断**。凡学术性著作都要提供引文注释和参考文献，引文注释是否规范？参考文献是否周全无遗漏？尤其是有没有遗漏重要文献和是否使用外文文献，都是判断阅读材料质量的重要指标。

其实除了"阅读内容的合理性"，此外几条都不是绝对的判断标准。但对于没有阅读经验的同学来说，尽量参考多重因素而不是单一因素选择阅读书籍，总会比盲目阅读来得安全些。如果从语种角度选择图书，阅读西文学术著作的好处不仅是提升外语能力，其学术严谨程度和资料的丰富性也往往强于同类中文读物。而在另一些领域，如地域性的中国美术史研究,当然是阅读中文著作更容易获得优势。

6. 对网络查找资料的答疑

● 如何能找到更多的资料来源?

在查找中尝试扩大或缩小关键词。例如:如果你键入"上海城市公共艺术"后没有得到任何支持,就可以尝试改变你的搜索字符,如"上海公共艺术"或者"城市公共艺术"。如果你输入互联网的关键词没有引导你查找到相关资料,就很可能说明你使用了错误的关键词。在这种情况下,就应该在数据库的相关搜索词中搜寻你的论题。另一种可能则是你可能进错了数据库,这就需要换一个数据库继续查找。

● 如何能知道我的资料来源是学术性的?

通常使用学术资源的著作会提供学术来源的情况(如文献目录),这个很可以利用。有时候学术来源的深度与写作内容和文字风格有关,如果你需要一个有深度的学术源头,就得有花一段时间来啃它的心理准备,因为纯粹的学术性内容不是那么容易理解的。一般数据库来源并非都是学术性的,但即便是非学术的资料来源,也可能提供有用的信息。当然,有些数据库是很学术的,如前面介绍的 JSTOR,它是一个对过刊进行数字化管理的非营利性全文库,仅在"艺术与艺术史"(Art &Art History)下就有 184 个学科题目。我相信这些文章大概是最学术的,虽然不一定是最有用的。

● 需要在所写的每一个地方都使用引文吗?

不需要。如果你能在 10 个不同的来源中发现相同的想法,也就是说,如果这是一个共同的信念而并非某人的独创,你就不需要标出来源。如果这个想法是独特的,就确实需要提供出处。如果你不能确定引文是否常见或独特,为安全起见,还是尽量提供它的出处为好。参照他人的想法永远不会伤害你的品位,而且事实上可以使你的研究有更多的可信度。如果你在阅读中获得一个最初的想法,还不想让别人有功劳,而是试图把它看做是你自己的发现,这可能会导致你成为剽窃者,你的论文也可能在你的班级中排在最后一名。

● 我下了很大工夫——但为什么我的论文不是优秀?

答辩后评委们对论文给出等级,不仅仅要看你下了多少工夫,而是要从选题、现实意义、学术性、创新性等许多方面综合考虑。也许你自认为的"强项"还不是那么强。比如你的推论可能基于某个错误前提——只是因为什么人是这么说的,因此就是真的。而从错误前提出发会导致你所有的论点都是错误的。例如:只因为很多人称颂石涛就过高估计石涛的艺术成就,甚至将他的语焉不详、并无多少实际意义的"画语录"也看成是画论经典。这个错误判断就在于你是根据研究对象的自我主张判断他的实际艺术成就,而事实上,即使是国家机构授予的什么"大奖"和"大师"称号,我们也不能相信。只有事实、证据和逻辑才能使想法成为真实。提供证据与学术写作其实是一回事。另外如果你的功夫只是用在引经据典上,而忽略了你这个研究在现实中有什么用,你的论文也很难被看好。

● **如果我忘记抄录一条引文的来源怎么办?**

那你恐怕就不能使用它。预防这种尴尬局面的最好措施是随时记录引文出处。当你找到你喜欢的引文,就把它写下来,一定要在抄录文章片段的同时写下引文来源和页码,还要养成保存研究资料的习惯,这样你才能在写作中能很方便地使用它们。要记住每一个引用来源必须包含一个可以完全进入你的论文的详尽信息,尤其不能忽略能被正确引用到论文中的页码序号等。

台阶三：分析

在你研究论文题目的时候，自然会碰到不同作者的观点，相对于面貌雷同和人云亦云的写作，有价值的学术写作目标是说服其他同行接受你的某种独立思想，这就相当于进入学者之间的"角斗士舞台"。你需要尊重并理解科学讨论的原则，并通过自己的仔细思考去理解争论的双方。你必须为此付出大量头脑劳动以提供切实的证据和细致入微的推理。写一篇论文最能锻炼人的地方，就是学会客观冷静地分析和研究对象。

1. 不同的研究路径

大多数的艺术论文都会从三种思想路径入手：①辩论（argumentative）：这类论文的特点是以讨论或辩论的方式告诉读者某种个人观点。②分析（analytical）：这类论文的特点是在技术上拆分研究对象，深入研究构成其整体的每一个局部，提出看法，经综合概括获得对意义、缘由或后果的理解。③解释（explanatory）：这是艺术研究中最多见的一种类型，通常是指对某种已知艺术现象和事实做出不同于通识的解释。

我一向认为在学术上与人辩论是很有趣味也很有出息的行为。你能对他人的学术观点（尤其是流行观点）提出不同看法，至少说明你不是一个盲从的人。撰写这样的论文要先陈述他人意见，然后再陈述自己的意见。如以下两例：

（1）第一种看法认为骨法不是指人的形体结构，而是指笔力而言（见葛路《两晋南北朝美术理论的大发展》）。这是比较流行的看法，外国学者也常常采用这种解释，把骨法归结为笔触的力或线条的内在力度，持这种看法实际上是忽略了魏晋六朝时期品藻人物的风气对于评鉴艺术的影响,也没有看到骨法的一般意义和它后来所具有的美学意义之间的异同,因此它也不能解释谢赫评张、苟时所说的"但取精灵,遗其骨法"中的"骨法"。再者,骨法对于用笔的要求并不单是笔力的问题。

第二种看法认为骨法就是纲要,和结构上的轮廓类似,所以要靠用笔达到(见冯振凯《中国美术史》)。这种看法似乎只看到了骨法的表面意义,没有深入到美学的高度,没有看到骨法是对用笔的审美评价,因而它也不能更进一步地说明,骨法对于用笔到底有何具体的要求。

第三种看法认为骨法是指作为画中形象骨干的笔力,同时又作为形象内在意义的基础或形的基本内容说的。在造型过程中,作者的感情就一直和笔力融合在一起活动着(见吕凤子《中国画法研究》1978年第二版)。这种看法较深刻,它看到了用笔和感情的关系,但仅仅是看到了笔力和感情的关系,仍还不够全面。

以上几种说法,我虽然不完全赞同,但并不否认它们都从某个侧面正确地指出了"骨法"的含义,对进一步探讨这个问题做了有益的工作,有助于我们更深入地探讨谢赫的美学思想。①

(2)至于李、刘二氏称赫之"六法"注意了押韵,实谬。骈文押韵,大致限于赋、篇、铭、赞、颂、诔诸文。赫之《画品》为散中带骈,"六法"表述亦未押韵,何以被二先生认作"就是自魏晋以来很为流行的'赞'"? 赫之二、四、六各法尾字:笔、彩、写;"笔"为质韵,"彩"为海韵,"写"为马韵;按等韵学之十六韵摄分类,质韵属臻摄,海韵归蟹摄,马韵为假摄;质、海、马三韵连韵摄都不同,无以紧连,何有"注意押韵"一说? 赫之"六法"与"赞"文是大不相同的。举《文心雕龙·通变》之赞为例:"文律运周,日新其业;复则其久,通则不乏;趋时必果,乘机无怯;望今制奇,参古定法。"其中二、四、六、八句尾之韵脚:业、乏、怯、法,分别为业部和乏部,二韵同归咸摄。按清人戴震《考定广韵独用同用四声表》,业、乏二韵为同用。又据清人马国翰《玉函山房辑佚书》中所载晋人吕静《韵集》之分部,则业、乏同部。由此可见,李、刘二教授谓"六法"之"四字一句的表述,去掉标明次序的数目字,就是自魏晋以来很为流行的'赞',类似于《文心雕龙》每章末尾的'赞'",乃想当然耳。②

以上两文都是讨论中国美术史中很重要的"六法"问题的。一般在学术上很重要的问题,会引起比较多的关注,还会有很多重要学者参与讨

---

① 范景中.谢赫的"骨法"论[J]. 新美术,1981(3): 52-54.
② 邵宏. 谢赫"六法"之"法"及其断句[J]. 新美术,1997(2): 7-14, 55.

论,因此不同意见也会很多。对某一学术题目的讨论多,辩论多,商榷多,通常说明这个题目很重要或者整体研究水平比较高。因此一般情况下,你不要选择连各路专家都难以获得一致意见的问题作为自己的毕业论文题目,因为你的研究功力可能还没那么成熟。

2. 什么是分析?

虽然论文的研究路径可能有很多种,但其实只有分析才是一切学术研究的基础。因为无论你撰写何种题材、何种主题的论文,都离不开分析工作。没有分析能力,就不可能写出一篇哪怕稍微像点样的论文。

分析是一种科学态度,它与艺术学习者较为习惯的、与实践技艺中的"经验"与"感受"有很大差别。它是理性的而非情绪化的,是排斥情感过多介入而非有意煽情的,是要深入事物内部探究非直观的秘密而非仅凭直觉认识就可以完成的。从传播效果看,分析类论文常会给专业领域的读者带来较多惊喜,这是因为对于很多研究内容而言,只有经过分析才能显现其不为人知的真实存在。

那什么是分析呢?"分析"一词的希腊文是 $A\nu\acute{\alpha}\lambda\upsilon\sigma\eta$,其义有"拆成部分"和"松开、展开、解开"的意思,这可以说是分析的最基本含义。这里不妨简单地将"分析"理解为"拆分",就是把原本完整的研究对象拆分成各个不同的部分,这就是最主要的分析技法,适用于宗教或信仰之外的各类学术研究。[①]如物理学把世界看成是各种物质的运动变化过程,化学把世界看成是各种元素的组合,生物学把生命系统看成是世界的本原,等等,都是从独特角度对眼前这个世界的拆分。此外,"分析"还被研究者划分为"形式分析"和"语义分析"两部分,形式分析是研究论证过程中的推理形式,语义分析是研究思维框架中的逻辑原则。两者都能体现出对研究对象内部逻辑关系的深刻理解。例如:

(1)很多艺术品放在城市公共空间中,其实它所表现的是艺术家个人情感。

(2)很多现实主义绘画在表现平民苦难生活,其实这些绘画是巨额资助的结果。

这两句话的思维逻辑和形式结构都极为相似,如果进行形式分析可表述为 $p \wedge q$,如果进行语义分析则是"事物表面现象与其内在本质恰好

---

① 迷信,信仰,巫术,宗教,会采用一种全知全能的视角来研究世界。

相反"。从这个简单的例子也能知道,分析具有"必然"、"形式"和"演绎"的特征,它能把具体的现实问题转化为抽象的形式问题,这样才使逻辑推理成为可能,因此抽象思维正是学术研究的灵魂。

以科学分析方法研究艺术,意味着研究者不再是普通观众和读者,而是具有某种特殊技能的专业人员。普通观众看完一场电影,可以凭整体印象落笔成文,抒发个人感怀,但那只是个人抒情,算不上研究。若想研究电影,你至少要有拆分影片构成元素的能力。任何一部电影都是由众多元素组合而成的,如故事情节,音乐,语言对白,画面效果,思想性,镜头,表演,等等。电影创作家致力于将这些原本各自独立的元素融合为一体,融合得越彻底越没有分界越好,而电影研究者则需反其道而行之,必须对这个看似天衣无缝的艺术品进行拆分,然后才能进行分析、考察和评价,这样就能彻底了解这个研究对象。如以下三例:

(1)**经典语言对白**:不能否认冯小刚的电影受欢迎的秘诀之一是影片中的经典对白。冯小刚擅长于在电影中使用语言,并能够用电影中的经典对白取悦观众,同时许多经典对白还给人以一定的思考空间,或讽刺,或寓意深长,在影片中画龙点睛。

关于音乐:影片《天下无贼》的片头选取了曲调悠扬、节奏清新的音乐,音乐的意境非常符合主人公的性格和命运,影片结尾由刘若英演唱的被改编过的山西民歌,哀婉的曲调准确地表达了影片人物的情绪和观众的情绪。车上打斗的场面配以拉丁音乐,使动作和舞蹈感相结合,别有一番味道。合适的音乐突出了影片的表现力。

关于摄影:影片除了拍摄大量火车上的镜头外,还拍摄了许多壮美的外景镜头,柔和的光影色调突出了影片的质感。而在小空间场景内的镜头处理也非常注意光线和色彩。影片最后,王薄用满是鲜血的手将傻根的六万块钱送到了傻根的胸前,那滴在傻根衣服上的鲜红的血刺人心疼。①

(2)**摄影机就像是一个窥视者**,王家卫一改惯用的跟摇和9.8毫米的超广角镜头,使用了稳定缓慢的平移和长镜头,冷静地注视着男女主人公,人物和环境几乎都是以近景和特写的形式出现,不同于以往的张扬和不羁,却多了几分从容和优雅。多处使用的高速摄影,主题音乐悠然响

---

① 李聪聪:天下无贼与有贼——解读电影《天下无贼》[M]//峻冰.中外当代电影名作解读.北京:中国电影出版社,2007:53-54.本篇作者系重庆大学美视电影学院电影学专业2004级硕士研究生。

起,女主角摇曳着风情款款走来,楼道里的男女主角擦身而过,醉人的音乐与缓慢的镜头完美契合,映照出二人无尽的愁绪和哀思。在场景选择上,《花样年华》拍摄的几乎全是内景和夜景,光影相得益彰。在很多画面中,画面一半以上均是黑暗,人物只在亮处活动,黑暗滋生着不安,而明暗的强烈对比又凸现出人物的形象和心情。画面的构图也常常是不规则的,人物与环境挤压在一个狭小局促的构图中,前景被遮蔽,后景中的人物活动空间狭小,常常"跳出"镜头活动,营造出压抑局促的氛围。①

(3)长镜头与场面调度的熟练使用,给人一种运动的和谐感。例如:文森特陪米娅去餐馆吃饭的一场戏中,米娅和文森特参加餐馆跳舞比赛的一个镜头,场面调度很精彩,伴随着音乐节奏的变化,镜头随之运动,音乐节奏、演员身体的舞动以及镜头的运动三者融为一体,非常和谐。

<u>手持摄影机的使用,配合该片激烈剧情段落的气氛的制造。</u>米娅吸食毒品昏厥后,文森特火速将她载往毒贩家抢救,为了表现该事件的紧急性和文森特的手忙脚乱状,影片使用了手持摄影的晃动和急甩,这种运镜风格对比传统好莱坞工整的无痕迹短镜头剪辑,具有强烈的纪实性,给观众一种生活的真实感和心理的慌乱。

<u>主观镜头运用的恰如其分,突出了人物的特定心理状态。</u>比如:童年布奇在听他父亲的战友讲述一块金表的故事,给那位军官的拍摄角度都是仰拍,在这里是使用仰拍角度,既包含了坐在地板上的童年布奇的孩子的眼光,也包含着那位军官对布奇心理造成的高大形象,从而引发了对那块象征着父辈荣耀的金表的崇敬感,为后来布奇不惜冒生命危险取回金表的情节做了很好的铺垫。②

以上有下划线文字都是构成电影的具体元素:(1)是从语言、音乐和摄影角度对冯小刚导演的《天下无贼》的"视听语言分析";(2)是从摄影镜头运用和场景选择角度对王家卫导演的《花样年华》的摄影手法分析;(3)是从机位和镜头角度对昆汀·塔伦蒂诺(Quentin Tarantino)的美国电影《低俗小说》的摄影风格分析。这三例都是对影片的部分元素进行分析,其分析水准可能有高有低,但使用的分析方法很相似,是先拆分出不同元素,然后展开有针对性的解释和评论。通过这个例子也能知道,拆

---

① 陈思伶.刘莹:逝去的年华,永恒的回忆——评影片《花样年华》.同上,29-30.本篇作者分别系四川大学文学与新闻学院电影电视系传播学专业影视传播方向、广告系传播学方向2005级硕士研究生。
② 胡克,游飞主编.美国电影分析[M].北京:中国广播电视出版社,2007:307.

分,是一切学术分析的基础,是最实用的分析技能。

3. 学术就是证据

一般理论总要由两大部分组成:一个是论点,一个是论据——支持论点的理由或证据。没有可靠的证据,所谓论点就很难令人信服。通常一个论点可以找到很多支持的理由和证据,但最有力的证据不会很多,只有当我们能在很多相似证据中找到最有力的证据时,论点就不再是论点,而是超越主观想象的客观事实了。

你的论文题目可能就是一个大论点,你要为这个大论点找到有力的证据。可以把论点理解为能引起争议的个人见解,为了平息他人的反驳意见,你必须提供足够证据用以说明你的见解并非主观臆造,而是以逻辑和事实为基础的。寻找和提供证据的过程既是"推理"也是"构造"。"推理"常用于侦破案件,是根据蛛丝马迹去发现事实真相;"构造"很像建筑用语,事实上写论文也与盖房子很相似,是以论点统摄外形,以论据为梁柱根基。即如下图所示:

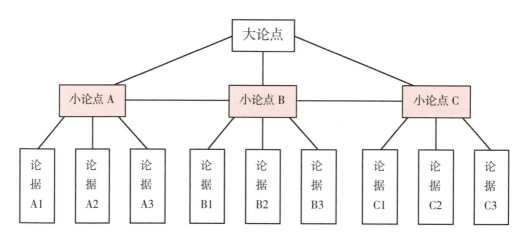

论文就是由"小论点"支撑"大论点",由"论据"支撑"小论点",一般说,一个大论点不要少于三个小论点的支撑,一个小论点不要少于三个论据的支撑,这样的论文就比较结实。而所谓论点,就是指你的个人观点、看法和意见。那什么是论据呢? 论据的成立需要两个条件,是真实性与相关性。真实性要由事实来说明,相关性是说你的证据要与你的论点有直接关系。在艺术类论文中,有三样东西可以作为证据使用。

(1)事实,尤指他人不曾发现或不曾有深入了解的事实。对于支持论点来说，这是最有力的论据。一篇好的学术论文要像古人所说那样，做到"持之有故"和"言之成理"。"有故"就是你使用的论据要以事实为基础；"成理"是指在论据与论点之间要有可通过逻辑或经验证明的、不可排除的必然因果联系。

想获得事实需要有一双善于发现的眼睛和一双勤劳的双腿，如果只坐在教室或图书馆里，想发现某种事实就太难了。迈开双腿去现场，深入开展实地调查，是发现事实的最好方法。有价值的发现能修正只凭书本做结论的偏颇。如王朝闻在考察云南的石窟寺艺术时，说"今年四月九日，我们在云南剑川石钟寺石窟考察时，摄影师正在拍摄第六号窟中的一尊北方多闻天王像，不只因为光源不同，而且因为雕像自身的表情有多侧面性。所以，当我偶然从右边走到左边时，发现这个本来静止不变的对象的神态起了变化。从它的左面看来，好像不过是一位和气的青年人。"[①]这虽然是个很小的发现，但也能说明，仅仅通过取自一两个角度的摄影图片来理解雕塑是有局限性的，因为摄影师的取景视角可能不够全面。因此，如果你想研究三度空间里的艺术品，如雕塑或建筑，或者研究一个大型的艺术展示活动，就一定要去现场考察。这样能取得第一手资料，也就有了发言权。

（2）数据或观察实验的结果，这是最有力的事实，因而可信度最高。 现实中常见一般从事艺术或美术研究的人，无意中养成某种职业积习——好议论，尚空谈；其所论固然高远，却拿不出实在的证据，最后就成了翻来覆去的空话套话，不但对学术进步无益，对作者和读者的时间及印刷用的油墨纸张，也是个不小的浪费。而真正有求实态度的人，无论其研究领域是自然科学还是人文学科，都会尽量使用实证方法，能使用数据就一定要使用数据，能绘制图表就一定要绘制图表，能通过试验测试的就一定要通过试验测试。这是因为，在各种研究方法中，量化的实证研究最有助于得到客观结果，也最有助于个人学术能力的提升。那什么是实证研究呢？很多研究者对此很有心得，如：

1. 具体性。实证科学将世界分门别类地进行研究，对象是具体、特殊的物质运动，相对于无限世界的永恒问题，一般只提出和设法解决现实对象的有限问题。

2. 经验性。实证科学以经验为出发点和归宿，起于经验——由观察、

---

① 王朝闻. 云南四川石窟考察散记[J]. 美术, 1993(12): 15–16, 25–26.

实验而来,迄于经验——用实验对所得到的科学认识进行检验,力求不超越经验。

3. 精确性。实证科学要求得到的结论,是具体而明晰的,大多用公式、数据、图形来表示,其误差限制在一定范围内。

4. 可检验性。实证科学的最终结果,不是笼统、有歧义的普遍性规范,而是确定、具体的个别性命题,在可控条件下可以重复接受实验的检验。在这四个特点中,可检验性至为关键,它具体性的体现、经验性的基础、精确性的保证。

科学方法论中极为重要的、后来被称为实证原则的可证实性标准,正是对科学可检验性特征的一种哲学反思。实证性在某种意义上就是可检验性。①

具体性、经验性、精确性、可检验性,是实证研究的特点,这意味着只有具体事物(人、产品、事件)才能成为实证研究对象,而抽象的思想观念是很难用实证方法去研究的。②这是实证研究的好处,也是它的局限性(适用于研究具体事物,不适合研究抽象思想)。实证研究的前提是研究对象的具体性,看一个例子:

本研究把研究对象限定为广州本地的三家主要报纸:《广州日报》、《南方都市报》和《羊城晚报》。原因有三:1、电视和广播等媒体强调传播的实时性,研究所需的素材较难收集;2、在广州报业零售市场,《广州日报》、《南方都市报》和《羊城晚报》三家的市场份额超过80%,占据绝对优势地位;3、三家报纸代表了中国目前三种主要报纸类型:机关报、都市报和晚报,基本上能够覆盖广州新闻信息的主要消费人群。

选取研究样本的时间范围,是2007年1月1日至2009年的12月31日。在样本选取的操作上,考虑到报纸内容生产的自然节奏是遵循星期天数来安排的,本研究采取分层抽样和简单随机抽样相结合的抽样方法。首先,每一年度每一报纸按照星期一、星期二……星期日的顺序进行分类汇总,星期一的归为一组,星期二的归为一组……以此类推,共分七

---

① 李君亮. 实证科学与哲学:认识论、方法论特点的比较分析[J]. 广西青年干部学院学报, 2009(2): 4-5.
② 抽象的思想概念很难成为实证研究对象,因为它很难重复检验。即便是思想者本人,在饭前和饭后、昨天与今天、丢钱包或领工资时,想法都可能不一样。哲学是以抽象思想概念为研究对象的,艺术理论界有一些人是使用哲学方法开展艺术研究的,但这不在本书论述范围之内。

组;在此基础上,在每一组中随机抽取一份报纸,共抽取七份报纸组成一个完整的星期周。对于被选取的报纸,其所有新闻版面都被纳入研究范畴。

分析单位则以一则新闻为一个基本的归类单位,图片新闻、广告、气象预报等体裁被排除在外。主要选取以广州为主要议题的新闻报道,包括消息、通讯、评论等新闻体裁。如果标题或报道中虽然出现了"广州"字样,但其主要议题并非"广州",则不予选取。①

有清晰明确的研究对象和研究范围,是实证研究的基本前提。但艺术研究中有些事情是无法确定清晰明确的范围的,更有些内容无法采用量化研究手法。比如谁都无法将齐白石的绘画经验用量化的方法完整描述出来,也没有人能将毕加索的创新精神落实到某种可操作的技法程序中。什么是中国艺术中的"道"或"悟"?那个"气韵生动"到底是什么意思?西方古典主义艺术的"美"是什么?东方艺术"精神"是怎样的?遇到这种研究内容,实证研究方法就会遇到较大困难。事实上,这些研究内容本不在实证研究的范围中,而是属于哲学或美学的研究范围,那些研究及其使用的方法不在本书讨论范围之内。如果你恰巧是热爱哲学或美学研究的同学,那么我建议你去阅读其他相关书籍,以便能进入另一个领域工作。

(3)引证,就是引用他人观点用以支持自己的论点。从某种意义上说,引证相当于专家测评,如果有很多权威论点显示出对你的支持,你的研究结果的可信度就会大为增加。这个可能算不上最有力的证据,因为在科学问题上,不见得人多就是正确,但是当有些研究内容无法去现场调查或者无法获得第一手材料,根据其他学者的研究成果尤其是权威研究成果推导出某种结论,不但是可行的,而且是必须的。比如下面一例:

巴赫金在研究拉伯雷时发现,中世纪的人们实际上面对着两个世界,过着两种生活:"一种是常规的、十分严肃而紧蹙眉头的生活,服从于严格的等级秩序的生活,充满了恐惧、教条、崇敬、虔诚的生活;另一种是狂欢广场式的自由自在的生活,充满了两重性的笑,充满了对一切神圣物的亵渎和歪曲,充满了不敬和猥亵,充满了同一切人一切事的随意不拘的交往。"狂欢式的生活作为"第二种生活",实际上是一种非现实的生活。因为相对于"第一种生活",特定的时间因素(每年长达三个月之久,

---

① 陈映,董天策. 本地媒体与城市形象之形塑:再现、场域与认同——以广州为个案的实证研究[J]. 城市观察,2012(1):115-123.

以民间节日如农神节、愚人节、狂欢节、复活节等形式出现)与空间因素(广场与临近的街道)保证它中断了正常的日常现实生活之线,从而使人们进入到一个无拘无束、自由自在、带有某种梦幻色彩的非现实世界中。而在这个非现实世界的狂欢舞台上又上演着怎样的节目呢?西方学者认为:"狂欢节上有三个主要主题:食物、性和暴力。"所以,猛吃海喝成了狂欢节上的一个重要内容,种种经过伪装而又显而易见的性活动(如富有挑逗色彩的言辞,戏仿式婚礼等等)频繁出现。同时,"狂欢节不仅是性的节日而且也是攻击、毁坏、亵渎的节日。也许你应该想到性的确是连接饮食与暴力的一个中介词。而暴力像性一样,又或多或少升华成了一种宗教仪式"。①

为什么要引用这些大师论述呢?是因为作者要提出自己的论点,即"电影院中的狂欢活动表面上是一种新的艺术样式催生出来的受众接受行为,但是支撑着这种接受行为的却是一种经过篡改和阉割过的狂欢精神。把古代广场上集体狂欢的人群规范、训练成封闭密室中孤独观赏的个体,这既是艺术革命的成果,也是资本主义精神对人的身心全面占领的伟大胜利。因为如此一来,人们的力比多冲动就可以在这样一个封闭的空间中安全地释放,从而有利于缓解公众与社会的紧张对峙情绪,对于统治者来说,这显然是一件求之不得的事情。"②中世纪的狂欢场面谁也没见过,只能根据前人著述去了解,而大师著述通常最有可靠性,因此这样的引证就会有力地支持作者的论点。想获得这样的支持,当然离不开广泛的咨询、阅读和抄录,因为只有看得着才能用得上。他人看法与你相同,至少可以表明你的看法不是孤立无援的,这会鼓励你在陈述论点时信心大增。当然,科学论断不同于民主选举,人多不见得一定正确,但从概率上看这还是会给你的论文增加保险系数。所以,在毕业论文写作中引用他人论点以支持自己,仍不失为一个可取方法。

4. 使用概念要清晰

论文是由词、句子和段落组合而成的,其中的"词"是构造论文的最小零件。一个词,往往代表一个概念,而概念是反映事物特性或本质属性的思维形式,是理论思考的最小细胞。正确使用概念是正确思维的基础。

---

① 赵勇. 性与暴力:从狂欢到娱乐——论西方影视的大众文化特性 [J]. 当代电影,2003(3):53-56.

② 同上。

什么叫正确使用概念？首先是你对自己在论文中提出的概念的含义很清楚，不是含混不清、似是而非。概念内涵要确定，外延要周密，不能混淆概念，更不能偷换概念。比如美术界中很多人都在使用"当代艺术"、"现代艺术"、"后现代艺术"等概念，这些概念具体指的是什么？它们相互间是个什么关系？什么是"现实主义"？什么是"写实主义"？什么是"具象艺术"？什么是"写实艺术"？如果要使用这些概念，就一定要说清楚。就拿本书中使用的"艺术类论文"概念来说，是指"大专院校中艺术专业学生的学期论文和毕业论文"，而不是泛指所有的"艺术类论文"，因为后者还要包括非院校和非以学习为目的艺术研究论文了，那当然不是这本小书所能包含的。此外还要明确使用概念的语境，不能随意改变概念语境，因为你如果把一个特定语境中的概念移植到另一个语境中，必然导致思想认识混乱。例如，"美术教育"是个常见概念，其基本含义可从下面这段话中得到合适的解答：

　　美术教育实际上是一个合成概念，即由美术和教育合成，英文中也是由 Art（美术）和 Education（教育）合成。美术教育是基于美术学科的一个教育门类，实际上我们也可以将美术教育理解为包括学科本体和教育功能两部分。接下来我们就可以依据重心的不同，将美术教育分成以传承和发展美术知识与技能，培养专门人才为目的的美术取向的美术教育和通过美术获得教育价值，以促进人的身心良性发展为目的的教育取向的美术教育。美术取向的美术教育的代表类型是专业美术教育，而教育取向的美术教育的主体则是中小学美术教育，其余还包括幼儿园、少年宫、美术馆和社区的美术教育。①

　　但是也有人不是这样理解"美术教育"的，比如有人把"美术教育"当成与"美术创作"同样的东西。所以有了下面的说法：

　　回顾近十年中国的美术教育，我要说，毫无疑问这是一百年来表现得最好，处理得最好的十年，它的最大成就，就是尊重美术家的创造。这个十年，中国的美术教育百花齐放、百家争鸣、自由自在：它能够让美术家进行各遵其是的探索，这是前所未有的，甚至从古到今都没有过；它能够让任何一个艺术家在任何环境、任何条件、任何范围内来探讨艺术、探讨世界，这是前所未有的。

　　说中国当下"美术教育"是这 100 年来表现最好的，是个能鼓舞中国

---

① 尹少淳. 当代美术教育的特征[J]. 中国美术馆, 2007(8): 51–53.

一切美术教师的热情论点。但用来证明这个论点的论据却是这样两条：A. 尊重美术家的创造；B. 让任何一个艺术家在任何环境、任何条件、任何范围内来探讨艺术、探讨世界。这就难免又打击了美术教师们的工作热情，因为这里面根本没有提一般概念中的"美术教育"，而是在大讲特讲一般概念中的"美术创作"。出现这种反常现象只能有两个解释：一是作者不知道美术教育与美术创作不是一回事；另一个是本来就没在讨论美术教育，而是不小心把标题写错了。不管是什么原因，由于基本概念的错位，导致这段讴歌盛世的赞颂之词变得贫乏无力，不能让人信服。再举一例：

我只是希望阐明一个简单的基本道理，书法教育是国民素质教育的最佳方式，任何一个素质良好的中国人，在当今社会文化的条件下，至少应该写出一笔好字来。

依然是混淆概念，将"素质"与"书法"等同起来，得出素质良好的人"至少"书法也应该不错的不合理结论。如果这个因果关系成立的话，那就只有书法家才能成为国民素质的楷模。由此连带产生的另一个谬误，是把书法教育看做是提升国民素质的"最佳方式"。而事实上，中国古代社会中的书法教育远比现在普及，古代会写书法的人也必然比今天更多，但古代中国人的素质不见得一定比今天好（那时候还有皇帝这种东西存在）。况且，按照通常的理解，人的"素质"绝对不限于写毛笔字，如果"道德"能算上比书法更重要的素质的话，那么就更能看得出来，素质最高的人恰恰是不玩书法的，比如雷锋或孔繁森。

5. 如何进行逻辑推理？

逻辑是指事物发展的必然规律，推理是由一个或几个命题得出另一个命题的思维方法。虽然推理形式不等于事实而只是解释事实的一种方法，但合理的推论就可以让你的观点像事实一样有力。写论文离不开逻辑推理方法，毛泽东就说过："写文章要讲逻辑。就是要注意整篇文章、整篇说话的结构，开头、中间、尾巴要有一种关系，要有一种内部的联系，不要互相冲突。"[①]他说的"内部联系"就是指文章中的逻辑关系，这不但是一种写作方法，更是一种思维能力，因此至关重要。有学者指出：

在推理论证问题上，现在有两种较为普遍的现象。一种现象是"只作论断、不作论证"。有些人提出自己的观点和主张，不提供论据，不进行论

[①]《毛泽东选集》第五卷，217页。

证,"我认为就是这样,我的观点就是正确的",这是典型的独断论。一种现象是"随意推测、任意发挥"。有些人从自己了解的一些情况出发,不遵循逻辑推理规则,任意发挥、随意联想,得出的结论与事实没有必然联系,甚至与实际情况完全相反。缺乏逻辑素养,思维活动中不遵循逻辑规则,是导致社会上非理性思维泛滥的一个重要原因。①

看来不仅仅是写论文,就是一般社会工作也离不开逻辑推理。侦查员破案就常常要借助于推理手段,柯南道尔笔下的大侦探福尔摩斯,就运用逻辑推理方法侦破了许多大案要案。鲁迅的文章中也有很多精妙的推理形式,如他批评孔子的一段话:

孔子曰:"唯女子与小人为难养也,近之则不逊,远之则怨。"女子与小人归在一类里,但不知道是否也包括了他的母亲。②

在这个反驳中,体现出鲁迅运用逻辑推理的高超技艺,其论证结果是:如果孔子话中的女子包括他母亲,他是在说母亲与小人一样难养,是骂母亲;如果孔子话中的女子不包括他母亲,他是在说他的母亲不是女的,这也是骂母亲,或者是说假话。孔子话中的女子包括或不包括他母亲,结果都是在骂他的母亲,或者说假话。鲁迅在这里使用的是逻辑学中的"两难推理",其基本形式是:

如果 P,则 Q;如果 R,则 S;P 或者 R,所以 Q 或者 S。

逻辑和推理,都是专门的学问,这里不能详加论述。建议写论文的同学除了搜集课题资料外,最好再去找一两本浅易的逻辑学著作翻翻,这对你下一步的写作会大有好处。

5.1 自我检测推理

为了使自己的论点无懈可击,你最好把所想到的能支持这个论点的理由全部开列出来,然后逐一检查,判断其合理性。下面一些自我设问方法可以帮助你查找论文中的不足。

有没有另外一种解释的可能?也就是同一论点下是否能有不同甚至相反的论据?对同一个论点寻找不同的论据或选择不同的解释途径,是发现论文逻辑缺陷的较好办法。例如:

● **论点**:中国传统绘画的衰落是由于西方绘画思潮的影响。

● **另外的可能**:中国传统绘画衰落是由于掌握传统技艺的画家越来

---

① 李志昌. 逻辑学有什么用[N]. 人民日报, 2012-5-31(7).
② 鲁迅. 南腔北调集/关于妇女解放.

越少了，即便没有西方当代绘画思潮的影响，这种绘画也可能衰落。就像古代某一时期没有外来艺术的影响，但中国绘画仍然衰落了。

● **论点**：如果没有《让子弹飞》的成功，《夜谭十记》也许依然会是一本默默无名的小说。

● **另外的可能**：的确，姜文的改编和再创造让默默无闻的小说成为畅销书，但如果完全没有《夜谭十记》的基础，《让子弹飞》会是现在这个样子吗？

5.2 证据是否充分？

学术工作不仅仅是提出论点，比论点还重要的，是提供证据，有证据才能有论点，没有证据就没有论点。用来支持论点的证据可以有多种形式，如事实、统计数字、权威测评、观察试验结果或其他，但它一定是与论点不同质的东西，否则就成了以论点 A 证明论点 B 的循环论证了。例如：

● **论点**：与文学批评、音乐批评、美术批评、舞蹈批评、戏剧批评等具有较强的专业特性不同，电影作为一种更具大众、娱乐、消费特质的艺术文化样式，其批评与批评者也呈现出多元化、多层次的特点。

● **证据1**：电影批评媒介中有专业学术刊物，也有一般报刊和网络。

● **证据2**：从事电影批评工作的人多来自不同专业领域，具有不同文化层次。

● **证据3**：网络的普及和出版物门槛的降低，为各类电影批评提供了平台。①

● **论点**：电影已发展出一门独立的语言——视听语言，其基本规律是模拟人的视听感知经验和主观思维活动。影片中的取景、光线、色彩、剪辑、声画结合、表演等为导演提供了丰富的表现手段。

● **证据1**：在电影《红色沙漠》中，导演安东尼奥尼将朱莉安娜和科拉多这对情人的会面安排在科拉多即将乘坐的货轮上，轮船上的金属构件给人以冷冰冰的质感。科拉多和朱丽安娜谈着话，不停地走动，但无论怎么走动，两人之间总被一根铁杆隔开（即使俩人紧挨在一起）。安东尼以此来表达人与人之间难以沟通的思想。

● **证据2**：《扎布里斯基角》的一个片段是女主人公的酒馆里玻璃窗被年轻人砸碎，女主人公仓皇跑到车前，拉开车门，快速启动汽车。汽车从左向右出画。而摄影机向前移动，越过写有广告文字的玻璃窗进入酒

---

① 陈晓云. 电影批评的泛文化现象[J]. 当代电影, 2011(2): 11-15.

吧。酒吧内只有一个穿着典型牛仔装的孤独老头在面无表情的喝酒。摄影机拉出,变焦,由于景深加大,观众在视觉上更感到老头的描写和孤单。这段镜头语言表现出这样的看法:在商业社会的美国,当年那种见义勇为、匡扶正义的西部精神失落了。

● **证据3**:电影《这里的黎明静悄悄》中女班长回忆战前生活的一段,运用了高调、彩色、无声、慢动作等技巧,体现美好平和的战前生活。随着排长一声喊"姑娘们,睡觉了!",影片又回到黑白片构成的现实:篝火旁边坐着面容困倦、目光呆滞的丽达,身上的军装使她失去了身体的优美线条。将这种不同的视听段落剪辑在一起,可使观众看到了战争给年轻女性带来的身体与精神的摧残,从而更痛恨制造这种人间悲剧的侵略者。①

5.3 支撑论点的假设是什么?

假设,是指根据已有的材料与经验,对事物产生的原因及其发展变化的规律所做的推测。合理的假设当根据已知事实提出,通过实践证明的正确假设,就不是假设而是科学理论了。在论文中提出各种假设都是可以理解的,尤其是引发研究的最初动机,常常具有一定的猜测性和假设性。但假设不是凭空猜想,也不是神话、幻想和迷信,确定假设合理性的条件是经得起事实的检验和证实。比如按下开关但电灯不亮,就可能产生几种假设:①停电;②接触不良;③短路;④灯泡坏了。其中的每一种假设都是可以直接检验的。

有些论文的基本论点建立在并不真实的假设基础上,虽然这样也可以使后续讨论得以展开,但如果你的这些假设缺乏根据或经不起事实的检验,就会成为论文的致命伤。如下面两例:

(1)市场潜力巨大。以我国庞大的人口总数来看,电影消费市场的潜力还没有完全释放出来。如果我国每年人均观看电影1次,票价按10元计,我国票房收入就近140亿元。由此看来,我国电影市场潜力无限。实行产业化改革近10年来,中国影院的建设开发基本集中在大城市,中小城市刚起步,农村市场尚未启动。银幕少,人口多,高档影城的票价即使卖得很高,也还是有人买,于是,票价持续走高。况且,农村市场是一个有待开发的处女地。②

---

① 宋杰. 主流电影批评的误区:文学式电影批评[J]. 电影文学, 2000(8): 18–19.
② 刘忠山,袁恩培. 浅析国产大片的发展模式——以电影《鸿门宴传奇》为例[J]. 中国电影市场, 2012(2): 18–20.

（2）学术型艺术批评应当走出以往的启蒙论转向和专业论转向困境，转而集中关注全体国民对于艺术产业的大量制作和新闻消遣型批评的大量轰击如何加以识别、鉴别、辨析和批判等问题。这实际上就是提出了如何提升国民艺术素养的问题。艺术批评的素养论转向，意味着艺术批评要把国民艺术素养作为自身的新的核心问题加以探究，这要求批评家进入到新的国民艺术素养的问题情境中，着力提升当前电子媒介时代面临困扰的国民艺术素养。①

(1)说电影消费"市场潜力巨大"是个可以验证的假说，但以人头数为根据却说服力不强，因为国民人口不等于电影观众，就像大街上的过往民工不等于专卖店中的消费者一样。此外"高档影城票价即使卖得很高也会有人买"也是不合理的假说，这个假说甚至不需要事实检验即可判断为不合理——票价一味攀高必导致观众减少，而只有价格水平与消费水平相适合(可以有差距，但不能差距过大)才会促进消费。(2)凡说某种事情"应当"如何如何，皆可视为假说，因为"应当"不等于"事实"。这里说学术型艺术批评"应当"以提升国民艺术素养为自己的首要职责，即所谓"素养论转向"假说，是一个很好的社会理想，但在没有得到事实验证前，也只能停留在假说阶段。此说如果是事实，很多高校文科学报或专业杂志就应该倒闭或转型为艺术普及刊物，每年大批量生产的艺术学论文就应该改为科普文章，但现在并无此种明显迹象，作者本人的此篇文章也还是论文体。

5.4 是否犯了逻辑错误？

论文中的常见错误会出现在逻辑推理过程中。充分认识与借鉴这些错误，将帮助你看到文本中的逻辑问题。虽然常见的艺术类论文中会有各种不同的逻辑谬误，但以下 7 点显然是最常见的。

● **轻率归纳**。就是根据单薄的事实或论据得出一个过于强大的结论。

例 1：因为纸媒没落，所以收藏家或艺术市场重要人士大都不看杂志，所以专业艺术杂志不会对艺术市场有大的影响。(事实上，网络杂志或者微博无法取代纸媒的学术深度与手感，大众媒体与专业媒体相比专业内容偏低，此外，即便从不看专业杂志的人，只要他身边有人看，杂志的内容也会影响到他。)

例 2：艺术市场里不断传出的投资传奇故事，告诉投资者艺术市场可

---

① 王一川. 艺术批评的素养论转向[J]. 文艺争鸣, 2009(1): 117–121.

算是一个稀有的有赢无亏的好去处。(事实上,艺术市场中的投资成功与巨额亏损是同时存在的,只是媒体报道比较倾向于前者而已。)

● **前提错误。以错误的标准作为判断前提,必然导致错误的判断结果。**

例1:中国画尤其是人物画在20世纪取得了突破性的成就,这些成就的获得与中国人物画家在创作中坚守古代绘画原则是分不开的。(凡是突破性的事物,就意味打破了原来的规矩,所以中国人物画的进步的主要原因一定不是坚守古代传统。)

例2:想成为伟大的画家,必须有多方面的文化素养,所以"功夫在画外"是很有道理的。当代画家有必要多读文史哲类的书籍,如果还能对音乐和诗歌等艺术形式有所领悟就更好了。(一个伟大的画家之所以"伟大",主要是因为他的绘画技艺而非其他。没有绘画技艺或绘画技艺不高,有再多的非绘画本身的文化素养也不能成为伟大的画家。)

● **权威谬误。轻信所谓知名专家的言论,把专家的说法视为确凿无误的真理,是学习者最容易犯的认知错误,也是最不值得犯的错误。**

例1:策展人不只是做展览,而是要把尚未被人发现的艺术发展动向用展览做出来,成功与否是另外一回事。(这是策展专家的说法。但事实上,任何艺术的发展动向都只有在出现后才能被"做"出来,没有被人发现的就不是动向。而举办美术类展览不同于发射运载火箭,其失败与成功的界限相对比较模糊,往往是举办了就是成功了。)

例2:艺术来源于现实生活,艺术家采撷的生活素材经过加工处理,会以一种高于生活的面目重新呈现出来。("源于生活,高于生活"是常见的艺术理论,也是很多专家都说过的话。但事实上,与生活平行的艺术——现成品,低于生活的艺术——拙劣的影视剧,也很常见的。)

例3:中国美术有三个层次,第一个层次是作为吃饭手段的"匠作体";第二个层次是服务于统治者的"院体",第三个层次是心灵自由的"文人体"。文人画家是专门从事创造的,他们要创造更新的既可供院体使用,也可供民间美术使用的法式,这部分画家是中华民族最优秀、最重要的画家,能各领风骚数百年。(这也是专家说法,其荒谬在于不顾事实,纯然臆想。事实上,①文人画家也是首先为吃饭;②文人画与其他种类绘画之间并无截然分界;③非文人画家同样有伟大的创造;④绝大部分的民间美术法式不是文人画提供的,相反倒是文人画家向民间美术学习居多。)

● **滑坡论证(Slippery Slope)**。指的是一种连续的逻辑错误,即 A 错误导致随后的 B 错误,B 又导致 C 错误,依此类推。即一个错误的推论会带来一系列的错误。

例1:现代学者对于"气韵生动"的理解早已偏离谢赫所说"气韵生动"的本意,这一方面说明后世学人对传统不够尊重,另一方面也显示出文化语境改变是导致我们不能准确认识古代经典的根本原因。(事实上,这四个汉字的组合必然产生多种含义,所谓"本意"也是在解释中呈现的,除了起谢赫本人于地下,没有人能知道他的"本意"到底是什么。由于无法确认本意的存在,所以批评后世学人不尊重传统或归于语境问题就很难站得住脚。)

例2:"艺术史"的概念在中国的发端,是从接受西方艺术史的观念开始的,但却以掩盖中国传统文化中关于艺术的观念为代价。今天,我们讨论艺术史在中国这个问题,实际上有两个范畴:其一是研究与西方所不同的、中国的艺术观念是什么;其二是讨论西方的艺术观念是如何引入中国并替代中国的艺术观念的。(如果中国人获得艺术史的概念不是从接受西方艺术史的观念开始的,这个论述的前提就倒塌了,随后的所有论证也就毫无意义。而若想证明这个前提是正确的,首先要证明中国人在见到西方艺术史(姑且以文本为标记)之前从未有过自己的艺术史,而这样的判断显然是荒谬的,因为中国古代著述中关于艺术史的讨论比比皆是。)

例3:在这个以策展人为主导的展览时代里,大多数的人不关注作品本身而是更关心这个展览到底要说明什么,关注这个展览由谁策划和这个展览的规模如何。(就像观众不但关注导演也关注演员一样,任何时代都不会出现大多数人只关心策展人的现象。这个论断的出现是因为第一个论断"策展人是展览主导"就错了,事实上,策展人只是展览的召集人和主持人,真正的展览内容仍然是由艺术家创造的,大多数普通观众一定是关心艺术家胜于关心策展人的,就像大多数人关注演艺明星的热情要远过于关注导演一样,更何况策展人还算不上"导演"。)

例4:装置艺术的哲学基础之一是杜威的实用主义。杜威认为艺术是一种经验,它不同于生活经验的地方在于它既是生活经验的延续,也是一种比它完美、精炼、强化和统一的经验。杜威正是在强调经验的整体性的基础上,看到了艺术与生活之间的连续性和一致性。(事实上,绝大部分装置艺术都不是生活本身的延续,而是反日常生活,或者说反日常生活中的信仰、经验、审美观和实用性的。因此把杜威哲学思想作为研究装置艺术的理论前提,必然引起论证上的滑坡现象。)

●**非因果关系。也称为"非次序关联"现象,即结论与跟随的论证不具有逻辑意义上的统一性。**

例1:艺术品投资班上的学生有很多是艺术市场中的经营者,他们进高校学习艺术品知识意味着他们自身的艺术修养能得到提高。(艺术商人增加艺术知识不一定意味着艺术修养提高,也许只是出于商业投资的需要。)

例2:根据王冕在作品上的题诗:"不要人夸颜色好,只留清气满乾坤",我们可以断定这个画家不但技艺超群,而且有高洁的人格和正派的思想。(画面上的题字与作者写的文章一样,不能仅凭纸上文字就得出作者品行好坏的结论,杀人犯如果写诗也必不会写"血"呀"砍"呀的。)

例3:宋徽宗的《瑞鹤图》将祥云、仙鹤、天空、宫殿、瘦金体的题诗组合起来,象征了动荡社会的君主对于国泰民安的一种期望。(事实上,即使宋徽宗本人真有这样好的执政理念,也不意味着他在画鸟的时候还总想着家国政治。)

●**非此即彼。凡事归于两极,只懂两分法,不知道也有三分或五分的可能,其实,任何学术问题都可能有更多的选项存在。**

例1:艺术创作是艺术家的本职工作,艺术家如果参与艺术市场活动,他的创作就会沾染铜臭气,他的作品就会失去艺术价值。(事实上,有很多艺术大师很关心艺术市场,也有一些艺术大师不关心艺术市场,但他们都同样取得了举世公认的艺术成就。这说明,市场与艺术不是两极关系。)

例2:中国前卫艺术与传统现实主义艺术是背道而驰的,前者不但较少使用现实主义的表现手法,而且通常也不选择与国家意识形态相联系的创作主题。(事实上,划分艺术类型是个复杂的事情,前卫艺术中不乏关心弱势群体和环保的主题,传统现实主义艺术也有其纯然的艺术价值,并非只是服务于国家意识形态。)

●**偷换概念。在论述中以隐蔽的方法将不同概念相互替换,使对某一概念的讨论或解释丧失最基本的语境条件。**

例1:中国传统美术也是很讲究色彩的,有着表达色彩感受的丰富语汇。比如中国人都会说"满园春色"、"进门看脸色,出门看天色",脸色、天色、春色,都是中国人关于色彩的概念。(事实上,"春色"、"脸色"和"天色"的"色",与绘画中的色彩不是一回事,前者是对自然节令、人情冷暖和气候天象的心理感受,而绘画中的色只是一种视觉手段,与材料属性和视觉美感有关。)

例2:研究自画像要看到他是在什么样的一种"人类学背景中间",也就是他生活在什么状况之下,他出生于怎么样的家庭,他自己的爱情和生活伴侣的情况,周围的文化状况怎么样,等等,这个就是艺术家研究的基本方法,本身也涉及社会学、人类学研究,甚至生物学:这个艺术家有没有生病,有没有生育过,这些都是我们要对自画像这个作品的相关方面加以鉴定的地方。(这显然不是在研究艺术而是把艺术作为其他领域的研究素材。这个当然也是可以的,但那样就不宜说这是艺术研究的"基本方法"。就像化学家可能会研究胶片显影的配方,但不能说他在做摄影研究一样。这个也是偷换概念,是把"以艺术为研究材料"偷换为"艺术研究"。)

5.5 逻辑推理练习

这是有关逻辑推理的选择题练习(构成题干的段落一部分来自我见到的艺术类学生的论文,还有一部分来自知网中的艺术类论文),要求练习者能识别出错误推论的类型,每一题中只有一个答案是正确的,参考答案见脚注:①

(1) 这个画廊在过去一年里举办了数十次作品展销活动,每次活动的开幕式上都来很多人,可见该画廊在艺术销售上收获颇丰。

A. 滑坡论证 B. 轻率归纳 C. 偷换概念 D. 非因果关系

(2) 只要你热爱艺术,还肯勤学苦练,将来就能成为出色的艺术家。

A. 非此即彼 B. 轻率归纳 C. 滑坡论证 D. 前提错误

(3) 他善于把握买画人心理,花费大量工夫制作精细的作品,并且摆脱了传统工笔画的束缚向泼墨大写意发展,以狂草入画。

A. 自相矛盾 B. 轻率归纳 C. 滑坡论证 D. 权威谬误

(4) 无论有你们谁说毕加索画得好,我就是看不上他的作品,所以我不会去看毕加索的画展,也从来不看研究毕加索的书。

---

① 参考答案:1.(B) 2.(B) 3.(A) 4.(D) 5.(B) 6.(D) 7.(A)

A. 自相矛盾   B. 滑坡论证   C. 权威谬误   D. 感情用事

(5)现在的电影批评充斥着学院派的八股气味和玄学风气,网络影评的真诚和率性、草根气息和平民精神,能使电影批评获得新的生机。
A. 轻率归纳   B. 非此即彼   C. 权威谬误   D. 感情用事

(6)任伯年和吴昌硕是海派艺术的最后两位大师,其后贺天健、张大壮、钱瘦铁、来楚生等第二代海派大家,延续了海派绘画风姿绰约的繁荣景观。
A. 偷换概念   B. 非因果关系   C. 轻率归纳   D. 自相矛盾

(7)随着人民物质生活水平和文化水准的不断提高,中国画的艺术价值越来越受到社会的普遍关注,大众对国画需求量逐年增大,鉴赏家、收藏家的队伍也越来越大,由此可知,当代中国画获得了最好的发展机遇。
A. 滑坡论证   B. 自相矛盾   C. 权威谬误   D. 非此即彼

6. 头脑风暴

头脑风暴是一种能发现隐藏在相关题目中的原创思想的思考过程。假设你已经对你的论题做了大量基础研究,确认了一些基本论点和证据,也具备一个可以在论文中展开的基本概念,那么,你现在的任务,就是登上那些与你的研究方向有关的学者肩膀,为你的论题创造出新的论述境界。

毫无疑问,一个写论文的人如果只能复述他人意见是远远不够的,你必须努力超越前辈和同时代的行家们,提出一个属于你自己的、有原创力的想法。从原则上说,所有研究性论文都应该只对未知领域发表意见,而不是重述已知结果。记得以前我有个朋友想给我所在的杂志写稿,我问他想写什么题目,他说想写徐悲鸿,我说你是不是想写徐悲鸿画得好还教得好,他说是,我说那就不要写了。我还见过一篇研究生论文的结语,说谢晋是中国 20 世纪中最有影响的电影艺术家,而这样的结论是大多数中国人都知道的,你在论文中又说一遍是不是有些乏味呢?所以,头脑风暴的作用,是帮助你在论文写作中产生一些新点子和新想法,以增进你对这个主题的了解,这不是学院式刻板课堂教育所能带给你的能力,虽然那些已知研究成果一定会成为你工作的最初依靠。

6.1 找到一个新想法

如何能创建新点子呢？你要知道,全天下所谓写论文者不过是在做两件事:一个是发现新材料,一个是提出新观点。新材料,是指以前人们不知道的东西,你发现了并表达出来,你就有贡献,如考古报告就是这样的。新观点,是说你使用的材料是其他同行也知道的,但你能根据这些众所周知的材料得出与众不同的观点,这当然也是很了不起的。但一般说,这两件事不会在同一篇论文中出来,最常见的情况,是有的论文偏重新发现,有的论文偏重新观点。如下面几例:

(1) 良渚大墓的随葬品,与小墓所见不同。小墓内多为生前使用的器物,如石斧,磨制较粗,刃部可见使用痕迹;陶鼎的下部往往有烟炱,或者以仿制的明器代替。而大墓内的器物,大部分器形规整,制作精细,并常见细密的纹饰,具有很高的工艺价值。这些器物,既非日常生产、生活用器,亦非明器。例如石斧,形制规整厚实,整体高度抛光,刃口钝,不能实用,与良渚日常使用的斧相比,后者器形都为平刃,器面粗糙,器体扁平,形如北方的石铲。前者弧刃、厚实,器形除了钻孔很大,与器表高度抛光以外,与崧泽时期石斧形制相同。这是一种精制的良渚仿古器物,当是礼仪用器。①

(2) 新疆考古发现,是中华文明史重要章节,如果没有一个多世纪以来的新疆探险考察,我们对西域乃至对整部中国历史的认识就会出现更多的盲区。作为中华文明再发现的组成部分,丹丹乌里克遗址、喀喇墩古城、楼兰古城、尼雅古绿洲等遗迹的陆续发现,足以证明:

以多民族、多信仰、多色彩著称的西域文明,从来就是中华文明的组成部分。在天山南北,所谓的"东突厥斯坦"根本没有存在的地域空间与历史时段。在天山南北,"丝绸之路"是贯通中原文明与西域文明的通道。西域文明的特点,来自它的地理位置、人文构成、历史变迁等因素。西域文明,是中华民族包容性、丰富性、和谐性的体现。西域文明,使中华民族文明增添了广被四裔的影响力。②

(3) 我们这些美协的工作人员办公时都是静悄悄的,生怕影响老人休息,每天只有上午十点左右是大家活动的时间,我常利用这点时间和

---

① 黄宣佩. 福泉山遗址发现的文明迹象[J]. 考古, 1993(2): 144-149, 166.
② 宿白. 新疆考古发现与西域文明[J]. 文史知识, 2010(1): 4-7.

同事们打羽毛球。每逢这段时间白石老人就由张护士搀扶着站在客厅内，在窗明几净的玻璃窗前，饶有兴趣、笑眯眯地看着我们打羽毛球，看罢再去画室继续作画。白石老人的室内装饰是由画家郁风同志设计的，均为民族风格，如门帘、窗帘都是民间图案的织锦面料，旁边有铜制的帘子挂钩，古朴而又典雅。画室内有一个大画案，上面放着齐白石常用的笔、墨、纸、砚文房四宝，阳光透过明亮的大玻璃窗洒进房间，平日齐白石挥毫作画，张护士则在旁边沏茶倒水地照顾着。①

（4）齐白石绘画实践的几个特色与中国城市视觉文化和视觉环境中发生的这些变化相呼应：母题的标准化处理和重复，绘画图像与书写的结合，构图的平面图案化，绘画文本的说明性和符号性，对于情感指向的抑制。齐白石的主题来自非城市的、不完全是现代化的生活模式，但这一点不应使我们闭目塞听，感觉不到他对于这些主题的直观处理方式的大胆与现代性。②

例（1）是考古报告，是以纯客观态度记录考古挖掘所见，无修饰和夸张。（2）虽然也在讲考古，但所说是根据考古材料得出来的看法与观点，这就不是发现新材料而是提出新观点了（当然也可能提出的观点不很新，但至少是在试图提出新观点）。（3）虽然要只是记忆文学而不是学术考证，但仍然提供了他人不知道的有关齐白石晚年生活的片段，这对于学术研究也是很有用的，所以也可以算作是一种"发现"。（4）是对齐白石作品的分析讨论，这些作品虽然人所共知，但这样的看法可能是作者独有，这也就是提出新观点了。由此几例也可推想论文写作的基本目标是：或者提供新材料；或者提供新观点。如果你既无新材料，也无新观点，最好是不去写什么论文；但迫于拿学分或毕业证书的压力而不得不写论文的情况也是常见的，为了不浪费自己的宝贵生命，即便出于无奈，你也应该努力争取在论文中有所贡献。

我们知道，发现新材料和提出新观点都是不容易的。因为发现新材料常常要凭机遇，比如陕西农民在自家田里挖井时碰到硬邦邦的东西，结果是秦皇兵马俑，这是机遇起作用，也就是碰运气（换成我每天都去挖，挖一辈子，也可能一无所获）。提出新观点同样不容易，假如你的研究对象是大家都熟悉的，你凭什么能提出其他人都想不到的、唯独你能想到的观点？这些都是写论文的难度所在。

---

① 李启安. 忆齐白石老人在"雨儿胡同"居住的日子[J]. 中国美术馆, 2011(1): 72–73.
② 乔纳森·海, 王燕飞. 齐白石：三个问题[J]. 美术, 2011(1): 97–101.

难,难在"发现",就算你只想在古籍中找一条材料,也常常是机遇主导,并非只要勤奋就一定找得到。尤其对初学论文写作的艺术类同学来说,在学术上有新发现的可能性是很小的。难,也难在"观点",因为判断观点的价值标准,是不但要有独创性,还要合于学术研究的一般条件(不能是猜测和臆想),即如一位日本学者所说:

所谓独创性的研究,就是要有与众不同的谁也没有想到过的想法,不仅如此,它还要求这种与众不同的想法能够成为后人学习的模范,并且在它的基础上不断前进,只有这样才能成为独创性的研究。我要向诸位申明,所谓独创性的研究,仅仅与众不同是不行的,无论是多么的与众不同,而且是谁也没有想到过的,但它必须是人们公认为正确的、好的、出色的,而且可供后人学习和模仿的,可以在它的基础上向前发展的,只有具备这种可能性的才能说是有独创性的研究。①

可是如何才能提出这样的新观点呢?靠个人冥思苦想不行,因为此前很多人都同样冥思苦想过了;靠查找文书资料也不行,因为资料只能为你提供研究材料而不能为你提供创造性思想。那么,我们是否还能有其他办法呢?

从亚里士多德那个时代开始,各种聪明人就致力于创造有可操作性的"方法"或"技术",到今天各行各业早都有了属于自己的工作方法和技术。方法是什么?方法就是工具!没有工具,我们连个苹果皮都削不下来,所以,想削苹果就要有一把水果刀,因为它是工具。做学问,搞研究,写论文,同样需要工具,也就是研究方法。

梁启超说"凡欲一种学术之发达,其第一要件,在先有精良之研究法。"任何一种超直觉的人类行为,都要使用一定方法;有方法,才有研究。任何一门学科的存在,就是一系列方法体系的存在。初中物理中就有多种研究方法,其中最简单如归纳法,就是一种从对具体个别事物的认识中概括出一般认识的思维方法。很多物理知识,如声音是由物体振动产生的;光在同一均匀介质中沿直线传播;光的反射规律;光的折射规律,等等,无不是科学家使用某种具体方法对某种现象展开研究的结果。与科学研究相同,艺术研究也需要方法,对尽人皆知的研究对象,如果使用方法不同,就有可能会得出不同结论。比如德国的佛教艺术史研究就有自己的方法,是"佛教艺术多以叙事为主,与多种语言的文献中的佛教

---

① 泷本裕造. 日本京都学派的学风——独创性的学术研究方法与态度 [J]. 张前, 译. 中央音乐学院学报, 1999(1): 42–46.

故事相结合,最终形成了德国佛教艺术史研究的特色——至此,德国印度艺术史研究的主要内容也定在了佛教艺术上面。在这样的方法论之下,一个故事会以穷举法来研究,即罗列一切所能找到的艺术和文学表现。我们发现,其他国家的图像比定,一般以确定故事主题为要,主题既定,加之故事所在的一两部文献被找到,研究工作就此打住。因此,这样的比定错误率会很高。而德国的图像比定,会跟踪对照图像中的每一细节与文献中的每一情节,以确定某文献与之相同或最为接近为目标。因此,这样的比定鲜有错误。"① 巫鸿教授也说自己在研究美术史时得益于"重构"方法,这个方法的特点是:

首先,美术史研究离不开实际的东西,因此还是得从具体的图像、建筑、器物入手。然而,我们继承下来的往往是一些离开了原来原境(context)的历史碎片。因此我们需要从这些很具体的碎片出发来重构原来的实体。特别是我称为"礼仪艺术"的碎片,它们原来都是为了某种宗教、政治目的服务的,背后往往都有一个建筑体。因此我们需要探讨的是:这些碎片能不能重新拼起来?它们背后的建筑体是怎样的?如果这种重构能够做成,就可以接着去想,接着去重构更高层次上的东西。比如像武梁祠,我们就可以进而考虑武梁祠和武氏墓地中别的祠堂的关系,考虑武梁祠石刻的大环境,甚至整个东汉时期墓葬的理念。这都可以算作是"重构"。很多领域,像物质、社会、政治和宗教的原境——实际上都需要重构。但是在美术史研究中,研究者需要将这些领域分得比较清楚。有的时候学生会操之过急,还没把第一步做好,没把完整的、具体的东西做好,就一下子跳到很高的层次去谈政治、历史的问题,显得缺少中间环节。②

这种通过现场调查、试图完整重构历史情境的研究方法,虽然并无太多特别之处,但一定会比仅仅依据一些来自书本的零碎概念做研究好得多。因此,确定你的研究题目后,除了尽力搜集资料,你也一定要关注研究方法。而判断研究方法的好或不好,只有一个标准,就是看是否符合科学的实事求是标准。为什么如此强调"科学"?是因为在世间各种学问中,只有科学是坚持从客观角度认识事物的,因此它能克服主观偏颇。如

---

① 刘震. 德国佛教艺术史研究方法举隅:以九色鹿故事为例[J]. 史林, 2012(1): 153-163.

② 巫鸿, 朱志荣. 中国美术史的研究方法——巫鸿教授访谈录[J]. 艺术百家, 2011(4): 62-69.

最常见的观察实验法、抽象法、逻辑法和统计法等，都可广泛适用于文理各科。当然，艺评的研究对象与自然科学研究对象不同，但是研究艺术作品，也照样可以采用科学方法。即如金克木先生所说：

文艺本身不是科学。你要研究这个文学作品，研究这个艺术品，拿它当作一个客观对象来加以分析，那么这可以是科学，可以叫做文艺的科学、文学的科学、艺术的科学。这些科学在现代才算开始。究竟怎么样才是真正的文学的科学、艺术的科学，恐怕现在还在探索中。①

事实上，在当代艺术研究领域，人文学科与自然科学有交叉融合之势，仅仅依靠个人感受和想象从事研究工作已经越来越困难。昔日可以凭直觉和感觉进行，用美学和文学语言描述的东西，现在随着自然科学的不断发展而日益改变形态，呈现系统化、定量化、模型化的趋势。很多艺术研究都要借助严密系统的定律和概念，采取实证的方式进行，而不能像过去的文人和今天的电视台主持人那样，只有"诗意"和"煽情"。这也是为服从时代需要，是国际化视野下追求"合法化表达"的一种努力，即如汪丁丁教授所说，对中国文科学者来说，最大的困难是难以用理智的方法来表达中国人的感受，这是我们做研究所面临的根本困境。②

其实，在学术的道路上，遭遇某种困境也不要紧，只要不再把自身缺陷当成特色炫耀，今天的中国青年就一定能赢得未来。

6.2 头脑风暴的技术

如果你是个志向远大的青年，那么你就要设法在论文中呈现独一无二的思想，这会使你的读者感到你明显与众不同。想做到这一点，最重要的是要在论文中提供独立思考的成果，而不是只能写出那些不痛不痒、人云亦云的陈词滥调。虽然撰写学院式论文谁都免不了采用某些格式化的形式，但其内里的创造性和严谨程度，仍然是决定论文成败的根本原因。下面简要介绍8种有助于产生创意灵感的方法，你读完这些简短的建议，就可以开始通过自我提问的方式进行头脑风暴了。

（1）**追问证据**：任何论点都要提供一定数量的证据，形成一种由事实、理由、个人体验或权威评价共同构成的论文结构。所谓学术的本质，就是"拿证据来"，证据就是思想，证据就是一切！你在论文中提出任何论点都是可以的，但你同时要问自己：有什么证据表明你的论点是可信的

---

① 金克木. 艺术科学丛谈[M]. 北京：三联书店，1986：132.
② 汪丁丁. 中国社会科学的研究方法导论[J]. 财经问题研究，2008(10)：3–13.

(这与证据的可信度有关)？你能提供的证据是否有问题或缺陷？如何能使证据变得更强大？你是否相信这些证据？它为什么能证明或不能证明？

(2)由表及里：独有的洞察力意味着你这个想法是别人没有想到或没有完成的。一般人总是会从一些明显的表面去看问题，而科学研究工作(写论文)是为了看出他人未曾发现的事情，这当然是最原创的和令人激动的，因为这意味着你看到了别人看不到的东西。

如果你的思考只停留在事物表面，比如你证明了姜文电影中有强烈的男性气质，或者坚定地认为冯小刚的电影对白很有幽默感，那么你真就无可救药了，因为这个是菜市场的大妈也能看出来的。所以你真正要做的是相反的事，只要你有充分的证据，你就可以大声地对其他同学和审阅论文的评委们说：它不是 X，而是 Y。

(3)假设：一个假设是用来识别未经证明的断言有无真实的可能，事实上它很可能不是真的，因此你提出的每一个假设都会牵连另外一些假设。比如"假如我是编剧，这部电影的结尾就不会是现在这个样子"或"假如没有遇到陈师曾，齐白石就不能有那样的创新。"都是对两个以上的变量关系作出推测，而不是只关注一个方面。

研究性假设有两个显著特点：一个是要有一定事实依据，即假设是根据一定的理论、经验和相关事实而提出的，它与毫无根据的迷信不同，也区别于纯粹的猜测和幻想。另一个是有推测性质，即假设在没有被证实之前只是一种推断和猜测，其正确性还有待于研究结果的检验。所以，当你要提出假设时，一定要想象所提假设是否有一定的事实依据？自己的这个假设是有价值的吗？如果经检测证明这个假设是错误的呢？你觉得永远不能被证明的假设就不要提。如果出于情感需要或为顺应社会上某种思潮而勉强提出，恐难免会产生荒唐可笑的效果，如下例：

总之，中华民族是到了认祖归宗的时候了。假如所有的艺术形式，包括音乐、舞蹈、建筑、绘画、设计、雕塑、公共艺术等等一切艺术形式都向着中华五千年文明精粹积淀下来的"先进"文化艺术的这条主脉，进行健康的、深层的、本质的传承与思考，不出几年，一定会出现一大批优秀、健康、真正传承中华民族精粹文化本质的当代艺术作品，也一定会因她的出现，震撼、左右"当今"的世界文化艺术。

这就不是假设而是妄想了，因为无需思考也知道"不出几年"中国一定不会出现能"左右"当今世界文化艺术的作品。做这样的论断也不是因为不爱国或不爱中国的"文明精粹"，而只是因为更愿意相信事实而已。

(4)确定问题：写论文就是找出问题并尽力解决它，如果你的选题是合适的，就一定不会有任何现成的解决方案在等着你。也就是说，那种一旦提出问题就会自然出现解决方案的题目很可能是"伪问题"，而这种以"伪问题"为主要研究对象的艺术类论文又是很常见的。

如有人写论文研究汉斯·哈克艺术作品中的社会思想，结论说汉斯·哈克作品中有很深刻的社会思想，这其实不能算研究一个问题了，因为这个"社会思想"本来就明晃晃地在那里摆着，就像雷锋的助人为乐思想在那里明晃晃地摆着一样，你只是看到它的存在并不等于你研究了它。另有人研究潘天寿的艺术风格，结论是"独树一帜"，这也不是个问题，因为任何一个艺术大师都必然是独树一帜的。因此，你在头脑风暴时不仅要确认自己提出的问题到底是什么？还要问它为什么是一个问题？它是个什么样的问题？它是什么时候第一次成为一个问题？这个问题的核心是什么？也就是说，你必须要有"问题意识"而不仅仅是描述尽人皆知的现象。

(5)做更多的研究：如果你到现在还不能最后确定论文题目，你就需要做更多的关于选题的研究，比如你要继续寻找学术中的问题和争论点，或者去向你的老师和同学们咨询请教，你还可以同他人一起讨论你的初步想法，这些都会帮助你走在正确的研究方向上。如果你想偏重于从理论层面上研究一个主题，就要投入更多时间，进行更深入的研究工作，你大概需要在一定的时间段中，把自己锁定在图书馆的书架或JSTOR的页面前。你的时间，精力，专注程度，永远是论文写作的常规能源。而研究的多，阅读的多，自然就会使头脑日益丰富，智识得到增长，这就离创造性思想的诞生不远了。

(6)提问：随意写下与你的选题相关的10个问题，可以是任何10个问题，只是需要把它们写下来。例如：A是怎么引起的？A的定义是什么？A的存在形态是怎样的？什么与A相对？它为什么要与A相对？其他研究者对A有什么看法？等等。思考这些随机产生的问题的答案，可能会促进新想法的出现。当然也有另一种可能，是追问这些答案没有收到立竿见影的效果，但至少它可以帮助你将论文建立在一个较为透彻的思想基础上。

(7)落笔即有益：即使在你并非有意识地思考论文的时候，你可能仍然在潜意识层面上酝酿这个问题，你可能一觉醒来茅塞顿开，或者在与人聊天时豁然开朗。笔记或卡片，能让你随时记下可能出现的想法，因此在写论文的岁月里,你一定要随身带着一个笔记本。你要记下一切瞬间出现的美妙想法,哪怕只言片语,也会像有机物一样发酵,使你的头脑中产生更多的想法。这样在一天结束时,你的笔记本里可能会写满此前你从未想到过的东西。你也可以把这些想法写进个人日记、博客或随手可得的纸片上,笔下自然流淌的文字会帮助你生成更多的思想。过一段时间你就会看到,写作本身就是一个功能强大的思考工具,你手下的碳素笔和键盘的作用,会远远大于苦思冥想所能完成的功业。

(8)检查倾向性:要认识到你在研究艺术问题时,会有一些无意识的偏见阻碍着你,它们可能是社会、经济、环境、种族、宗教或文化的倾向性,限制你从另外的视角去观察和理解艺术。你可以尝试着让自己能从另外的角度——出租车司机或建筑工人——思考相同的问题,你还可以把自己设想为一个年长的人,一个孩子,一个外国人,一个出租车司机,一个调酒师,这样必能在研究中获得更为持中和稳妥的态度。

定义问题	(1)所提的这个问题是否确实是一个问题? (2)对谁来说它是一个问题? (3)它是什么时候第一次成为一个问题的? (4)这个问题的本质是什么?
自我设问 (以 X 替代选题)	(1)是什么导致了 X 的提出? (2)X 是如何定义的? (3)什么可以与 X 对比? (4)什么与 X 相似? (5)还有谁研究过 X? (6)其他同行是怎么看 X 的? (7)研究 X 的必要条件是什么? (8)自己研究 X 是否有优势条件? (9)研究 X 可以求教于什么人? (10)其他相关问题
确认证据	(1)这些证据是可以相信的吗?(选择一个证据) (2)这些证据是强大的吗?什么问题或漏洞与这些证据相关连? (3)如何能使证据更有说服力? (4)为什么我可能不相信这个证据?

识别假设	(1)什么要假定这个 X？ (2)人们会理所当然地认为 X 是真实的吗？ (3)这些假设是不是不真实的？
检查偏见	(1)你自己对社会、经济、政治或文化的偏见是否会涉及这个话题？ (2)这些偏见对你研究 X 的态度和立场有什么影响？ (3)一个尼泊尔的和尚会与你同样看待这个问题吗？ (4)一个法国艺术家会怎么看这个问题？一个孩子会怎么看？一个医生又会怎么看这个问题？
观点创新	(1)改写下面的句子,在空格里填写你想写的论文内容： 大多数人认为这个题目是_____,但实际上他们错了,实际上____。
研究条件	(1)是否有权威的关于 X 的判定？ (2)互联网上有哪些关于 X 的文章或消息？ (3)学术数据库中有哪些关于 X 的论文？ (4)图书馆里有哪些关于 X 的图书？ (5)这些论文和书是否很容易获得？
随时记录	(1)把你的突如其来的想法写进日记或博客中。快速写下你想到的一切,不必字斟句酌,能填满纸面或页面即可。 (2)在笔记本或纸上写下一个核心问题。把笔记本或这张纸放在你口袋中,随时从口袋中拿出来重读它,如果有想法就及时记下来。在一天结束的时候,拿出纸写下对这件事的更多思考。

上面表格中的这些论述或许可以算作头脑风暴的"技术",这些技术是用来帮助你提高思考能力的。你可以通过回答表格中的问题来检测你的思考力,让我深感抱歉的,是这个表格里的提问很多,估计你要花费至少 1—2 小时才能彻底回答它们。

7. 如何形成论点？

经过头脑风暴之后,你应该获得一个有深刻洞察力的研究方向,这样也就到了将一个有价值的题目转化为论点表述的时候了。下一步的工作是搭建论文的基本框架,其中起引导作用的是论点,他们是你的论文的主要内容,完成后通常会首次出现于引言中(除非你有一个令人信服的理由能将论点从引言中去除)。这样做的好处是可以让读者怀着预期来密切关注你的论文。他们希望发现你对于论点的完整详尽表述。你该如何完美地表述论点呢？下面的一些原则可能会对你有用。

7.1 是可以讨论的

你提出的论点必须是可以被讨论的，如"传统艺术的衰落"、"华语影片的兴旺"，或者是"艺术市场的风生水起"等题目，就都是可以讨论的。而像齐白石是否画得好？毕加索是否出生于西班牙？就不宜作为一般论点提出，因为已无讨论的必要。检查你提出的论点是否可以被讨论，需要思考是否能有得出相反结论的可能。如果没有，那么它就不是一个论点，而只是一个事实。例如：

● **不能讨论**：对很多大规模艺术品拍卖会的信息发布来说，互联网已经成为一种高效率的传播途径。（这会导致讨论吗？不会。因为这不是一个可讨论的看法——这是一个事实。）

● **可以讨论**：过分强调电脑特技制作的视觉效果可能会在整体意义上削弱影片的叙事深度和可信度。（这个是可以讨论的，因为有些人可能不这样认为。这样的论点才是一个好的论点！）

● **不能讨论**：当代很多青年艺术群体在努力超越官方的现实主义限制方面是一致的，但各群体所遵循的具体艺术主张和创作手法却多有不同。（既然是不同的艺术群体，创作上总要有些不同，因此这不需要讨论，这是一个仅凭推断就可以确认的事实。）

● **可以讨论**：当代艺术以"新奇怪"为主要样貌特征，这虽然能产生一时的新闻效应，但很难被社会大众所认可，这无疑对当代艺术的发展产生了负面影响。（这是可以讨论的。有人会认为当代艺术本来也不是为大众创作的，因此疏远大众不会对当代艺术构成威胁。可见有提出不同意见的可能性，是确立论点的必要条件。）

7.2 清晰和具体

如果不是特殊需要，你的论点必须清晰，明确，不含糊。要避免言语模糊的归纳总结，更不能使用模棱两可的说辞。这意味着你的论文里应该提供具体事实和有针对性的观点，并告诉读者你是怎样想的。常见艺术类论文弊端之一是"非具体"性，很多人常常拿一个宏大的哲学理论罩在具体问题上，仿佛这样就有了理论高度，"只会进行宏观的大文化的美学意义的阐发，能在微观上触及艺术技巧的少。"[1]殊不知这是非常错误

---

[1] 李晓. 艺评为何失落[J]. 上海艺术家, 1995(5): 13–14.

的一种思维方式，可能是某种古代传统思想的遗存。①下面是几个"不清晰"和"非具体"论点的实例。

● **不清晰论点**：《功夫熊猫》让我们对于中华文化的魅力有更大的信心，让我们对于我们自己的创造力的展开有更多的期待。（这是一个含糊不清的说法，甚至算不上论点，至多是一个价值陈述。读者弄不懂你的信心是从哪里来的，因为一般说来，以美国好莱坞大片的成功证明中华文化的魅力是不能令人信服的。）

● **清晰的论点**：批评家的工作部分地是要确保一件艺术品能够得到真正的理解。因此需要解释。需要解释的因素很多，但主要地涉及诸如神话、历史与典故、仪式以及象征，等等。在这种时候，批评家所做的工作与艺术史家没有什么两样。②（所论清晰简洁，非常清楚地说明了批评家工作与艺术史家的相似之处。你可能不赞成这样的观点，比如你可能认为批评家是针对当代作品的，但眼前这段话毕竟说得很清楚，你不会有含糊不清的感觉，任何人都能从这段话中了解到确切的信息。）

● **非具体论点**：西方逻各斯中心主义亦即语音中心主义与中国书写中心主义最显眼的区别体现在个人发言上。中国的个人发言基本上都是照稿念，偶尔抬一下头，马上又低头看稿，就像游泳换气。西方的个人发言基本上是说，偶尔看一下讲稿，除非是正式致辞和宣读论文。（逻各斯中心主义是否等同于语音中心主义还是个问题，即便等同了，用来说明这样大的论点的证据，居然只是个会议发言方式。作者以一个局部的非典型事例去推断整体的情况，犯了"以小搏大"的逻辑错误。）

● **具体论点**：现代美术馆是一种定义艺术的工具，也是一部生产艺术的机器，它最大的作用并不是所谓"四大功能"，而是对艺术的定义能力，赋予艺术的正当性和合法性，它左右人民对艺术的评价，并深深地影响了艺术的未来发展。③（美术馆的功能问题是一个具体的问题，作者这段话不但非常清楚地表达对美术馆功能的看法——赋予艺术的正当性和合法性，而且这个看法本身就是独创的，有很强的理论意涵。）

---

① 如古代将一切自然界和人类社会的运动都归于所谓"阴阳五行"之说，道家、医家、兵家、儒家、史家、杂家、历算家都使用这种大而无当的理论，严重阻碍了真正的自然科学和社会科学的发展。

② 沈语冰. 何谓艺术批评——论现代艺术体系的形成与艺术批评的兴起 [J]. 新美术, 2002(4): 62-68.

③ 孙振华. 当美术馆成为"中心"之后[J]. 画刊, 2012(2): 11-12.

● **非具体论点**：因为有天地，方始有人类。天地与人类，天性与人性，彼此不可分割，却各有倚重，而天地之性，自然之律，更能够赢得人类的共同关注。对天地和自然的状态和规律的表达，能够在更加高远和开阔的层面上，超越地域、国家、民族和信仰的限制，赢得人类的共同认同，这是当今世界性艺术的重要方向。（用一些很大概念解释"世界性艺术"的内涵，看上去铿锵有力，慷慨激昂，但仔细查看你会发现任何具体信息都没有。这种能包罗一切的思想其实不是思想，而是臆想和幻觉，通常不适合用于研究性论文。）

● **具体论点**：张晓刚、刘小东的作品是形成"社会风景"创作的两极，前者是从个人的、记忆中的、微观的视角切入，后者的叙事更为宏大，艺术家注重对重要事件和社会现场的反映。但它们共同的特征是，均能体现典型的社会主义经验。[①]（通过具体作品说明"社会主义经验"这个概念，而这个概念也与这些作品有直接的关联性，因此这个论述是具体可信的。）

7.3 避免平行排列

任何一篇像样的文章都是有结构的，你的中学语文老师一定为你分析过那些文学名篇的结构。结构虽然主要体现在文章形式上，但形式的背后是思维逻辑的支撑。一般说，你不能让自己的论文由一长串平行的点构成，那就成了平铺直叙的流水账，而流水账式的形式很可能来自思想的肤浅。假如你有8个理由说明为什么美术史教育应该列入大学通识课程，不要试着用8个平行论点去串联你的文章，而是应该压缩和集中你的论点，突出其中两三点来使主题集中而深入。使用很长的平行论点排列会导致论文成为空洞概念的清单，因你已经没有空间来充分探索一个主题。

学院中人常常会对论文提出"全面"和"深入"的要求，但我要提出一个不成熟的看法，是一篇论文其实很难兼顾深入和全面，与其全线围剿，不如重点进攻，即只求"深入"即可，不要在一篇论文中求"全面"，其实科学研究中的所谓"全面"是对很多不"全面"的个别研究的整合结果，而不是要求每个研究都去"全面"。所以，即便你坚持要写一个面面俱到的论文，或者你的主题确实需要覆盖无限多的要点，你也要尽量避免以清单

---

① 何桂彦. "社会风景"中国当代绘画中的"风景叙事"及其文化观念变迁[EB/OL]. 2012-05-17 雅昌艺术网.

方式罗列你的思想,否则你的研究有成为资料库的可能。这可以从下面的例子中看得出来:

● **平铺直叙的例子**:中国画妙在似与不似之间;中国画以线条作为主要造型手段;中国画十分注重发挥笔墨的表现功能;散点透视是中国传统绘画的一种独特表现形式;中国画对色彩的运用有它独特的方法与规律;中国画十分重视空白的运用;中国画是诗书画印结合的艺术。(这是典型的清单式论点陈列,在这些文字里,每一个论点的题目都被肤浅地开列出来。事实上,这段例文是将一篇论文的小标题连缀而成,看到这些排列有序的小标题,就知道没有阅读其后正文的必要了。)

● **集中论述的例子**:绘画与音乐的相通,决不是如一般皮相之士所论,仅仅在于笔墨点线的轻重疾徐、枯湿浓淡和疏密聚散等外形式的"节奏感",而在于二者都能从天人关系的终极层次上"以追光摄影之笔,写通天尽人之怀"(王夫之),直使真宰上诉、鬼哭雨粟。尤其是山水画,作为"第二自然",它像真山真水一样内涵着宇宙的音乐节律,从而起到涵养性灵的养生作用。在中国绘画史上,不少著名的山水画家同时又是卓有成就的音乐家,如宗炳、王维、张志和、李成、黄公望、曹知白、倪瓒等等,也就绝非偶然。①(这里将对中国山水画的研究窄化和聚焦于一个要点——绘画与音乐的关系,而不是平行论述6个或8个要点。你的论文写作就是要在深度上表达你对于艺术的某个方面的意见,学院式写作几乎永远是喜欢深入超过喜欢宽泛。)

● **平铺直叙的例子**:艺术语言首先是作为人类精神交流的媒介、方式和手段而存在。语言学的研究揭示了各种方式均是通过不同种类的符号所实施的文化形式和社会行为的规律。艺术语言作为审美符号是感性的、形象的,不同于作为日常口头言语的一般书面文字的语言符号,更不同于科技范畴中的代码式符号。艺术语言是出自心灵对外界的感性把握,经过人的精神过滤后有别于客观表象人类感性精神符号。(这段话里至少提出了4个论点,按照先后次序一一列出,读完这段话,我们是不知道作者到底要说什么的。虽然还可以用其他文字继续说明主题,但起码这段文字是形同虚设了。)

● **集中论述的例子**:普通语言属于科学部门,它是抽象化、概念化、规范化的,形成了一整套符号和代码,是严谨明确的,是以常态心理为基

---

① 徐建融. 山水音乐宇宙感——中国山水画美意识抉微[J]. 文艺研究, 1991(1): 126-138.

础的思维活动所产生的语言。而艺术语言属于艺术部门，是艺术的变态心理的真实描绘，具有模糊性，意蕴丰富。它常常是无理而妙，不遵守一般常规和逻辑思维，乃是欣赏者借助自己的生活体验，通过想象力与理解力的协调自由的活动，去领会那种看似无理，但又有理的艺术境界，引起感受上的愉悦。①（以对比的方式说明艺术语言的特性，所有论述只为说明这一件事，只要把这一件事说清楚就算达到目的。这样的研究态度和写作手法是可取的。）

7.4 遵循"虽然……事实上"格式

这个"虽然……事实上"不仅指文字格式，更用来指代一种思维方式，这是找到原创且有争议性的论点的最有效方法。你可以通过这种体现特定思维逻辑的文字格式告诉别人，过去被大家认为理所当然的事情，可能并不是那样的。当你表达出明显超出一般读者的固定看法和僵化思考时，你的论点就会引起大家的注意，你的思想就会获得有效传播。老实说，没有比这更好的论文了。

虽然"虽然……事实上"这个格式会为你的论文注入活力，但你绝不能在没有原创思想的时候勉强套用这个格式，那样会画虎不成反类犬。下面几个简单句式都合理使用了这个格式：

● 例子：虽然看上去一些美术史学者肯钻进故纸堆中做"纯粹"的学术，事实上他们与其他出版畅销读物的流行作家没什么不同，其主要差别在于前者的出版物可能会得到国家资助，而后者只能依赖于市场的垂青。

● 例子：尽管许多人认为艺术批评可以促进艺术创作的发展，但通常艺术创作活动会走在艺术批评前面，因此艺术批评所能做的常常是对已有的艺术事实加以解说和推介。

● 例子：虽然艺术市场的火爆似乎在说明中国当代艺术的良好前景，但金钱作用也会成为整体艺术创造能力的腐蚀剂，很多被视为当代艺术的代表性作品，都是按照固定模式以流水作业方式成批量生产的，当这些作品成为市场追逐的目标时，中国当代艺术的艺术质量也就可想而知了。

需要注意的，这里的"虽然……事实上"格式是指一种逻辑陈述方式，并非一定要照搬这几个字。你也可以写成"虽然……但是"、"尽管

---

① 张维. 浅析艺术语言与科学语言的本质区别[J]. 学园, 2012(7): 8–9.

……然而"之类,上面几个例子中也并没有完全照搬这几个字,但都体现了这样的逻辑陈述方式。

7.5 针对未知领域

任何称得上研究的事情都是针对未知领域的,也就是说,只有大家不知道、不清楚的事情才有研究的必要。如果你讲的这件事谁都知道,你提出的这个看法是行内普遍看法,那么你就是在说废话,是在浪费自己也浪费他人的时间。不过现实中常见有艺术类论文将已知事物作为主要表述内容(在美术史研究中这种情况似乎较为多见),这其实是个很大的问题,这个问题的纠结处不在于作者没有提出新看法,而在于既然并无新看法,为什么还要写论文?这种现象后边显然存在着更大的社会问题。从原则上说,你可以使用已知事物作为论据,但你的论点必须与众不同。如果你使用一个尽人皆知的案例或文献作为论据,最后又提出一个尽人皆知的论点,就会显得有些无聊。下面例子是两类完全不同的论点,一类很公正也很端庄,但尽人皆知;另一类可能有些偏颇,但多少有些独创性。想想,你更喜欢哪一类呢?

●**已知常识**:一本书装帧得很漂亮,可以使读者心旷神怡,产生美好的联想。欣赏丰子恺设计的封面,很像欣赏一帧独立的艺术品,它给我们带来精神上的享受,心灵上的愉悦。能展现视觉效果上的愉悦感是丰子恺封面设计的主要特点。(任何好的封面设计都能带给人们愉悦的视觉感受,并非只有丰子恺设计的封面才有这个效果。就研究丰子恺书籍设计的题目而言,作者没有提出任何新的创建。)

●**已知常识**:江丰呼吁美术家要深入生活,重视对生活的发掘和体现。他认为美术家应该以群众的生活热情来激励自己的创作实践,又以自己的创作实践来激励群众的生活热情。脱离生活的美术家,纵有才华也势必枯萎,生活空虚必然导致作品苍白无力。(虽然江丰先生可能确实提出过这些观点,但这些观点是当时普遍流行的创作主张,因此罗列这类观点只能起到相反的证明——江丰先生并无创建。当然事实很可能不是这样的。)

●**已知常识**:在中国,很早就形成了独特的艺术风格,尽管随后不断发生变化,但它的某些典型特征在自古迄今的整个艺术发展过程中都没有改变。各代艺术的成就形成中国民族艺术传统的基础,并且对于许多其他民族的艺术发展也有过重大影响。(这显然是一段完全正确的论点,但也是尽人皆知的事实,因此这样的论述对于学术研究来说是没有意义的。既然大家都知道是这么回事,为什么你还要不厌其烦地重说一遍呢?)

● **原创论点**:当我们面对发达国家的城市雕塑的时候,并不是这些作品本身在说话,它是和背后的几千年的传统一起在说话。单独的雕塑是没有力量的,当它和传统联系在一起时,和城市的总体氛围联系在一起的时候,它就有力量了。这就是为什么有些国外的城市雕塑拿到中国来放置的时候看,感觉也可以,但总是有点不太像,没有在原生地那样有力量,其基本原因就在这里。①(作者在这里提出了城市雕塑的生存语境和历史文化背景问题,这是决定城市雕塑面貌和关系城市发展的大问题。这些观点是有原创意义的,因为它不是每个人都知道或能想到的。)

● **原创论点**:而今天呢?美术家们普遍认同的是娱乐化、个性化的创作,追逐名、利、权,而并不认同奉献社会、服务人民、教育大众的重大题材创作,之所以会积极参与,无非是上面布置下来的任务,而且有创作的经费可拿,借此可以名、利双收,并巩固、提升权位。所以就缺少,甚至根本没有这个感情,草草地就完成了数量庞大、尺幅巨大的创作。任务完成,借以获得了更多的名、利、权,重大题材的创作在他便结束,他就可以重新全身心地投入到"自己"的艺术创作之中。因为没有感情,所以他们的创作就没有生命,就不能永远活在观者的心中,更不可能活在美术史上,尽管它们被收藏在了国家的美术馆中。②(这段话是评论"国家重大艺术工程"的,媒体上对这类工程有很多评价,但持有这样观点的也许只有作者一人。因此这是难得的独创性论点,你可以不同意这些看法,但你同时也会知道有一种与众不同的见解的存在。)

7.6 切忌大而无当

这里说的"大而无当"是指论文中的三种现象:一是使用华丽、浮泛、空洞的言辞构造宏大叙事语境;二是使用晦涩、玄虚、诡异的言辞冒充当代学术信息;三是把很具体的、操作意义上绘画实践说成是纯然的精神创造。这三种形式的根源都是一个:不肯说老实话。

论文中充斥"大而无当"的现象,在理工科中几乎没有,在文科中有也不多,唯独在艺术类论文中很常见。这可能与艺术理论研究历来缺乏

---

① 孙振华. 城市雕塑需要什么样的发展观[J]. 大艺术, 2011(2): 34.
② 徐建融. 重大题材的创作[J]. 国画家, 2012(1): 2-4.

客观检验标准和外部反馈信息有关。有那么多艺术论文充斥着无具体指向性的空泛言论:有些是将中外哲学名词和西方文论术语套用在与这些理论并无直接关系的具体现象上,有些是把头脑中的浪漫想象当成真实存在来描述,制造出一个又一个大大的艺术理论肥皂泡。如果恰巧你的指导教师忽略对你的提醒,那么这种不良行业学风就很可能影响到你的论文写作。这是因为发表"大而无当"的论点是那么容易,而任何人都有避难求易的习惯,所以学习者很容易掉到这个陷阱中。下面两个例子不算很典型,但也能看出这种写作方法的一般状况:

● **大而无当的例子**:任何一个时代,都会产生与之相应的艺术作品。也就是,文艺作品是与其所产生的时代形势相吻合。有什么样的时代,就会有什么样的艺术作品。时代是文艺作品产生的背景,而时代精神或者是时代气息则是文艺作品重要的品评标准。一件作品的水平高低,要看其是否具有所处时代的特征,是否能够反映那个时代,是否能够代表那个时代,是否具有那个时代的典型性意义。换句话来说,文艺作品应该是所处时代的国家运势、国家综合实力的真实反映。(说艺术能反映国家的"运势"和"综合实力",可能是夸大了艺术的作用。一般说,政治、经济和军事是可以反映国家综合实力的,唯独艺术很难做到这一点。《红楼梦》反映了什么样的国家"综合实力"呢?凡·高的向日葵与郑板桥的竹子与国家"运势"又有什么关系呢?)

● **大而无当的例子**:中国画家则是克制中的自省状态,以人格完善作为目标,在自我修为的状态下实现艺术理想,由此形成中国国画家、书法家的生命状态古来大家多有"彬彬有礼而后君子"的素质,即便癫狂状态也是因清高而致。所以说,人品多高,画便多高"画画只看天分不行,一定要以读书修为作为补充。画显得"匠气",明显是修养问题,技巧越熟练,匠气越厉害。画也好,书法也好,都以书卷气息为上。(作者使用"中国画家"的统称,把这么大的一个群体形容到超凡入圣的高度,好像这些人都是既有人品又有文化,是又红又专,连那些癫狂造事的人也被评为"清高"。事实当然不会是这样的,即便不是完全相反,也不可能所有中国画家都是这样,因为连中国共产党这样严格的政治团体里也还有贪官污吏,而很可能远不如党组织那么严格的中国画家团体里又岂能遍地圣贤?所以这样的论点明显是唱高调,说大话,经不起推敲。)

7.7 辨识论点的练习

以下是我依据学生论文作业和报刊文章中的一些论点制作的练习

题,或许能提升练习者辨识各类谬误论点的敏感性。如果你有兴趣做这些练习,就请在备选答案中选出你认为正确的答案并将答案的标号填写在题干后的括号里,请注意,每题备选答案中只有一个是正确的(参考答案见脚注①):

(1)当代艺术品营销的一个重要策略,是利用大众传媒扩大艺术家和艺术品的知名度,从而在最大范围内带动购买群体的消费行为。
　　A.已知常识　B.无法讨论　C.非具体论点　D.平行排列

(2)欧洲中世纪教堂中的彩色玻璃窗不仅仅满足于照明需要,而且在这"有用"之外还上升到一种艺术境界,教堂建筑因为彩色玻璃窗的运用取得完美和谐的艺术效果,与人类的精神产生共鸣。
　　A.语义模糊　B.无法讨论　C.已知常识　D.平行排列

(3)李叔同在课堂中大胆引进西方艺术,介绍西方美术发展史和代表性画家,十分重视中国传统绘画技法和理论,将西洋画法与中国传统美术融为一体。他在浙江一师讲解和声、对位,是向中国介绍西方乐理的第一人。
　　A.原创论点　B.平行排列　C.语义模糊　D.大而无当

(4)现代主义的本质,在于以一个学科的特有方式批判学科本身,不是为了颠覆它,而是为了更牢固地奠定它的能力范围。
　　A.无法讨论　B.平行排列　C.具体论点　D.语义模糊

(5)山水和植物是中国园林的景观元素。山石是园林的骨架,是地脉。园林中除了有山有水之外,还必须有植物与之配合,这样才能构成园林的自然景观,才称得上完美。
　　A.已知常识　B.平行排列　C.语义模糊　D.非具体论点

(6)贺有直从事连环画创作50多年,为我国连环画事业发展做出了重大贡献。他的连环画创作为我国当代连环画的创作带来重要启示:一

---

① 1.(A) 2.(C) 3.(B) 4.(D) 5.(A) 6.(D) 7.(D) 8.(D) 9.(B)

是要深入生活；二是要重视笔法；三是敢于突破和创新。

A. 语义模糊　B. 平行排列　C. 原创论点　D. 已知常识

(7) 这是中国美术界的一次盛会，必将为中国美术的发展产生积极而深远的影响，昭示着中国画艺术必将迎来更为广阔壮丽的发展前景，也预示着中国文化大发展、大繁荣的时期即将到来！

A. 非具体论点　B. 平行排列　C. 语义模糊　D. 无法讨论

(8) 在自由、多元、富于人性的社会条件下，艺术正在成为当代精神文明事业的重要目标，艺术可以进一步解放人性，将具有更深远的现实意义，艺术家也在这场社会变革中担当着重要角色。

A. 已知常识　B. 平行排列　C. 语义模糊　D. 大而无当

(9) 竹子不仅仅是传统人格的某种象征，还是一个象征苦难与救赎的十字架，它有神性的光彩，是心灵救赎的圣器，我在描绘竹子的同时得到了心灵的净化。

A. 已知常识　B. 平行排列　C. 语义模糊　D. 大而无当

8. 常见研究方法

正如在医院里检查消化道疾病要使用肠镜胃镜，检查内分泌疾病要抽血化验，检查脑血管疾病要拍 CT 一样，没有任何一种方法能包治百病。所以，你一定要根据具体研究对象和讨论主题选择合适的研究方法。你是什么样的研究内容，就选用什么样的研究方法。在有能力的条件下，还可以根据研究内容创造出自己的研究方法。这是使用研究方法的原则。这里无法介绍所有的艺术研究方法，那既是我做不到的也是没有必要的，下面只略举几种常见的理论方法，供各位同学参考。

8.1 伦理学

研究纯艺术的人关心伦理学的较少，从事设计研究的人则离不开伦理学，"设计伦理学"还是一个很重要的专业方向。其实，伦理学是众学之本，是研究任何学问都离不开的。换句话说，在很多学科背后都有一个潜在的社会伦理问题。比如艺术市场是为有钱人服务的，精英艺术是为有钱有闲人服务的，公共艺术和民间艺术是为普通人服务的，你喜欢哪一类？你要致力于研究哪一类？这其实已涉及社会伦理问题。

伦理学以道德为主要研究对象，而道德问题往往与逻辑无关，也无关文化水准。一个教授的书本知识一定会超过目不识丁的农家妇女，但道德水平有可能远不如普通农妇，所以古今的道德模范大都是文化水准并不高的人。伦理学所要做的事情，就是去发现被古今无数人所普遍认同的情感，并把这种普遍情感作为人间的行为规则，用以规范个体的或过或不及的情感及行为，从而达到社会关系的和谐及人伦秩序的稳定。

与研究道德问题的伦理学相比，艺术主要是研究美丑问题，但美丑是不是与道德有关？答案应该是肯定的。在中国历史上有些人的书法水平很高，却因为人品差而被取消一流书家的地位，就证明道德问题与艺术问题关系是很密切的。在当代艺术研究中出现了那么多争论不休的问题，如果将其中一些看上去有些纠结的问题放到伦理学范畴加以判断，似乎也就不会那么纠结了（比如对行为艺术的判断，其破坏社会普遍认同的情感的性质是很清楚的）。因此伦理学不但适用于研究社会，也适用于研究艺术，只是目前从这个角度研究艺术的人还不多见，年轻同学不妨循此而进，或许可开辟出一番新境界也未可知。

与日常生活中比较适合于个人的道德概念相比，伦理学的研究更针对群体问题，而艺术也正是群体之事，考察艺术现象与群体情感的伦理关系，判断艺术对社会伦理价值的作用和影响，或许可算一种"艺术伦理学"研究方向。而设计实践活动与伦理问题有所关联是显而易见的，一名设计师可以成为奸商的同谋，也可以为广大消费者带来福音。

研究艺术伦理不是为探究个人私理，而是要提升民族艺术的道德水准。文人画的自娱倾向是不是合理的？宫廷美学的奢华效果是否合于大众社会的审美理想？艺术市场是否有经济学之外的意义？政府用纳税人的钱去赞助官方设定的艺术工程是否合理？这些都是重大的艺术伦理学问题。由此可知，伦理学与现实社会中的群体法规有关，从理论上说，一切政治活动、经济活动、宗教活动、文学艺术活动等等，都要以道德为其合理性基础，从这个意义上看，"艺术伦理学"也是相当重要的研究领域。

8.2 类型学

类型学也适用于多种学科（几乎任何学科都会处理分类问题），最常见的是语言学和考古学。类型学的核心是分类，就是依据性质、形状、结构或其他什么元素区分事物之间的差别，只有正确的分类才能得出科学的结论。当然,分类具有假定性和相对性,这包括两个含义:一个是任何分类都不能绝对精确;第二个是分类本身只能偏重于研究对象的某一方面特性,而不可能面面俱到。

不同分类标准决定了事物的分类可能,比如对文体的分类:古代只分两类,散文和韵文,是依据所用语言是否押韵而划分的。现在的分类就比较复杂了:一种是把所有文章分为实用文体和文学文体两类,或者叫文学类和非文学类;还有划分出三类文体的,是叙事类、抒情类和戏剧类;还有分成四类的,是记叙文、论说文、应用文、文学作品;还有分成五类的,是文学类、新闻类、议论类、说明类、实用类。①如此多样的文体分类法,只是因为所用标准不同,结果也就不同。可见确立分类标准是最重要的,是有什么标准,就有什么分类结果。下面看看艺术是怎么分类的:

(1)依据人对艺术的感受途径,艺术分为视觉艺术、听觉艺术和想象艺术三类。视觉艺术包括绘画、雕塑;听觉艺术指音乐;想象艺术指文学。

(2)依据艺术的存在物理形态,将艺术分为空间艺术、时间艺术和时空艺术三类。空间艺术包括绘画、雕塑等;时间艺术包括音乐、文学等;时空艺术包括戏剧、电影、舞蹈等。

(3)依据艺术品的展示性状,把艺术分为静态和动态两种。静态艺术包括绘画、雕塑等,动态艺术包括音乐、舞蹈、戏剧、文学等。

(4)其他分类方法。以艺术制作的质料和媒介为标准,把艺术分为造型艺术、音响艺术和语言艺术三类。以艺术反映生活的方式,把艺术分为表现性艺术(音乐、舞蹈、抒情文学等)和再现性艺术(绘画、雕刻、戏剧、叙事文学等)。还有依据艺术功能,把艺术分为实用艺术和美的艺术两类;还有的把音乐、舞蹈、戏剧等称作表演艺术,以区别不需要表演,可直接审美的艺术。②

分类通常要使用类比手法,就是根据 A 与 B 的相似或相同,推测它们之间可能存在某种同一属性,从而用这种属性将 A 和 B 都包容其中。其简洁之处在于无须对研究对象提出另外的假说,而只需根据与它类似的现象或性质去判断,并得出某种能描述类型特征的结论。比如考古类型学就是这样:

---

① 李绍伟. 文体分类原则与现代文体分类 [J]. 贵州教育学院学报(社科版), 1991(3): 55-59.
② 孙国林. 艺术分类学初论[J]. 河北师范大学学报, 1988(2): 33-39.
 郭绍虞. 提倡一些问题分类学[J]. 复旦学报(社会科学版), 1981(1): 2-11.

理想的类型学操作大约可归纳为四种环节:(1)合并相同器物,化简发掘资料。(2)按照分类原则分类,使离散状态的标本变得符合某种秩序。(3)选择典型标本或典型特征,给出型式分类后的器物的编号,用序号的关系特性来标明标本的时空亲疏关系,形成一个序号框架。(4)用类比方法校准时代次序或文化属性,给框架中的某些点定性,以点带面将整个序号框架安插到"历史"框架的合适位置中去。最后再检查是否符合某种观念规范,如不符合,则重新试探、调整,再重复前面的过程。总之,考古类型学操作的输入是发掘资料,输出的结论是序号框架。①

从科学意义上说,世界上没有两种完全相同的特征,因此特征与特征之间的关系不会是同一关系,只会是相似关系。类型学也是根据"相似"原则而确立的。这种通过对相似事物特征的归类,使一事物上的某种性质与另一事物上的同类性质连接起来,从而形成对群体事物的某种秩序化分。这种研究手法广泛应用于艺术领域,最简单的例子莫过于历史上的各种画派,一个画派里的艺术家难道真的都画得一样吗?当然不是,他们充其量是有某种相似性,而找到这种相似性并为其命名,就会成为艺术研究的重要成果。

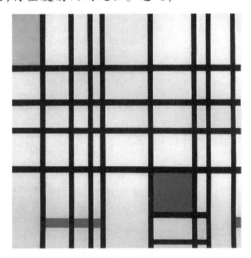

蒙德里安:有黄色、蓝色和红色的构成。1937—1942年,布上油画,72.5 cm×69 cm,伦敦泰特美术馆藏。这样的作品以最简单的视觉元素(黑、白、红、黄、蓝、水平线和垂直线)完成,除了完整的框架形式,不提供较为繁杂的精神气息。构造形式本身就是这件作品的创作目的,研究这样的作品也适合使用形式主义的客观实证的分析方法。

8.3 形式主义

"形式主义"研究的重要意义,不是对形式本身——技艺手法、图像结构、视觉模式等有怎样的判断,而是一种工作方法。这种方法能去除艺术研究中一切观念性的冗余信息,把艺术看成独立自足系统,只研究作品自身的图像样式,不考虑艺术外部的作者、读者、社会、流派等因素,只从物理和心理角度对艺术作品进行超历史、超语境的逻辑界定,由此形成对艺术本体的价值判断。这是一种能体现现代知识学诉求的研究方法。

形式主义方法包含若干分支,如文本批评、语义分析、形式

---

① 李科威. 考古类型学的原理和问题[J]. 东南文化, 1994(3): 1–8.

分析等。其中所谓"形式分析",若以绘画为例,就是指通过媒材使用而产生的视觉现象:线条、外形、色彩、色度、色调、构图、肌理、笔触等。探讨形式要素、构造原理和系统的连贯性,是这种批评的工作目标。着眼于实存物质属性,不看重抽象的精神探讨,或者说与精神性研究相对立,甚至将作品视为纯然物理的存在物,是形式主义研究的极端发展。

沃尔夫林(Heinrich Wolfflin)构造"取消人名的美术史";罗杰·弗莱(Roger Fry)认为造型艺术的本质是形式;克莱夫·贝尔(Clive Bell)指出艺术的审美价值在于"有意味的形式";都基于此种研究立场。此后格林伯格(Clement Greenberg)延续这种研究方法,推动现代艺术将表面构成和装饰效果作为终极目的,西方艺术也最终沦为纯然的形式主义作品。一般说,形式分析方法最适合研究现代主义作品,马列维奇(kasimir Malevich)和蒙德里安(Piet Mondrian)的作品可作为典型的研究材料。在这类作品中,艺术已成为纯粹视觉现象,研究者也只能强调视觉阅读,对眼睛的关注大于对思想的求索。美国当代艺评家罗莎琳德·克劳斯(Rosalind Krauss)十分看重这种研究方法,她在《现代主义之我见》(A View of Modernism, 1972)中说:"一种精确的方法,对于研究1960年代早期艺术的大多数人来说,是十分重要的。这个方法要清晰透明。它不需要你对艺术说三道四,它试图使你回到对艺术的感知上,并通过当下艺术了解艺术的过去。"①

从国内外已有的研究情况看,其实对艺术形式研究最为深透的,还不是这些理论家而是实践者(艺术家),这似乎能说明"实践出真知"的道理,至少,在对艺术形式的研究上,有一点艺术实践的经验总是好的。

8.4 心理分析

这也是比较流行的方法,也包含若干分支,如试验美学、视觉生理学、格式塔学说和精神分析理论等,其中格式塔理论和精神分析学说对我国影响较大。

格式塔(Gestalt)是德文音译,意思是"形状"或"形式",但它不是指一般外物形状,也不是一般艺术理论中讲的形式,它有特定的涵义。主要有两点:一个是格式塔由各种要素组成,但并不等于所有成分之和,而是产生了一个完全独立于这些具体要素之上的整体。另一个是即便构成整体要素的各部分有改变,格式塔依然存在。由此可知,格式塔是潜存于人的

---

① Justin Wolf: *Rosalind Krauss*, http://www.theartstory.org/critic-krauss-rosalind.htm。

视觉经验中的一种组织或结构能力，与知觉活动密不可分。阿恩海姆（Rudolf Arnheim）认为由平衡、节奏、秩序组成的最有效的自然形式，就是美；艺术作品的意义，在于直接诉诸眼睛的知觉形式构造，有了这个充满意味的形色组合体，解释作品的理念才成为可能。

精神分析学说源自弗洛伊德的潜意识理论，他认为文艺创作是人的心理欲望的折射，人类精神活动和文艺创作是受压抑性欲的升华结果。超现实主义那些体现下意识、梦幻、直觉和非理性的创作，就是受了弗洛伊德的影响。弗洛伊德的学生荣格（Carl Gustav Jung）提出"集体无意识"理论，将研究视角更多地关注于社会历史和文化，指出"原型"（Archetype）是人类共同拥有的灵魂，艺术家是"集体人"，艺术是客观化和非个人化的产物。雅克·拉康（Jacques Lacan）也是精神分析学者，他矫正了弗洛伊德理论中那种机械的、生物决定论的看法，将艺术研究引入一个互动、不断生成和变幻不定的符号空间，其理论为解释作家、作品和读者之间的复杂关系提供了更多可能性。

8.5 符号学

侧重研究作品的内容、结构、观赏等问题。认为艺术是非语言系统的符号，有特定的形式（语法）、涵义（语义）、功能（语用），代表人物是德国的恩斯特·卡西勒（Ernst Cassirer）和美国的苏珊·朗格（Susanne Langer）。卡西勒认为，人类的一切文化现象和精神运动，如语言、神话、艺术和科学，都是在运用符号形式来表达人类的各种经验。苏珊·朗格区别符号（Sign）和象征（Symbol），认为前者直接指示对象，后者指向对象的意味（Connotation）。艺术符号连接各种感觉要素，它由线、形、色等感觉元素构成，是不受对象原型束缚而可以在广义上使用的抽象形态，具有语言符号不可能有的原始的、生动的感情属性。符号学理论认为科学在思想上给人以秩序，道德在行为上给人以秩序，艺术在感

陈衍宁：渔港新医。
1972年，布面油画，138 cm×110 cm。

觉现象上给人以秩序,因此符号不但反映客观世界而且构造客观世界。

凡是符号,都有表面现象和内在意蕴的双重关系,具体艺术品在承载作者手法和观念之外,也承载作者所处时代的种种文化信息。这里以陈衍宁《渔港新医》为例,简单分析一下符号学意义上的三个艺术层次:第一层是直观理解,即对画面可视现象的直观感受,包括对形象和形式的感知,尤其是对画面整体气氛的感知(如这幅画整体气氛是"明朗")。第二层是意义理解,就是通过对作用于直观感受的视觉信息的捕捉和分析,了解作品的情感意味、社会内容及思想含义(如以向上生长的构图形式讴歌"新生事物",人与物的刚健造型负载革命时代的美学追求,笔触的直线条排列既体现个人趣味也流露苏派技术痕迹,等等)。第三层是综合理解,是对作品感觉层面和精神层面的多种要素进行综合把握(如艺术家的意图、创作背景、社会功能等),探寻艺术特有的直观属性,最终实现对最初直观印象的深入理解。

艺术符号是人类情感和思想的标记,其所承载的情感现象,并非纯粹个人情感,而是人类普遍情感。艺术创作必须将个人情感熔铸成普遍形式,制造出多数人可理解的通用情感符号。如油画《在激流中前进》和《黄河颂》中的黄河;电影《大红灯笼高高挂》中的深宅大院和红灯笼;电影《黄土地》中的黄土高坡,都是常见的"中国"符号,很容易为中外观众所普遍理解。从这个意义上说,过于个人化的、非通用的视觉符号,不容易将作者所想转化为读者所知,也就不具备符号价值。

8.6 接受理论

是以读者为主要研究对象的理论,风行于 20 世纪 60—70 年代。该理论打破以作品为中心的封闭系统,开始从观众角度考察艺术价值的实现,认为作品的意义是阅读过程中产生的,只有通过观众阅读,作品才能成为现实的存在。作为一种读者反应理论,接受理论不仅指读者在特定时间里对阅读对象的解读,更涉及在历史发展过程中,读者如何接受前人的评价和解释。接受理论对传统理论产生巨大冲击,对现代和后现代艺术理论也有很大影响。美国学者霍拉勃曾评价说:"从马克思主义者到传统批评家,从古典学者、中世纪学者到现代专家,每一种方法论,每一个文学领域,无不响应了接受理论的挑战。"[①]

[①] H.R.姚斯, R.C.霍拉勃. 接受美学与接受理论[M]. 周宁, 金元浦, 译. 沈阳: 辽宁人民出版社, 1987: 292.

毕加索:格尔尼卡。1937年,布上油画,349 cm x776cm,马德里 Reina Sofia 博物馆藏。

接受理论的基本特征包括:①以观者为中心,观者不仅仅是鉴赏家、批评家,也是创作家;批评、鉴赏本身就是一种创造和再生产,作品的真正生命在于永无止境的解读之中。②作品有能够召唤读者进行阅读的结构机制,这个被称为"文本的召唤机制",由意义上的空白和不确定性组成,空白需要读者去填补,不确定性需要读者去确定。③作品价值由两极组合而成,一极是具有未定性的文本,一极是读者阅读过程中的具体化,综合两极才能形成作品完整价值。这就等于告诉人们,读者手里握有对作品的终审权,读者的感知是使作品含义不断丰富的源泉。应该说,这样的理论对于传统的精英艺术家至上的创作模式和研究角度会有很大冲击,可以让我们从新的角度重新审视诸多艺术现象。仅以下面两段文字为例:

(1)给人们以真实场景,再现格尔尼卡镇突袭带来的灭绝人性的大灾难,给人们以警钟长鸣,就像画中的妇人、公牛、马等的悲叫,让人类不再发生这样的真实惨状……从中我们看到毕加索在画面的真实性再现上下了很大工夫,苦心寻找画面的真实场景,一次比一次更加真实。①

(2)毕加索并不想直接表现当时格尔尼卡的凄惨恐怖情景,而是以象征和寓意的表现方式,借助牛、马、女人、儿童、灯等形象,通过符号化的画面语意描绘,表现战争带给人类的灾难,表现对暴行的控诉,表现痛苦、恐惧和兽性等多种复杂内涵。②

---

① 李华.《格尔尼卡》作品解读[J]. 大众文艺, 2011(16): 54.
② 孙逊.《格尔尼卡》解读[J]. 中国科教创新导刊, 2010(26): 161–162.

这两段引文都在解说《格尔尼卡》，(1)认为作品在表达真实战争内容，作者为寻找"真实场景"下了工夫；(2)认为作品不但表现战争，还有更多复杂内涵。这两种解说不完全一样，可看做是读者对毕加索作品中"空白"和"不确定性"的补充。这些来自于接收者的理解体现了艺术信息的多样性，多样性的信息不但与作者的创造有关，更与不同时空中的阅读语境有关，最终是语境决定意义。

8.7 社会学

艺术研究的最主要方法之一，重点是系统考察艺术与社会的关系。较早研究出现于 19 世纪中期，二战后曾一度衰落，1960 年以后有复苏迹象。这种方法是根据作者所处时代的社会、经济条件，来说明艺术作品产生的根源和作用。其内容比较庞杂，主要沿三个方向展开：一个是强调艺术的社会本质；一个是强调艺术是种族、环境和时代的综合体；还有一个是考察艺术的社会效果，如作品对社会的影响等问题。

德国艺术史家佩夫斯纳(Nikolaus Pevsner)说："在研究往昔的艺术以及与现在的艺术家交往的过程中，令我感到震惊的是，过去与现在艺术以及艺术家社会地位是如此悬殊。逐渐地，我开始认识到，一部艺术史，与其根据风格的变迁来写，还不如根据艺术家与周围世界之间关系的变迁来写得好。"[①]这种根据艺术家与社会的关系来判断艺术的思想，正是艺术社会学的核心理念。其中有"适应"学说，是认为符合特定社会条件的艺术是优秀的，如舞蹈适合狩猎民族，在于它能增强较小集团的团结；而巨型建筑只有在古代专制国家中才能办到，是因为它要动员众多人力。[②]

豪泽尔(Arnold Hauser)将艺术社会学发展为社会批判理论，强调艺术与社会关系的复杂性，他认为对艺术现象进行社会学研究，就是"按照艺术的实际来源去解释在一件艺术品中表现出来的对生活的看法。"他还认为创造审美形象并不是艺术惟一目的。他说：

伟大的艺术给予我们一种对生活的解释，它使我们能够更成功地对待事物的混沌状态，更好地与生活周旋，这就是艺术的一种更使人心悦诚服和更值得信赖的意义。[③]

---

① N.佩夫斯纳. 美术学院的历史[M]. 陈平，译. 长沙：湖南科学技术出版社，2003: 1.
② 藏内数太. 艺术社会学[J]. 林慧珍，译. 国外社会科学文摘，1988(6): 43–44.
③ 阿诺德·豪泽尔. 艺术史的哲学[J]. 陈超南，刘天华，译. 北京：中国社会科学出版社，1992: 3.

艺术社会学认为艺术的产生和发展,是由内在原因(形式自律性)和外在原因(艺术社会性)共同决定的,外在条件会对艺术产生决定性意义,艺术是两种事实相加的产物:一方面是外在条件,即客观的、物质的社会现实;一方面是内在因素,即形式的、自发的、创造性的意识冲动;此外则是独立艺术家选择为社会因果关系所允许的诸种可能性的自由。从这个角度看,艺术是作为社会产物存在的,同时社会也是艺术的产物。艺术与社会有复杂、动态的互动过程,两者之间不是单项因果关系,而是互相影响、互相参照的关系,艺术的意义也在这种互动过程中生成。①

　　从社会角度关注艺术,一直是中国主流艺术研究手法,强调艺术是社会生活的反映、根据社会政治经济生活需要判断艺术、看重艺术的意识形态作用,诸如此类,都是中国近几十年来司空见惯的研究模式。这种研究方法与现实主义创作原则一样,对中国 20 世纪(主要是后半期)视觉艺术产生重要影响。近些年来,学者孙振华、鲁虹等提出"当代艺术的社会学转向"问题,所论包括:①强调艺术与社会的关系,把艺术放在整体的社会环境中进行考察,强调社会对艺术的影响和制约。②强调艺术对社会的介入和干预作用,当代艺术应该具有现实关怀,勇于直面社会现实,当代社会学理论应成为当代艺术及其批评的重要理论根源。③当代艺术的创作和研究需要借鉴社会学特有视角和手段,可以运用经验性方法、定量方法、观察法、访谈法、个人生活史等方法。④社会学转型将改变艺术家、批评家以社会精英自居的自我角色定位,他们是与社会公众进行交流、互动和对话的普通人,是社会观察者、解释者和批判者。②这些论点有很强的针对性,代表了中国当代艺术社会学研究的主要倾向。

　　以上对这些理论方法的介绍相当粗浅,事实上每个理论下面都有具体的研究技术,如图像分析法、文图互证法、社会调查法,等等。你如果选定了某一种研究方法,接下来的是按照这种研究方法所要求的工作技能进入实际研究环节,如果你的方法恰好适合于你的选题,那么就请相信,这个合适的研究方法一定会让你眼前出现此前未曾见过的一片新天地。

---

① 彭海云. 阿诺德·豪泽尔的艺术社会学理论及其现代意义[J]. 中山大学研究生学刊,(社会科学版)2007(4): 9–14.
② 孙振华, 鲁虹. 当代艺术的社会学转向[J]. 美术之友, 2006(1): 7.

台阶四：结构

你能想象一个建筑施工队在修建一座摩天大楼时没有图纸吗？不能！同样，学者完成论文时头脑中也会有蓝图来指导写作过程。只有文学家和剧作家可能不用事先设定作品的结构，他们的工作可以凭着"自由想象"向前推进（尤其是电视剧创作）。写论文与木匠盖房子相同：首先要有施工蓝图（提纲），接下来要打基础（初稿），再接下来是事实上的房屋梁架的建造（即增扩初稿），最后是房子完成（完稿）。

所谓结构就是一篇论文所能包含的主要成分，它可能有 5 个，也可能有 10 个。提纲代表了论文的基本结构，包含了所有重要的论文要点。从思维训练的角度看，制定论文结构比写作本身还重要。因为这是纯粹的思维工作，不像写作那样还要受到词汇或语法的干扰。所以，你在这个阶段决不能掉以轻心，因为你的论文需要一个坚实的基础。

1. 如何制作提纲？

建议你在写论文的时候先写个提纲，这样你就能知道论文基本构造是什么。在随后的写作中，提纲也可能有变化，但这种变化通常只涉及材料的增删和细节的调整。制作提纲的技巧是掌控全局，抓住要点，将全文分成若干相互关联的部分。要记住每一个大的部分（通常为章）要用大写数字标出序号，大部分中的小部分（通常为节）使用小写数字作为序号。还要记住每一个大的部分里至少要包括三个小的部分。

在制订提纲阶段，你有着使用多种方法编排你的论文的自由，虽然再完美的提纲，也不意味着你后边的工作能畅通无阻，但有一个提纲与没有一个提纲毕竟是不同的。在提纲基础上的修改或增添，相当于在一个房屋地基上搭梁建柱和添砖加瓦，这远比从一无所有开始省力的多。如果你的提纲是比较稳妥的，后边也不需要进行很多的结构性更改。

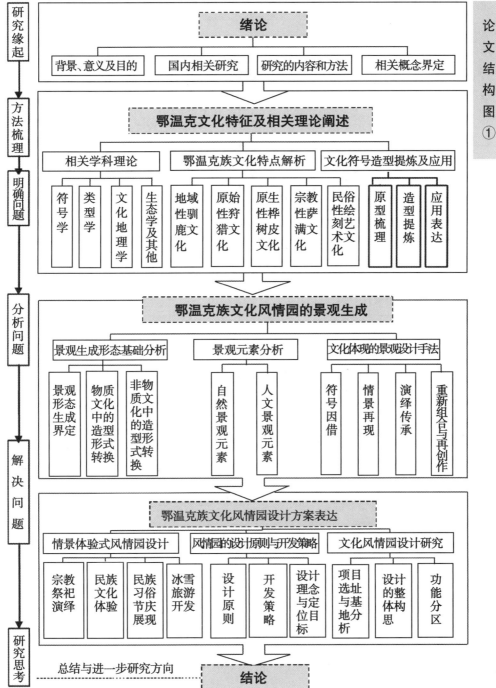

论文结构图①

论文结构图②

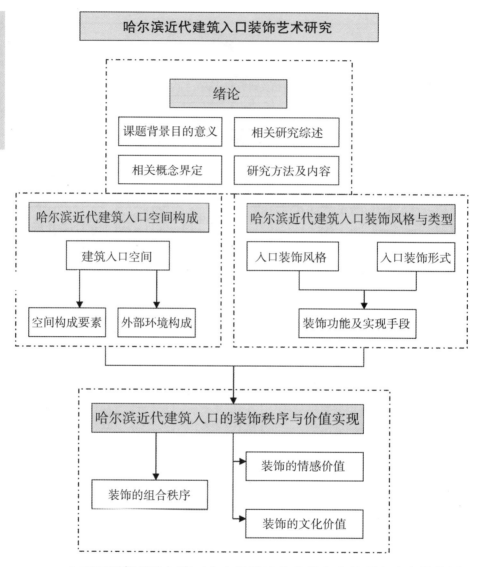

上面两图都是哈尔滨工业大学设计艺术学专业的硕士论文结构图。我们能清楚地看到图①包括了五个部分,是绪论、结论和分为三段的正文。每一部分都有大论点和小论点,还清楚地表明了各论点之间的相互联系。这篇论文看上去是从宏观的文化理论发展为具体的方案设计,采取先宏观后微观、先抽象后具体的论述顺序。①图②是另一种结构,先从

① 闫雪. 鄂温克族文化风情园景观设计研究 [D]. 哈尔滨:哈尔滨工业大学,2010(12):11.

描述具体的建筑形态入手,然后分析风格和类型问题,最后展开较为宏观的文化阐释,这是先具体后抽象的论述模式。[①]这两幅图表能让我们以直观形式清楚了解论文的基本内容,虽然不能说有了结构图就等于有了好的论文,但它至少代表了一篇论文在形式上的完整性,有条件的同学(无论老师是否要求你这样做)都应该在创立论文结构的阶段制作一张这样的结构图。

2. 简洁化表述

提纲是论文的框架,在这个阶段切勿罗列堆砌一般资料。要记住,你是在描述一片森林的方位和分区,所以没必要去详细介绍每一棵树。

标题、小标题、主要观点都应该在提纲中出现。我知道有的学者喜欢制作轻巧细致的提纲,有的学者喜欢制作大刀阔斧的提纲,这个可以随个人心意而定,但我想建议你要尽量以一行文字为一个单元,用一行文字表述一个结构成分。我这样建议的理由,是因为如果你不能在一行字中压缩你的观点,可能说明你还不清楚你到底想说什么。

一般来说,艺术类论文(无论本科生还是研究生)不会涉及过于复杂的论点,所以你完全能够找到简洁的表达方式。当然,简洁不意味着可以含糊其辞,而是相反——因简洁而更显清楚、确切。比如你的观点是"商品艺术的性质,是商品而不是艺术;艺术市场的作用,是为解决商业问题而不是为解决艺术问题;艺术与市场不是互为依存的关系,而是各为其主、各取所需、相互利用的关系。"那么你在提纲中就不能只写"艺术与市场"几个字,因为这样会过于含糊不清。你可以写"艺术与艺术市场有不同价值取向,可以相互利用",这种描述既是简洁的,又是可以清楚表达你的意思的。

●一个论文提纲的范例

下面是一篇论文的简要提纲。提纲中有章节框架的安排,也有文本段落大意和对这些段落之间逻辑关系的描述。但由于这篇论文仅停留在提纲阶段,所以这里不能通过完稿验证这个提纲的实用价值,因此括号里的章节字数都是凭经验估算的。论文完成后这些数字一定会有变化。

---

① 秦耕. 哈尔滨近代建筑入口装饰艺术研究 [D]. 哈尔滨: 哈尔滨工业大学, 2011(6): 11.

标题：从当代艺术角度看美术学院基础教学的局限性

一、引言（1 000字）：

1. 给出此项研究的背景。包括：所用概念的定义（当代艺术的概念，美术学院基础教学的概念）；简要叙述现有研究情况。

2. 提出有吸引力的问题。美院基础教学面对当代艺术的挑战，有三种对策：A 全面引进；B 闭关自守；C 择善而从。哪种对策可能是最合理的？

二、主要段落（分别介绍两个主要概念的各自属性，然后比对其互不兼容之处，由此推断出学院基础教学对当代艺术资源的选择可能性。）

1. 以文献综述为基础，陈述当代艺术的基本属性（2 000字）

A. 思想性大于技术性。"观念艺术"的核心是"观念"，去感性，去视觉化，导致形式和美并不重要。

B. 思想资源有两种：反艺术和非艺术——当代艺术取消与日常生活的距离是"反艺术"，设计艺术和商品化艺术也不是"纯艺术"，这两种都与传统艺术观念相悖。

C. 技术资源是弱化手工技术，强化科学技术。科学技术对艺术的参与更加广泛和深入，对艺术发展的影响更大。

2. 以文献综述为基础，陈述美术学院基础教学的一般状况（2 000字）

A. 有小范围改良，但仍以学习传统技术为主。基础教学在旧有框架内进行，如实描写实物依然是重头戏，但技术水准已不如从前。

B. 思想文化基础教育薄弱。艺术院校的基础教学偏重手艺，造成知识面狭窄和缺乏科技文化素养的局面，与当代艺术的要求有一定距离。

C. 适合于培养工具性人才。美术学院体制下培养的人才，以前是为政治服务的，现在是为市场服务（可以举例）。

3. 以调查数据为基础，分析美术基础教学的局限性（3 000字）

A. 以调查师资数据提供论据，分析现有师资队伍的学术传承内容。现有艺术师资多为传统教育所培养，是否能有人可在短时间内弃旧图新？

B. 以调查学生数据提供论据，分析美术学生人文素质有限的现状。理性思维和工科技术的欠缺，是否会限制学生在当代艺术领域发展？

C. 以调查就业数据提供论据，分析当前美术基础教育脱离社会实际需求的现状。脱离社会需求的基础教学是否能适合电子时代的艺术事业尤其是文化产业化的需要？

三、结语(1 000字)

A. <u>从技术层面上看,当代艺术的部分资源可以为美术学院基础教学所用</u>。如新媒体艺术。但整体上看,当代艺术外延远远大于美术基础课程的外延。

B. <u>从社会本质上看,其反艺术和反技术的思想倾向与美院教学体制相抵牾</u>。当代艺术是学院体制外的事物(与艺术市场有更密切的关系),学院的目标是培养社会需要的人才,而这些人才不一定要去从事当代艺术。

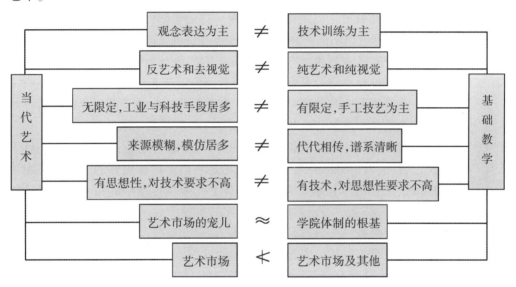

有下划线部分是论文的骨干内容,这些句子后边的文字是段落中心内容。这个提纲提供了清晰的文本结构(逻辑结构),使用了对比方法。下面是这个提纲中两种基本元素(当代艺术与基础教学)对比示意图:

使用图表和符号,会更容易表达你的思考框架,这只需要你有一点点视觉想象力和计算机制图技巧。在上面图表中可以清楚看到两种不同事物之间或明显或微妙的差异,说明简单数学符号的运用也许有着比文字陈述更醒目的力量。这虽然只是示意图而非论点的完整表述,但这样的示意图会帮助你在接下来的写作中思路清晰。

以直观方式展示论文结构的图表方法,有助于你的思想以视觉的方式显现在页面上。所以,如果你的研究内容适合以图表方式表达,你就一定要为你的论文制作合适的图表。有些人可能会反对在艺术论文中使用这种看上去像是理工科的图表,他们认为艺术研究属于人文学科,而人文学科似乎只能码字,这种看法是有偏颇的。正如当代艺术已经声光电化不离身一样,艺术研究手法为什么不能多样一点?在论文里多放置几个表格是很常见的。无论是在制订提纲阶段,还是在接下来的论文写作阶段,如果能用图表说话,你就一定要学着用图表说话,这不是为求论文页面或答辩屏幕上的花哨视觉效果,而是为了训练思想的简洁和表达的透彻。同时也因为在图表能传达的信息中,有一部分是无法用文字传达的。

3. 调整结构

虽然提纲写作已使你颇费心神,写完它你可能会感觉初战告成,但这还远没到可以沾沾自喜的时候,你还需要研究这个你自己写好的提纲:

你一眼能看到的所有段落标题是不是每一个都是合适的?这些段落的先后排列顺序是否有充足的逻辑依据?为什么是这一段而不是那一段放在最前边或者最后边?如果将现有排列秩序打乱是否还能组织出另外的结构式样?这样的结构有利于表达什么和不利于表达什么?

当你换个角度看着你的提纲时,你可能很容易看到这个论文题目下所包含的多种可能,你要进一步思考是不是可以有更好的结构方式能让这篇论文更精彩。你要牢牢记住,你必须要让提纲中的每一个标题和每一个段落,都能从特定角度上说明你的主题。

你如果是一个喜欢玩魔方的人,你会知道打乱是为了重新构造。移动和调整章节段落位置是个很有趣的过程。你可能会犹豫什么样的安排是最好的,这里有个阅读学规律可能对你有用:一般来说,读者会记住第一个或者最后一个,而不是记住中间的那个。研究修辞学的人发现,读者能记住最少的地方是在论文的中间。这说明你应该把你论文中最弱的论点和推理放在中间(如果你自己能够清楚地知道的话)。下面图表是对一个论文的正文部分(不包括前言和结语)的9个论点排列秩序的调整,①调整的目的是通过内在逻辑秩序的建立,将最重要的论点设置在最有说服力的论文结构中。你看这个右侧排列与左侧有什么不同?你觉得哪一种秩序更好一些呢(无标准答案)?

聪明的论文作者会制造高潮,就是让最精彩的内容在读者期待的那个地方出现,这通常会是一个压轴戏,所以上图中右侧的排序可能比左侧更合理一些。就像赵本山不会在春节晚会的前面节目中出现一样,你

---

① 这些论点取自上海大学美术学院硕士研究生王丽萍的毕业论文《灶神年画图像研究》(2012年4月完成)中的部分内容,这里有改动。

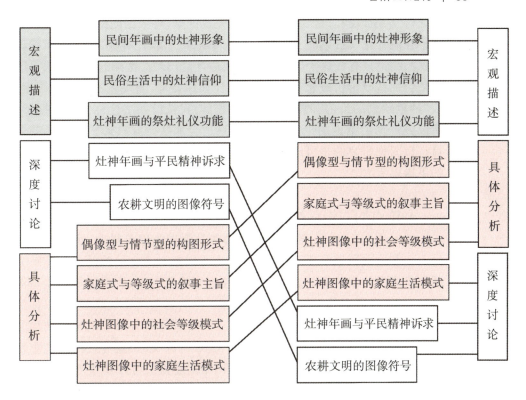

也不能让论文中的精彩论点过早出现,这个成功的秘诀是先提供证据后阐明论点,而不是相反。这意味着你的论文要先从资料和事实的陈述开始,就像大侦探波罗在尼罗河游船或东方快车上面对所有嫌疑人一一质询一样,等到所有证据都充分列举之后,精彩的结论就不期而至了。

建议你制作这样的论文结构也并非纯然出于形式上的考虑,比形式更重要的是思想方法。我知道很多人写论文会先确立主题思想,然后再搜罗证据去说明它,这样的论文在形式上常常是论点在先,证据在后。比如你已经知道赖特的建筑思想中有东方文化的影响,然后你又去搜集一些资料,用来证明赖特的建筑思想中有东方文化的影响;或者你已经知道毕加索的艺术创作与女人有很大关系,然后你去搜集一些资料,用来证明毕加索一生的艺术创作与女人有很大关系。凡是这样的研究,都是先有结论,后找证据,这还算得上科学研究吗?当然,从功利角度看,这样写论文也行得通的,社会上也一直流行这种主题先行的论文写作法(最明显的证据是在国家制定的一些社科、人文和艺术项目申请表中,会要求你填写研究结论,这实在是让人匪夷所思)。但我个人对这种方法实在缺乏好感,所以我总是要求学生们要先找证据,再根据证据得出结论。这样你在制作论文提纲时,就要先提出问题,然后设计解决方案(逻辑推理步骤),结论只有在这个研究工作完成后才能出现。这样的写作方法可能不适合那些以辨析概念为主的研究,比如你要写"当代艺术的灵性维度"或"抽象绘画的价值和意义"之类的题目,我就没办法让你去找证据了。所以先证据后结论的论文结构,也只适合那些研究具体艺术问题的题目。只要你研究的是可以证实的主题,这样的结构都会很清晰地展示你的逻辑思考力。

4. 论点的逻辑秩序

从操作层面上看,调整论文结构常常体现为论点排序,由于各主要论点会在论文目录中显示出来,所以也可以把对论文结构的调整理解为调整目录中的章节标题。这个工作在提纲阶段可以做,在论文初稿写作时可以做,在论文基本完成后也可以做,但后者显然比较麻烦,所以你最好能在提纲阶段把论文结构调整好。下面是对两篇硕士论文的结构分析,分析对象不是最初的提纲,而是已完成的论文,根据完成的论文重新回溯其内在的结构框架,相当于围棋中的"复盘",可以从中看到作者的基本想法和设置结构的技巧。下面的章节标题取自原文,括号中文字为笔者所加。

(1)标题:新时期以来电影中的"文革"书写[①]

作者:南京师范大学硕士研究生 崔晶;指导教师:贾冀川;完成时间:2011年3月。

前言(主要是三项常规内容)

(A.新时期以来"文革"书写的一般情况)

(B.现有研究情况,说明个人研究的意义和价值)

(C.介绍全文的结构框架,引导读者阅读)

第一章:影像中书写"文革"的多元态势(这一章是展现文革书写的思想主题)

第一节:情景具象化的揭露。(文革书写是以具象手段记录历史)

第二节:影像规避下的反思。(文革书写是从思想角度反思历史)

第三节:颠覆性的美好记忆。(文革书写是以"后文革"立场重构文革

[①] 崔晶. 新时期以来电影中的"文革"书写[D]. 南京: 南京师范大学, 2011.

场景)

第二章:影像书写"文革"的叙事特色(这一章是分析文革书写的叙事策略)

第一节:风格多变的叙事者。(文革书写中的三种叙事主体——亲历者,转述者,字幕书写)

第二节:多维视野下人物形象的建构。(文革书写中的三种主要叙事对象——知识分子,领袖,底层人物)

第三节:家庭境况的多侧面聚焦。(文革书写的家庭主题——非常态的社会伦理现象)

第三章:影像书写文革的艺术风格(这一章是解读文革书写的影像视听技巧)

第一节:诗意影像的多元彰显。(三种视觉风格——诗意抒情,史诗纪实,超然光色)

第二节:修辞意义上的蒙太奇技巧。(三种剪接技巧——声画对位,意象剪接,时空穿梭)

第四章:影像书写文革历史的深刻蕴涵(这一章是探讨影像书写的历史功能和局限性)

第一节:影像书写"文革"历史的重要性。(陈述文革影片的社会历史功能和意义)

第二节:"文革"影像潜存的历史误读。(指出个人化影像叙事的局限性)

第三节:"文革"影像书写带来的启示。(在消费时代背景下文革影像书写的危机)

结语(主要是两项常规内容)

(A. 总结全文论点,呈现个人独特贡献——影像史学中的多方位研究,有创新性)

(B. 陈述本项研究的局限性和未尽事宜)

(2)标题:毛泽东时代的现代性想象——中国现代视觉文化中的"工农兵美术"运动及其研究

作者:广西艺术学院硕士研究生 冯毅;指导教师:刘新教授;完成时间:2011年4月。

引言(有三部分内容)。

(A. 简述现有研究的不足)

（B. 说明个人研究的意义）

（C. 内容框架介绍，有导读作用）

第一章 革命的通俗文艺观与"工农兵美术"的滥觞（从美术史角度梳理工农兵美术的起源——始于延安，在建国之初即成主流。）

第一节 《在延安文艺座谈会上的讲话》确立了工农兵的主体地位。（追溯工农兵美术的源起）

第二节 "工农兵美术"的萌芽。（沿历史脉络叙述研究对象的早期情况）

第二章 新中国建设高潮与"工农兵美术"的崛起（继续从美术史角度梳理工农兵美术蔚成风气的历史）

第一节 国家意志推动了"工农兵美术"的崛起。（讲述国家政治需要对工农兵美术的推动）

第二节 新年画运动对"工农兵美术"的影响。（以典型案例——新年画运动说明早期工农兵美术的社会文化效应）

第三节 "工农兵美术"的首次辉煌。（以典型案例——新壁画运动展现特定时代背景下工农兵美术的历史文化作用）

第三章 "工农兵美术"的图像类型与文化阐释（以分类方式梳理工农兵图像的主题和内在含义）

第一节 工人阶级领导一切。（表现工人成为国家主人的图像的含义）

第二节 工农联盟，建设新中国。（表现工农业生产场景的图像的含义）

第三节 军民鱼水情。（表现军人与百姓亲密关系的图像的含义）

第四节 自然与文化的主人。（表现工农群众在科研领域有所作为的图像的含义）

第五节 对领袖的拥护。（表现党和国家领导人的图像的含义）

第四章 "工农兵美术"的现代性解读（通过解读三个主要概念，阐释工农兵美术在成为政治工具的同时也体现了国家现代化的诉求）

第一节 毛泽东时代现代性之"大众化"。（针对历史和现实中由少数人专权的文化，工农兵美术将普通民众作为艺术表现的主要对象，并将这一艺术理念发展到极致）

第二节 毛泽东时代现代性之"民族化"。（工农兵美术是对传统艺术的继承和发展，其中自然包含着民族化诉求）

第三节 毛泽东时代现代性之"科学化"。（工农兵美术多以现实主义

手法反映生活,在认识方法和创作技法上都体现出科学的精神)

  结语(原文是以简约的方式重述了"工农兵美术"的历史,在格式上似有所缺。下面三个要点为笔者所拟,如这样写会更符合一般论文规范。)

  (A. 以精炼的语言陈述研究结论)

  (B. 对个人研究的不足和局限性给出说明)

  (C. 对进一步研究给出建议或提示)

  以上两例,(1)像是在水果摊挑选西瓜,是先看外观,然后左看看,右看看,最后一刀切开,才知道内瓤是什么样。这是一种由表及里、由面到点、由浅入深的研究方法,遵循了外观→侧面1→侧面2→内里的思维逻辑。这是一种横向结构式,其好处是对研究对象有较为通透的理解和描述,适用于研究那些包含多种不同元素的研究对象。(2)采用了美术史研究中最常见的线性方法,从梳理历史脉络入手,按时间先后顺序展开描述,最后获得对研究对象的整体认识。这是一种纵向结构式,其好处是对研究对象的由来和演变过程了解的比较清楚,适用于研究有长期历史演变过程的研究对象。应该说,这两种方法都是可取的,也都是易于操作的。

台阶五：写作

现在，你已经走过论文写作的四个台阶了，但你面前的成果似乎不是很多。也许与你同时开始写论文的同学已经完成了他们的初稿，而你面前却还只有选题、资料、提纲和初步的想法。这时的你不要沮丧哦，也不必着急，因为好戏马上就要开场了。

军事家知道"兵马未动、粮草先行"，农夫知道"磨刀不误砍柴工"，清代戏剧家李渔说"袖手于前，疾书于后"，都是在说做事之前要先把准备工作做好，你在前面走过的四个台阶正是你的准备阶段。在总共六个台阶的论文写作程序中，准备工作就用去了四个台阶，可见准备工作的重要。但如果你已经完成了从选题到提纲的全部准备工作，接下来的事情就不会那么让你烦心了，此时的你已经有实力真刀真枪地拼上一场——正式开始你的论文写作了。你可以按照论文先后顺序开始写作，也可以从你最熟悉、资料准备最充分的一章开始写作。

通常论文写作要经历初稿（initial draft）和定稿（final draft）两个阶段。定稿是指你要上交导师和学校的文稿，包括封面，摘要，引言，正文，结语，参考文献，致谢等部分；初稿只包括引言、正文和结语三部分，这是论文的实质性内容。初稿不是论文提纲，可看做提纲的增扩版。一般说来，初稿与定稿之间也难有明显的分界。

1. 什么是写作?

概括说，论文写作不过是两件事：第一是知道自己要说什么？第二是能把想说的说清楚。有想法，还能把想法表达的清楚明白，就是运用文字的最高技术。你首先要知道自己提出了什么论点？以及为什么要提出这些论点？这关涉你的论文写作动机和目的。其次你要知道如何去表达这些论点？这与你的文字技术有关。如果你自认为有很好的想法，但你把写好的论文拿给人家看，多数人看了之后还是不清楚你到底在说什么，这可能是你的文字技术有问题——想得到但写不出或写不好。不过据我所见，这种情况比较少，我很少见到想法很好但写得很差的情况，我见到的多是以下两种情况：

A.对某个事物有点模模糊糊的感觉，然后凭着这点感觉去写论文，就会越写得多越不清楚。

B.在论文中大量充塞来自文史哲佛道的生涩术语，使论文看上去高深莫测，读起来佶屈聱牙。

这两种情况都不好，而且问题都不是出在文字技术上，而是出在头脑中。糊涂的头脑，如何写得出清晰利落的论文？写作本身不仅考验文字技术，更是考验思想。文字既是思想的载体，也是构成思想的材料，有什么样的思想，就有什么样的文字。思想与文字是无法分开的！当然，有了清楚的思想，也未必就能表达清楚。如使用外语写作，不小心出现语法错误或拼写问题，当然影响表达。但对使用母语写艺术论文的同学来说，通常不会遇到巨大的表达障碍，即便出现了，借助字典、辞典、百科全书等工具书，解决起来也较为容易。因此可以说，在论文写作中，解决文字技术问题比解决思想水平问题容易得多。况且从传达思想的实际效果看，文字技术差，至多是形式上不够完美，但其内在的思想价值依然存在。可反过来看，没有思想或只有糊涂思想，就算你有妙笔生花的本事，也不可能提供有价值的思想。这种情形其实与写情书差不多，如果你很爱对方，即便你没有诗人的才华，你的文字也会感人；如果你不爱对方，就算你使用华丽的辞藻，也必然毫无价值。无论在什么情况下，如果拿思想与文字的价值相比，都是思想第一，文字第二。若用古代的话说，就是"义理"在先，"辞章"在后。

根据这个道理，虽然上面那两种情况都不太好，但若两相比较，B则尤其不好。因为A近糊涂，B近行骗。糊涂，尚有提高改进的可能；行骗，则是越努力对读者来说就越糟糕。而在学院式艺术类论文中，有意或无意的"行骗"（故作高深、故弄玄虚）现象时有所见。因此，我宁可冒天下之大不韪，也要建议各位使用母语写作的艺术学子，无论你们有怎样超高深的思想，都不能去写让你的读者读不懂的论文。如果他们看不懂你的论文，一定是写作者出了问题而不是读者出了问题。写出艺术论文并能让天下人都读懂，不是丢人的事，不能让天下人都读懂，才是不太好的事。为此，你在写作开始时就要注意下面几点：

● **要有读者意识**。你的论文写给谁看的？或者说谁最有可能读到它？这是写作者永远要放在心头的问题。虽说学院论文通常只是给导师和评阅人看的，但它也可能发表在刊物或网络上，因此你的读者绝不止系里的几个老师或外请的三两个评委。你如果是对读者负责的作者，那么你至少要把本行业中人预设为你的论文读者。

● **借用现成模版**。只使用单一证据表达单一思路的论文是很少的，一般论文都是叠床架屋，头绪繁多，因此需要一个能容纳全部论文内容的表述框架，如全文分几部分？每部分有哪些内容？先说什么？后说什么？前后是什么关系？通常各院校会为同学们提供论文写作的格式模版，你只需要把你的全部思想及材料都镶嵌进这个模版中即可。如前面那两个论文结构图就是哈尔滨工业大学艺术设计专业统一要求的（该专业的每篇硕士论文中都包含这样的结构图），这样的模板就很有用，会使你的论文增色。

● **主题要凝练、材料要充分**。你的论文主题能否用一句话来概括？如果主题还不够凝练，你就不能动手写。材料是证据，一般说是越多越好。你的论文不能只由抽象思想或概念构成，调查报告、统计数据、案例分析、图表图片、参考文献，等等，都是你可以使用的材料。这些材料要尽量在写作前准备好，要把例子、数据、引文等放在案头或电脑中，这样在用的时候就会很方便。

● **安排写作时间和地点**。论文写作是需要大块时间和安静环境的，集中精力，连续工作，一气呵成，是完成高质量论文的可靠保障。你要在时间上有所安排，这样你才能按时按质地完成写作任务。

2. 从初稿开始

准备好较充足的时间，整理好你搜集到的所有材料，依据你的论文提纲，你就可以撰写初稿了。

写初稿是将对论文的设想草拟成文，将原来无形的想法变成有形的文字的过程。这个过程并非完全"复述"已有的想法，一般写出来的会与最初的设想有一定距离。这是因为你动笔之前的许多想法可能是模糊的、混乱的、未成形的，而写作则是使用规范的文字将原来的构思不断调整、补充、修正，使之逐渐臻于完善的过程。所以，初稿不是机械地将提纲具体化和细微化，而是以创造性思维继续发展你的思想。你既可以按顺序从头写到尾，也可以先从你最熟悉或最感兴趣的段落入手。我这里无法为初稿写作提供什么制胜法则，只是建议你不妨坚持下列较为传统的做法，这可能会让你的写作比较顺利：

● **全篇围绕一个中心**。段落写作要围绕段落主题，全文写作要围绕全文主题，所用一切案例、解释、论证都只是为了突出中心思想。这样才能集中优势兵力打歼灭战——彻底解决一个问题。

● **分清论点和论据**。一篇论文是由不同要素组成的，其中有两大要素是论点和论据。论点是你提出观点、看法、意见，是主观发挥；论据是支持这些观点、看法和意见的证据，是客观存在。你不要把这两类事物搅在一起，最好能有论有证，不要夹叙夹议。在数量上，证据要多于论点，在形式上，证据也会比论点丰富，它包括案例、征引、数据、图表、图像等。

● **学会逻辑推理**。有了论点和论据，如何将这两个因素联系起来？这就需要展开论证。论证要使用逻辑推理形式，无论你的论证形式是推衍、思辨、解释、批判或实证，都不能违背一般逻辑规则，而论证的基础是论据的真实，只有依据真实的证据才能得出真实的结论。

● **不能纠缠细节**。在初稿写作中不需要字斟句酌，不需要为个别词语和标点符号之类的事而烦恼。即便在写作中发现文字或材料方面存在某些缺陷，也不必停下来反复修改，那样很容易打断思路，使写作不能顺利推进。

● **不要忽略引言和结语**。引言和结语是论文正文的重要组成部分，不是可有可无的附加物，它们会直接影响全篇的质量。有些同学不了解引言、结语的重要功能，在写作中对这部分内容有所忽略，其结果一定是给论文带来严重损害，所以你绝不能忽略引言和结语的写作。

2.1 检查你的初稿

当你写完初稿之后，需要通过阅读来检查主题是否明晰？论证是否符合逻辑？行文是否流畅？段落转接是否平稳？等等（你最好能通过大声朗读来检查论文的流畅性）。你还要检查一些可能出现的技术错误，如引证材料是否有正确的著录形式？所举事例和图表是否与主题吻合？下面是一个论文检查清单，你可以照单检查你的初稿，如果发现论文中的错误，就要努力修改以使论文质量达到你能做到的最好程度。也可以请其他人帮助阅读你的论文，他人的眼光有时候会更敏锐些。

● **论文检查清单**

1. 我的论点陈述是否简洁清晰？

2. 我是否在提纲范围内完成了初稿？有没有遗漏或逸出？
3. 我的论证是否遵循了逻辑原则并获得数据支持？
4. 是否正确体现了引言、正文和结语的"三段式"功能？
5. 全部引用材料是否都有正确的注释格式？
6. 是否有关键的或重要的证据支持了我的论点？
7. 我是否已经给每个段落设定了合适的标题？
8. 各段落之间的长短比例是否合适？
9. 还有没有未完成的部分？
11. 有没有不必要的或啰嗦的地方？
12. 有没有过长的句子？
13. 是否已避免使用缩写？
14. 我的观点是否在清晰和有趣的同时还能保持客观性？
15. 论文的结尾是否给读者以完成的感觉？

一般说来，每篇论文都有一两个常见目的——制造或维护某个论点，钩稽或考察某种事实，解释或判断某种价值观，等等。在增添材料和陈述细节的写作过程中，你不要忘记论文的基本意义，至少你要清楚自己提出哪些论点，以及手里有多少支持这些论点的证据。由于艺术研究的特殊性，天下很多有关艺术的论点都缺乏客观检验标准，都是公说公有理、婆说婆有理，而不同的理都可以是正确的理。因此，无论你在论文中提出怎样惊世骇俗、超群拔俗的高论，也不能把个人观点想象成唯一真理。

2.2 练习

下面的练习是为增强多角度的思考能力而设计的，你如果有兴趣，可在下列论点后写出支持或反对的理由：

论点：高科技手段已成为艺术创作的必要条件，艺术中的自由创造精神难以独立存在，纯艺术的最终消亡是不可避免的。

支持 A：任何科技手段都意味着对人的自由想象能力的限制，以科技打造艺术的结果是压制真正的艺术。

支持 B：＿＿＿＿＿＿＿＿＿＿＿＿

支持 C：＿＿＿＿＿＿＿＿＿＿＿＿

反对 A：科技本身就包含了人的想象力，科学的创造精神与艺术的自由精神并不矛盾。
  反对 B：_____
  反对 C：_____

  论点：艺术市场是为商业而存在的，为市场而生产的艺术品不具有精神层面的价值，对真正的艺术发展并无推动作用。
  支持 A：成为商品的艺术，与其他非艺术类商品没有本质区别，都是谋利的筹码，与真正艺术中的超然精神毫无关系。
  支持 B：_____
  支持 C：_____

  反对 A：商业本身是人类文明体系中的重要组成部分，正是商业精神打造出现代文明中的绝大多数文化产品，因此艺术市场会促进艺术的发展。
  反对 B：_____
  反对 C：_____

  上边这个练习没有标准答案。很多艺术研究（也包括一般文科研究）都是没有标准答案的，其所谓"正确"，是指能自圆其说。所以，学习中遇到此类题目，你只需要把个人想法表达清楚即可。

3. 给论文起个名字

  任何论文都要有题名，论文题名是论文内容的高度浓缩，好的题名能让读者迅速获得论文中最重要的信息。下面是论文题名中的常见问题：

  （1）不要使用读者不熟悉的术语、符号、简称等。比如有一篇论文题名为《论雕塑艺术的道性》，什么是"道性"呢？想必除了作者之外很少有人能懂。我阅读该文后模糊感知作者所说可能是"神秘性"，那为什么不使用更容易让人懂的"神秘性"呢？

  （2）尽量传达特指信息，不要漫无边际。好的论文标题应该直指主题和内容，如季羡林有论文题目是《中国纸和造纸法输入印度的时间和地点问题》，就非常清楚地指示出全文内容；潘耀昌教授论文《学院与画院——新中国美术双楹》，字数很少，也能清楚指示特定研究对象、时代背景、研究对象的相互关系等。而像常见的《对中国当代艺术的思考》之

> **题名**
> 文题相符是论文题名的基本原则，题名应以简短、确切的词语反映论文的主题、研究范围和论述角度，并有助于选定关键词。中文题名一般不宜超过20个字，必要时可以加副标题。题名要避免使用读者不熟悉的术语、符号、简称和缩写等。

类，就很有点让读者猜谜的意思，因为范围太大了，谁知道你要说什么呢？

(3) 在准确反映特定内容的前提下，字数越少越好。字数少，是为了方便读者理解和记忆。所以即便是学院式的毕业论文，你的标题最长也不要超出20个字。像这个《对于吸收维吾尔模戳印花元素，发展新疆版画地域特色的初步探索》就有点太长了，如果压缩成"新疆版画中的模戳印花元素与地域性"，不是同样能传达这些信息吗？

(4) 即便有副标题，主标题也不要太模糊。很多艺术类论文都会设定主副两个标题，一般主标题用来指示主题思想，副标题用来指示具体研究范围。可能是因为思想主题不易用简括语言表述到位，所以很多艺术论文的主标题语义模糊，形同虚设。比如有一篇主标题名为《以人为本》的论文，实际上是研究当代中国油画人物画创作的，这样的主标题就过于模糊了，因为描述任何人间事物几乎都可以使用"与人为本"这几个字的。

(5) 不要装腔作势和故弄玄虚。① 装腔作势和故弄玄虚主要有两种表现：一是唱高调，说大话；二是玩深刻，装学问。前者如《解析中西方艺术的哲学背景》、《中西方艺术进程中的抽象嬗变》或《中西方艺术精神异同的比较和研究》等标题，显然有过于宽泛之嫌。因为这"中西方艺术"的范围何等广大，岂是一篇数千字至多一两万的论文所能说清的。后者如有人写论述素描的文章，主标题是《被"无限"化的"有限性"……》，虽然很有诗意，但同样不适合学术研究领域，因为学术是要把复杂的事情说清楚，而不是反过来把简单的事情弄复杂。此外还有什么《当代精神境遇中的绘画本源性》、《人类的现代经验及其东西方的艺术语言和表达形式》之类的标题，似乎都有学术"忽悠"的意味，因而很不可取。

(6) 什么时候给论文起名字？ 给论文题名与给小孩起名字一样，你既可以在孩子出生之前起好名字，也可以等孩子出生后再起名字，还可以先确定个初步名称，等孩子出生后再加以调整。总之，标题是你的论文第一标记，你应该尽量为自己的论文起个好名字。

(7) 练习。下面是一个判断题目的错误性质的练习。请在题干后的备选答案中选出一个或数个正确答案，并将其标号填写在后边的括号中

---

① 有心的读者可能会注意到，本书中已经几次提到这个问题，反复说，是因为这是中国艺术论文写作中最普遍存在的问题。

(参考答案见脚注①):

① 《现状、延展、未来——当下中国艺术产业探微》的题名是( )
　　A. 陈词滥调　B. 宽泛无边　C. 主标题语义模糊
　　D. 空话套话　E. 故弄玄虚

② 《美术教育运用行为导向模式在艺术治疗中对聋哑儿童的辅导研究——乌鲁木齐地区聋哑儿童调研为例》的题名是( )
　　A. 故弄玄虚　B. 字数太多　C. 宽泛无边
　　D. 主标题语义模糊　E. 生涩术语

③《十年树木,百年树人——中国学校美术教育之我见》的题名( )
　　A. 字数太多　B. 宽泛无边　C. 主标题语义模糊
　　D. 缺乏特指　E. 空话套话

④《思考、感悟、探索——当代视觉文化语境下的卡塞尔文献展与全国美术展览的比较研究》的题名( )
　　A. 主标题语义模糊　B. 字数太多　C. 故弄玄虚
　　D. 宽泛无边　E. 缺乏特指

⑤《现实再认识——作为当代艺术一种精神向度的现实主义》的题名
( )
　　A. 主标题语义模糊　B. 故弄玄虚　C. 字数太多
　　D. 生涩术语　E. 宽泛无边

⑥《从整体到分裂的世界——当代艺术的境遇与思考》的题名( )
　　A. 宽泛无边　B. 主标题语义模糊　C. 缺乏特指
　　D. 陈词滥调　E. 空话套话

⑦《重塑文化立场——对中国当代艺术问题的若干思考》的题名( )
　　A. 缺乏特指　B. 主标题语义模糊　C. 空话套话
　　D. 字数太多　E. 使用生涩术语

⑧《静观空境——佛性对当代艺术的启示》的题名( )
　　A. 陈词滥调　B. 缺乏特指　C. 主标题语义模糊
　　D. 使用生涩术语　E. 故弄玄虚

⑨《从对生命的感悟谈起——我对中国当代艺术现状的思考》的题名
( )
　　A. 使用生涩术语　B. 宽泛无边　C. 主标题语义模糊
　　D. 空话套话　E. 故弄玄虚

① 1.(BC) 2.(B) 3.(CD) 4.(AB) 5.(A) 6.(ABCE) 7.(ABC) 8.(AE) 9.(BCD) 10.(ABCD)

⑩《谁主沉浮？——中国当代艺术与艺术市场之我见》的题名（　　）
A. 空话套话　B. 缺乏特指　C. 主标题语义模糊
D. 故弄玄虚　E. 字数太多

4. 如何写摘要？

摘要也称提要，是对论文内容的简短陈述。摘要应包含：你的这个研究的目的是什么？你的研究有什么重要性？你研究的主要内容是什么？你完成了哪些研究工作？获得哪些基本结论和研究成果？你有什么独立的创见？你的研究结论的意义何在？事实上，摘要就是一篇独立的短文，看了你的摘要，就知道你这篇论文里说了哪些事情和有什么重要贡献。

常见的摘要写作问题有：①对论文进行自我评价、说明或解释。如使用"作者认为"、"提出了自己的看法"、"进行了粗浅的探讨"等词语。②篇幅过长或过短。一般摘要是在100—300字之间，不需要分段。也有一种算法，是摘要字数不超过论文字数的5%。下面是一篇摘要例文。①

> **摘要：**
> 主要有二个作用：①让读者尽快了解论文内容，以补充题名的不足。使读者即便不通读论文的全文，也能知道论文的大概内容。②作为客观的信息陈述，摘要采用第三人称的表达方式，可为其他研究人员和计算机检索提供方便（一般论文刊发时都要提供摘要）。

【研究内容】【研究重要性】【研究意义】【研究结果】

　　本文着重探讨了黑格尔和丹托的"艺术终结"理论，指出"艺术终结"的根源是18世纪以来确立的"审美自律"。"为艺术而艺术"导致艺术只与自身相关，艺术的创新就意味着对以往艺术的颠覆，现代艺术就是在这种创新的压力下穷尽了所有的可能性而走向终结。要摆脱艺术终结的命运，首先要将艺术从自律中解放出来，重新恢复它的各种社会功能，尤其是其对现代文明的批判功能。中国当代艺术表明，多元的艺术观念、混杂的社会形态和独特的艺术传统，是艺术在现代文明中获得新生的重要因素。

5. 关键词

关键词也叫索引词，是为方便文献索引工作而从论文中选取出来的，用以表示全文主题信息的单词或术语。常见的关键词不规范现象

---
① 彭锋. 艺术的终结与重生[J]. 文艺研究, 2007(7): 30–38.

有二：

（1）关键词不关键，外延太大，把关键词看成是一句话；或者以动词、形容词等作关键词；或者选用一些与论文题目、段落标题无关的、不能反映论文主题概念的词或词组。

（2）关键词太多或太少。

选择关键词是在完成论文后，挑选出能表示论文主要内容的几个词汇，通常与论文标题很有关系。

> **关键词**
> 是从题名、摘要、层次标题和正文的重要段落中抽出与主题概念一致的词和词组，位于摘要之后，引言之前。没有关键词，文献数据库就不会收录此类文章，读者就检索不到。关键词选得是否恰当，关系到论文成果的利用率。
> 关键词一般选取 3—8 个，每个词之间应留有空格，以示区别。

6. 引言

"引言"是放在论文最前边的，也称为"导论"、"绪论"、"前言"等等。一篇完整的论文就是由绪论（引言）、本论（正文）和结论（结语）这三部分组成的。引言写作是为了告诉读者"你做了什么研究？"和"为什么做这个研究？"这样才能引起读者注意和引导下一步阅读。有些论文作者把引文看成是一种形式，是可有可无的事物，并因而忽视引言的写作，这是很不妥当的。

> **引言的基本内容**
> 1. 研究工作的内容、目的和意义。
> 2. 简要综述相关领域的文献，使读者了解这项研究与其他同类研究的关系。
> 3. 解释概念、陈述基础理论、交待主要研究方法。（这个也可以不写）
> 4. 简要介绍主要研究结果。（这个也可以不写）

6.1 引言中的常见问题

（1）不能开门见山，迅速切入主题。常见有些论文的引言多空话套话，不是从国际到国内再到行业，就是从西方到东方再到哲学，看上去很像一般领导的讲话稿。读了这样的引言，读者既不知道作者为什么要研究这个？研究这个有什么用？也不知道有哪些人在研究这个题目？他们已获得哪些研究成果？作者的研究又与已有的研究有什么不同？作者的贡献在哪里？

（2）不能用自己的语言介绍研究现状，而只是罗列资料和摘抄引文，甚至将一些与特定题目研究没有直接关系的资料也拉来充数。这是因为作者不知道在引言中介绍研究现状，是为了衬托本项研究的学术意义，而不是为写一篇纯粹的文献综述。所以你不能把引言写成独立的文献综述，而是应该用作者自己的语言概括介绍现有研究状况，特别是现有研究的不足，从而使自己论文的意义得以呈现。

6.2 下面是几个不同的引言片段,看看你更喜欢哪一个?

(1)我们越来越感觉到当今是一个图像泛滥的时代,整个世界被转译成图像,这些图像甚至成为人们认知世界的首要方式。由于摄影、电影以及互联网的快速推进,我们不知不觉地进入到了读图时代。我们的周围到处充斥着各种各样的视觉图像,公车、地铁、网络、电视……这些海量的图像都在变着花招吸引你的眼球,刺激你的视网膜。在这种情形之下,图像已经与它诞生之时的真实的客观的记录的属性相去甚远,甚至制造出与现实毫无关系的虚拟图像。尽管这些可能未必是艺术,但可以确定的是所有这些都是在以一种新的东西来吸引眼球。在这种环境之下,视觉艺术就不可能独自占有视觉了。或者说视觉艺术要想有自己的东西单靠制造视觉图像、形象是不够的。视觉艺术要想继续探讨视觉的话,艺术作品所呈现出来的必须是更有震撼力,更新颖,或者更有意思的东西。只有这样才有希望存活下来。如果视觉艺术作品仅仅是制造一个视觉图像或者视觉奇观的话,必然会消失在这个图像世界之中。

(2)与国外相比,国内相关研究起步较晚,但近几年亦成燎原之势,论文、专著都相当多,并且每年仍在大量涌现。其研究领域包括新闻学、传播学、人类学、哲学和美学诸领域,研究重点基本上放在图像本身的历史和社会影响方面,研究方式大致都采用从社会文化角度切入的背景分析和意识形态内涵分析,取得了较大的成绩。从美学和文艺学角度来说,此方面有影响的学者有周宪、金惠敏、南帆、彭亚非等人,他们的独特贡献在于,对于图像与文学间的关系做出过深有启发性的说明和阐释。毫无疑问,女性是视觉文化研究的一个基本主题……就国内的情况看,女性主义的研究专著有,但有关视觉文化的研究专著则是空白,相关论文也不多,自1999年至2010年间,中国期刊全文数据库上与此有紧密联系的文章不多于30篇,且大多是对于某一现象或具体作品所展开的批判性实践,纯粹的理论梳理很少见。

(3)建筑能否折射出某一特定的内在含义?通常意义上,建筑与诸多因素相关,例如与文化及技术因素相关,与审美意识相关,与权利相关,还与人的视觉记忆、情感传承相关,而且关系复杂,有着相互交叉的地方。然而,建筑自身究竟为什么能够承载大量的信息,这一物质表象背后会有怎样精神内涵,以及现当代艺术家为何运用这一媒介来传达个人情感观念?

(1)属于"泛论型"引言(原文中还有更多的高谈阔论,限于篇幅不能完整移录至此),读上去不知作者是在描述研究背景还是在抒发个人感慨?如果说这是研究背景,也只是宏观社会背景而非具体论文题目下的学术研究背景(后者是指与作者论题有关的其他学者的研究成果),这样的背景介绍可以用到任何一篇研究"读图时代"的论文中。(2)是作者用自己的语言陈述他人的研究成果(限于篇幅有删节),切实,有条理,可取。(3)不是节选而是一篇论文的全部前言文字,这样简单的前言很少见。这个前言没有给读者提供必要研究信息(如研究意义、现状、方法等),所以它不是"袖珍"是"残缺",丧失了部分引言功能。但它也有一个优点,是提出问题。由于作者对其他信息概不交代,这些提问显得集中而尖锐,能吸引读者注意力。

引言的主要目的之一,是抓住读者注意力,激发他或她对论文的阅读兴趣。除了你必须坚守的一般引言写作规则外,为吸引读者注意,你还可以选择一些有趣的信息写进引言。这些信息可包括:A. 一个有趣的事实;B. 一个令人惊讶的信息;C. 一个刺激人的问题;D. 一个有冲突的论点;E. 一个古怪的术语;F. 一个非虚构的奇闻轶事。

不知你在准备论文的过程中是否获得了类似信息,如果有,就赶紧把它写进引言吧,说不定能给你的读者带来刺激,让他们产生要迫不及待地阅读你的论文的愿望。下面是包含这些信息的五则例文,都取得了引人注意的效果:

(1)随着中西交通的开辟,佛教从印度辗转传入大汉帝国。在这尊儒崇道的古帝国里,佛教以一个外来的宗教,不可避免地,依然扮演着"异端"的角色。面对着来自四面八方的批判,这个"夷狄之术",不得不层层剥除它原有的衣裳,换上一袭纯粹中国风味的新装。"佛教到了中国以后,被中国人改造成合乎中国人需要的形态",这是许多史学家的断语。这种"中国形态"的佛教,渐渐与中国的"正统"合流。在印度,"异端"的佛教,因为汇入"正统"而走上衰微的道路;在中国,扮演着同样角色的佛教,会因为它的流入中国"正统",而走向衰微吗?这是一个难以作答的问题。但是,它与中国"正统"文化这一段漫长的交涉与激荡,却是每一个关心中国文化史的人所感兴趣的!①

(2)明代的江南,即长三角一带,包括今南京、苏锡常、上海、杭嘉湖宁绍等地看,是当时经济、文化较发达的地区。美术作品消费也较为兴

---

① 杨惠南. 一苇渡江,白莲东来——佛教的输入与本土化[M].//敬天与亲人,北京:三联书店,1992: 13–14.

旺，画家辈出，因而仕女画（或称美人画）亦以江南为发展重镇，产生不少优秀的作品。但与其他人物画相比，仕女画的形象较为单调，在面相上表现尤为突出，形成了鹅蛋脸、柳叶眉、小凤眼等几乎固定的模式，人物表情木然，了无生机。<u>关于其成因，学界关注不多，有许多可探讨的空间</u>。故本文拟从生物地理学、面相民俗学、旧传统伦理学、审美史学等多方面进行考察，析其缘由，<u>藉以深化认识明代江南仕女图的文化内涵，并为现实创作提供有益的历史借鉴。</u>①

（3）作者本人深知自己是以如何有限的才能来<u>从事一项如此艰巨的工作的</u>。而且即使作者本人对自己的研究成果有较大的信心，也还不能<u>因此就敢保证它们能得到识者的赞许</u>。事实上，任何一个文化的轮廓，在不同人的眼里看来都可能是一幅不同的图景；而在讨论到我们自己的文化之母，也就是直到今天仍对我们有影响的这个文化时，作者和读者就不可避免地要随时受个人意见和个人感情地影响了。<u>在我们不揣冒昧走上的这个汪洋大海上</u>，可能的途径和方向很多；本书所用的许多研究材料，在别人手里，不仅很可能得到完全不同的处理和应用，而且也很可能得出截然不同的结论。的确，<u>这个题目是如此地重要，甚至现在仍有必要对它做新的探讨，并且可以从各种不同的角度来进行有利的研究</u>。与此同时，只要人们有耐心地倾听我们的意见并对本书做一个全面理解和评价，我们就很满足了。②

（4）学校是肩负重大责任的机构，校园空间是师生共同学习和生活的场所，校园公共艺术是学校教育的一部分。对校园中人尤其是中小学生来说，正处于获取视听感官经验的身心发展阶段，校园公共艺术使孩子们感受艺术魅力，有助于他们养成良好的审美知觉力。因此无论何种国家地区，只要是正规学校，就无不重视校舍建筑、教室布置和校园环境的。可笔者在小学高年级的时候，偏赶上史无前例的"文化大革命"，那时<u>校园里不是语录墙和大字报，就是高音喇叭里的吼叫，那样的学习环境对我的一生都有负面影响</u>。与那时相比，当下教育领域虽然还是问题<u>重重，与医疗、住房同属重灾区，但校园里毕竟没那么恐怖了</u>。改善学习环境，建设美好校园，已是教育行政当局与学校师生的共识，公共艺术也因此成为校园生活的一部分。本文试从学校教育角度探讨校园公共艺术的

---

① 任道斌. 明代江南仕女图面相模式化探微[J]. 湖北美术学院学报, 2009(1): 9–11.
② 雅各布·布克哈克. 意大利文艺复兴时期的文化 [M]. 何新, 译. 北京: 商务印书馆, 2007: 21.

实际用途……①

(5)没有广场的城市是很少的,有广场,能否为普通市民所用,就不可一概而论了。国内很多城市广场偏重于政治或商业功用,忽略普通市民日常休闲价值,这样的广场很难称为市民广场。市民广场是为普通市民而修建,供普通市民日常交往所用的地方,<u>从这个意义上看,天安门广场就算不上市民广场了,虽然那里每天万方来朝、游人如织,但那么大的水泥地面上,连个歇息就座的椅子都没有,也没有遮阳挡雨的绿荫或棚盖,这样的地方,除了民间朝圣和官方集会,是很难作为百姓日常休闲场所的。</u>据此,我们可以把城市广场分为两类:一类是市民休闲广场,一类是权利主导广场。本文以前者为论述重点,后者只作为对照因素适当提及。②

这5例引言中的下划线为笔者所加,意在突出其中某种特色。(1)通过简略陈述中印两国佛教处境相同(都与正统合流),但其中印度佛教已经由此而衰败的事实,提出了一个有趣的问题:中国佛教会不会也因为汇入正统而走向衰落? 这是很能吸引读者好奇心的问题,所以作者自己说这"是每一个关心中国文化史的人所感兴趣的"(虽然这个例子不是来自艺术学研究领域,但其前言写作的手法值得借鉴)。(2)字数不多,但对于研究的背景、起因、方法和目标都有清晰的交待。下划线文字包含两个重要内容:一个是对于研究现状的陈述;一个是对论文意义的说明。这两条是很重要的信息,作者使用这样简单的两行字就交待清楚了,体现了深厚的写作功力。(3)是一本西方学术名著的前言,作者是知名学者,其写作风格也与通常的前言不大一样。这里节选的部分并未提供什么具体学术信息,但却仍然能调动起读者的阅读兴趣。有下划线的文字可以告诉你这其中的秘密,是不遗余力地强调此项研究的重要性,并暗示会在随后的文字中有与众不同的思想。另外则是对读者也有要求,是希望"人们有耐心地倾听我们的意见并对本书做一个全面理解和评价"。(4)是在中规中矩的引言中忽然插入一段个人经历(也是一代人的共同经历),作者意在通过这样的叙事手法引发人们对校园环境问题的历史思考,也是间接地交代论文的特殊研究背景与研究动机,而这样忽然插入的形式,显然也能起到吸引读者注意的作用。(5)的手法与(4)近似,但不是插入个人经历,而是举了一个相当显赫的负面例证(天安门广场),自然推导

---

① 命那. 校园公共艺术:学校教育的第二课堂[J]. 公共艺术, 2011(3): 5–13.
② 治或. 休闲与狂欢——市民广场的文化之魂[J]. 公共艺术, 2010(3): 4–13.

出一个刺激人的问题：为什么中国这个最重要的广场不适合普通市民的需求呢？由此暗示论题背后的重大社会意义，这样就很容易吸引读者的兴趣。

6.3 要单刀直入不要拐弯抹角

比较短的论文（2 000字以内）是不需要引言的，这样可以节省篇幅，直入主题。比较长的论文，尤其是学院里本科生和研究生的毕业论文，是必须有引言的，但这个引言也要直入主题，不能拐弯抹角。也就是说，当你在引言中交代完研究背景、意义和现状之后，应该直接提出问题——论文的主要议题。无论何种类型的引言，都要避开宽泛的陈述和令人生厌的"官腔"语言，对那种尽人皆知的真理，如"艺术的根本目的是从精神上塑造人"，或者"艺术创作是一种精神活动"，都以少说和不说为佳。这样宽泛的论述能适用于全世界任何一篇艺术论文，但读者其实只想知道你个人的独特思想而非普遍知识。你一定要在引言中交代具体问题，要学会开门见山和单刀直入。下面两组例文可呈现"具体"和"直接"的含义：

● **宽泛的**：视觉图像能体现文化的独特性、时代性和地域性。

● **具体的**：《黄土地》中文版电影海报通过画面布局和明暗设置，体现了设计者对影片主题的理解——革命军人是贫苦农民的解放者。

● **宽泛的**：油画作为视觉艺术中的主要画种，与其他文化创造一样，在不同历史时期和不同地域中有不同变化，产生了各种不同的艺术风格。

● **具体的**：荷兰画派的艺术成就与当时艺术市场的繁荣有关，这导致投合主顾们的审美品位和情趣成为艺术家成败荣辱的关键因素。画家之间为获得生存地位激烈竞争，而专攻某一题材或技法可以凸显个人优势，这在很大程度上推动了绘画艺术的发展。

有少数艺术学者喜欢故弄玄虚，论文引言也常常繁冗拖沓又语焉不详，迫使读者不得不克服疲倦来阅读他的漫长叙述，还要忍受不能迅速找到主要论点的困扰。曾见一篇有惊人宏观视角的研究中国绘画原理的文章，其开端是从地球的公转和自转写起，在不足5 500字的文章中，到3 500个字的时候还没有谈到中国绘画这件事。这真是一次惊心动魄的阅读体验，让我明白古人所说"秀才卖驴"实非虚言。当然那篇论文没有在体例上划分出前言部分，我只好把这3 500字都看成前言了。因为一般说来，只有与题目直接相关的讨论才是正论部分。

在引言结尾部分可以提出你的主要论点，但切记要站在可讨论立场上,而且不需要提供论证过程与细节。如果你在这里提供大量参考资料或展开积极讨论就会使读者莫名其妙,他们会不清楚你是不是把正文内容前移了。不过你可以提供一些重要的背景信息给读者,当你这样做时,要避免说"本文讨论了"或"本文表达了"这样的引导语。最好能通过特殊或冲突的观点引导正文,因为读者在引言中看到冲突的观点时,就容易对正文产生兴趣了。

6.4 练习

阅读下面文字,在备选答案中选出有下划线的文字的写作手法(参考答案见脚注①):

(1) 艺术源自非艺术,这已是艺术史上的常识。也难怪,当人们试图解释什么是艺术的时候,恰恰是用一系列非艺术概念从外部去定义它的,换言之,正是非艺术的历史内容界定了不同时期的艺术……把那些活动中的某种形式抽象出来冠以艺术的名称,都是后来的知识事件。起先人类在做这种活动的时候,并没有艺术的概念,而只是说,这些活动具有现在称之为"艺术"的形式,它们一开始仅仅出于一种实用的目的——巫术是实用的,日常仪式也是。②

A. 令人惊讶的信息　　B. 刺激人的问题
C. 有冲突的论点　　　D. 有意义的事实

(2) 所谓"大片",就是以亿元人民币为结算单位的电影生产模式。《十面埋伏》2亿,《夜宴》1.2亿,《无极》号称3.5亿,而《满城尽带黄金甲》则宣称3.6亿——虽然仅仅多出1 000万,却具有强烈的象征意义,显示其在投资竞赛中领先一步,刷新了中国电影史上投资额的最高纪录。尽管本年度奥斯卡外语片奖已经拒绝了《黄金甲》和《夜宴》,但我坚信这个高额投资纪录还将被不断打破,因为大片的烧钱竞赛,才刚刚拉开了序幕。③

A. 有冲突的论点　　　B. 刺激人的问题
C. 令人惊讶的信息　　D. 有意义的事实

(3) 李可染于1950年发表的《谈中国画的改造》一文是在中共全国政权建立后较早由画家撰写、并及时发表的重要文章之一,在近年来的中国现代美术史研究中是常被研究者引用的重要文献。在这篇文章中,

---

① 1.(D) 2.(B) 3.(B) 4.(D) 5.(B) 6.(C)
② 吴亮. 当代艺术:返回非艺术的知识事件[J]. 艺术广角, 2012(1): 13–19.
③ 朱大可. 大片的暴力美学[J]. 中国新闻周刊, 2007(1): 84.

作者首先谈到的是一个对于当时国画的处境的判断：中国画随着新政权的建立而受到了厄运：曾经被买办官僚支持着的中国画市，突然断绝主顾。不少画铺改业了，很多中国画家无法维持生活，使中国画受到了从来所没有过的冷落，因之助长了某些人对中国画命运的忧虑，认为："新的社会到来，中国画的厄运也跟着来了。"①

  A. 有意义的事实 B. 令人惊讶的信息
  C. 刺激人的问题 D. 有冲突的论点

（4）15年前，我随吴长江初踏青藏高原。从西宁去玉树，一路上长途客车时走时停，道路也时断时续。临近傍晚的时候，车子彻底抛锚，我们一车人都下来，捡了要紧的行李随身带上，站在路边拦截过往车辆……吴长江在挨挨挤挤的人群中背着画具，怀里还小心地抱着画夹子……我瑟缩着在心里算，此前吴长江已经来过青藏高原写生10回了。当时我还不知道在此后15年，他继续年复一年地到高原藏族地区写生。人们自然会问：为什么写生呢？还有，什么样的写生值得用一生去画？②

  A. 令人惊讶的信息 B. 古怪的术语
  C. 刺激人的问题 D. 有意义的事实

（5）近年来，有不少理论家和收藏家致力于散布这样一种观点：一件书画艺术品，是否有艺术价值和收藏价值，决定于它的创作方式。"复制"的，和"流水线式操作"的作品是对艺术的亵渎，是没有艺术价值的，当然也是没有收藏价值的。反之，"原创"的或"即兴式操作"的作品，是否就一定有艺术的价值？有收藏价值？他们没有说，但言下之意自明。我认为，一件书画艺术品，是否有艺术的价值？有收藏的价值？取决于多方面的因素，但创作的方式却绝对不是因素之一，更不是唯一。"复制"的、"流水操作"的作品，固然有低劣的，但也可能有高华的；"原创"的、"即兴创作"的作品，固然有高华的，但也可能有低劣的、亵渎艺术的。③

  A. 古怪的术语 B. 有意义的事实
  C. 令人惊讶的信息 D. 刺激人的问题

（6）今年的评选比起去年在操作模式上有了很大改进。参与评选的青年批评家人数增多，而评选出来的作品也由首届较为混乱的操作，至

---

① 李公明. 李可染与新中国美术改造——以山水写生和"红色山水"为中心[J]. 当代中国画, 2007(11): 104–110.
② 宋晓霞. 吴长江的青藏高原日记[J]. 美术观察, 2010(12): 47–51.
③ 徐建融. 再谈中西绘画的差异[J]. 收藏家, 2011(1): 57–59.

少第二届在程序上变得相对合理,也评出了一些较为典型的作品……但是,评选本身仍然存在很大问题和误区。最主要的还是评选未能从学理上展开更为深入的探究及追问,以至于在评选价值观、批评的独立性、评选者和作品的遴选以及判断作品优劣的标准方面均遭人诟病,值得深究。①

A. 有趣的事实　　B. 令人惊讶的信息
C. 有冲突的论点　D. 刺激人的问题

7. 正文

有些同学在写论文时可能会忽视引言和结语部分,但很少同学会忽视正文,这说明大家都知道正文是一篇论文中最显赫的部分。

正文是一篇论文的本论,是论文的主体,会占据论文绝大篇幅。你在研究中所获得的创造性成果将在这一部分得到充分体现。一般对正文的要求是论点清晰准确,论据牢靠翔实,结构层次分明,叙述脉络清晰。

从形式上看,正文常常会被分为几个大的段落,划分段落的基础是思维逻辑关系,所以段落也被称为"逻辑段"。每个逻辑段中可包含若干自然段。你需要为每一逻辑段落起一个适当的标题,可以是分标题(按序列等级以数字符号形式标出,在艺术类论文中较少出现),也可以是小标题(依据各段落主题内容而定),各具体段落划分方法要根据全文逻辑关系和篇幅长短而定。

> **正文**
> 是论文的主体,占据最大篇幅。正文以若干逻辑段的形式出现,每一逻辑段设有小标题。
> 正文写作要点:
> 1. 所有分析和论证要围绕中心论点,不能偏离主题。
> 2. 段落关系要合理,各逻辑段之间要有合乎逻辑的内在联系。
> 3. 每个逻辑段要集中表达一个意思,不能在同一段落里容纳不同的内容。
> 4. 可使用多种论证方法,如例证、引证、类比、因果法、反证法,等等。

完成段落就是完成正文写作,这个阶段出现的问题也常常与段落写作有关。例如:①层次不清晰,逻辑段缺乏小标题,或者小标题不够简短、明确。逻辑段或者自然段之间缺乏逻辑关联。②段落之间长短比例不合

---

① 闻松. 学理追问与批评独立——析"当代艺术金棕榈金酸莓奖"的实际意义[J]. 天津美术学院学报, 2011(4): 24–26.

适,如有的占几页纸,有的只有几句话。③段落序号混乱,没有按照通常的"一"、"(一)"、"1"、"(1)"的顺序使用。

从文字形式上看,段落太长容易沉闷乏味,短句子、短段落,多分段,常常能使文章显得干净利落,因此如果不是有特殊需要的话,我建议写作者尽量多使用短句子,多划分出一些短的段落。

7.1 段落聚焦

一个段落是一个思想中的分立单元,是对特殊的细节思想的扩大表述。每一个段落都应该有一个清楚的论点,这个论点必须是单一的。不能在一个段落中表达3个或4个想法。如果你发现你自己的叙述已经转向一个新的主题,就需要开始一个新的段落。在同一段落中讲述同一思想,是正文写作的原则之一。

当然有时候也可以从一个转折变化的角度开始新段落。当你从转折变化的角度展开论述时,一个新的维度就开始了。你的论述正像一面墙,沿着特定角度以直线方式奔跑,当到了墙角时,再接着创建第二个角度。

7.2 从主题句开始

什么是主题句?就是能体现中心思想的句子或短语。你要把这样的句子或短语,放在每一节正文中的第一段,它能够迅速显现该段落的主要内容,不但有利于读者的阅读,还能使你在随后的论述中不至于跑偏。下面的文字都是正文段落的主题句,你看到开头这几句话,是不是就能知道接下来作者要说什么?

(1)自画像从肖像画中分离出来,体现的是艺术家的自我意识。那么自画像的发展在很多程度上就是艺术家自我意识的发展。①(这一节的段落标题是"角色转变和自我意识提高的表现")

(2)冯小刚以平民视角的饱含温情的目光来描述世俗百姓的悲喜人生,而这些普通百姓大都具有谐趣的性格,与王朔笔下的"顽主"有本质的区别。②(这一节的段落标题是"世俗谐趣的市民百姓")

(3)在影片《鬼子来了》中,姜文没有设置同传统抗战题材电影里正面英雄角色,只有一个自始至终没露过脸的"我",而这个"我"也成了一个极其荒诞又不负责任的人物角色,他送来两个日本俘虏后,便撒手不管。从此,马大三和挂甲台的村民们莫名其妙地被卷入了一件荒诞无比

---

① 田笑蕾. 自画像中自我意识与创作的探索[D]. 哈尔滨: 哈尔滨师范大学,2011(5):16.
② 陈霞. 结构与表达:冯小刚电影论[D]. 杭州:浙江大学, 2010(5): 31.

的事件之中，也陷入了一个尴尬无比的道德困境之中。①（这一节的段落标题是"荒诞的求生本能"）

（4）在绘画写生中虽然面对的是客观的物象，但是最终是为了<u>表达画家的情感</u>。画家不同的情感诉求也就成就了不同类型的写生色彩。此时颜色就成了画家情感宣泄的手段。②（这一节的段落标题是"画家情感对写生颜色的左右"）

（5）<u>电影、城市与女性三者之间的微妙关系，在关锦鹏和彭小莲的电影中也可见引证</u>。虽然有着不同的生活背景，分别地处香港与上海，然而他们却不约而同地都将镜头对准了上海，对准女性。③（这一节的段落标题是"关锦鹏、彭小莲"上海三部曲"中的女性形象比较）

> **主题句**
> 指使用清楚简洁的语言对该段落主题和讨论目标进行陈述，通常位于论文正文部分每个段落的开端，即紧跟着段落标题出现的一句话或一段话，可看做对段落标题的细化和说明。随后文字可以通过讨论、解释、举例、引证等方式围绕主题句展开。一个段落中不允许有脱离该段落主题句范围的文字，如果有超出主题句范围的思想要表达，只能另外设定段落和主题句。

7.3 发展想法和充实段落

写论文与写概论类的教科书不同，教科书求"宽度"，要面面俱到，有时候难免夹杂一些废话；论文要有"深度"，抓住一个题目就要把它吃深吃透，甚至宁可有失全面，也不能有失深度。但初学写作的同学常常会在正文进行中随着段落的延伸，出现变换主题和丢失焦点的问题，这是因为他们不知道怎样发展原初的想法。下面两段例文就是在写作过程中变换主题和丢失焦点的例子（例文中的圈字符号代表不同主题，为笔者所加）。

例1：①美术网站、美术论坛、艺术家博客、电子美术杂志等网络美术形式在蓬勃发展。②网络媒体给予受众以自由表达的最大可能，意见表达者可不受现实社会诸多客观条件的限制，自由发表个人看法。③在网络中不管你是谁，你的批评文本不被大众认同就没有任何意义。在这个范围里，权威艺术批评机构和权威人士只能以平等姿态与普通大众同台竞技。④但来自大众的艺术批评常常缺乏学术基础，停留在即兴表态层

---

① 吕彦直. 论姜文导演电影的历史叙事[D]. 上海：上海戏剧学院，2010.（原文未标注页码）

② 李文晓. 自然而成——关于绘画写生中的视觉传达与表现 [D]. 长春：吉林艺术学院，2011：6.

③ 李若真. 影像上海——城市的双向书写——关锦鹏与彭小莲"上海三部曲"比较[D]. 上海：复旦大学，2011：10.

面,无法对艺术品进有效的研究和评判。这使得专业批评家的批评文本更加晦涩难解,据说这样能显示出批评者的学术深度。⑤传统纸质媒体在网络时代仍然扮演"权威"角色,所谓"艺术核心期刊"即是纸本学术权威的象征。⑥而互联网由于缺少必要监管也产生了艺术批评的泛滥化倾向。⑦同时,由于知识产权制度的不完备,借助网络的文献搜集还会造成学术侵权。这是我国艺术批评领域学术不端行为的一个重要诱因。

这段例文的论述主题几经辗转,由最初的"互联网美术批评"发展到最后对"知识产权制度"的指责,在不到400字的论述中,包含了7个论述主题。事实上,这些论述主题中的每一个,都可以发展出一个完整段落,如下:

①网络美术机构正在蓬勃发展。
②网络催生了民主化的大众艺术批评。
③在网络条件下权威艺术批评人士只能与大众平起平坐。
④大众艺术批评的局限性与专家艺术批评的故作姿态。
⑤纸媒体仍然保持权威地位。
⑥互联网缺乏必要监管产生了混乱现象。
⑦知识产权制度不完备是学术不端行为的一个外在诱因。

例2:①在中国的一些偏远地区,有着很多优秀的艺术家和艺术作品。但由于地域条件的阻隔,很多当地优秀艺术作品不能进入艺术市场比较活跃的一线城市。②美术策展人是现时代的艺术吹鼓手和召集人,也是沟通艺术市场与艺术家的桥梁。③偏远地区的美术策展人有自身优势——熟悉当地艺术生态,不足之处是缺乏与艺术市场的联系。④如果各地文化管理和展示机构能大力扶植年轻新锐的青年策展人,既有利于发展当地的美术事业,也是对现有策展体制的一种完善。⑤策展的基础是艺术批评,很多策展人都是艺术批评家出身,或者兼具批评家和策展人双重身份。⑥策展的另一个必要条件是美术馆和其他展示机构的支持,否则即便有好的展览项目也无法实施。⑦大量具有专业知识的青年策展人的出现,会为中国的美术策展队伍增添新生力量,这会促进中国当代艺术在更广大范围的发展和繁荣。

从偏远地区遭遇艺术流通障碍,到青年美术策展人才是发展中国当代艺术的意义,导致一个重要的论述焦点(如何在偏远地区发展美术策展事业)未能展开。在这不到400字的论述中,也包含了7个论述主题,如下:

①偏远地区的优秀艺术缺乏进入流通领域的条件。
②美术策展人的一般作用。
③偏远地域的策展人的局限性。
④扶植策展人对各地区美术发展的意义。
⑤策展人与艺术批评的关系。
⑥策展人与美术馆等艺术展示机构的关系。
⑦青年策展人是发展中国当代艺术的新生力量。

如果不是围绕焦点展开讨论,而是将所有想法变成一些平行的论点,就会分散读者注意力,这当然是不宜提倡的。你应该选择:或者将这些焦点设置为不同段落,并设法让每个段落有逻辑上的联系;或者去掉那些分散段落主题的论点,让一个段落只说一件事而不是同时说好几件事。

论文中的逻辑段是有一定长度的,一般短的要半页 A4 纸,长的会到一页纸,如何能扩大自己的想法以使段落填满?如果没有足够的话想说,怎么去写满这么长的段落?你不能使用负面例子中那种使焦点变宽变杂的方式,那只会带来主题错乱的效果。因此,我建议你尝试使用下面这些充填正文内容的技巧:

●**举例说明你的想法**。这是最常见的,因为越是独创性的论点,越需要有证据,实例是最好的证据。如"电影画面的时限性要求电影画面中的美学信息必须简练而明确。《末代皇帝》这部影片较好地把握了镜头画面的时限性。溥仪三岁登基的一组镜头,表现小溥仪走下宝座,一块硕大的黄绸漫卷飘逸直至将黄颜色铺满画面,又从黄色缝隙中展示大殿外的宏阔场面——以红、黄、黑三块整体色调展示了百官三呼万岁的仪仗场面。"①对镜头画面的描述为具体论点(电影画面的时限性要求美学信息必须简练)提供了真切的例证。

●**给出一个权威性的引文**。这个也很常见,因为引文既可以起到支持论点的作用,你也可以通过与引文对话的写作形式,使你的观点得到进一步表达。如:

马尔尚曾经说过:"在一片森林中,我有好多次都觉得不是我在注视着森林。有些天,我觉得是那些树木在注视着我,在对我说话……而我,我在那里倾听着……我认为,画家应该被宇宙所穿透,而不能指望穿透宇宙……我期待着从内部被淹没、被掩埋。我或许是为了涌现出来才画

---

① 间接引自:王亨里. 电影画面的运动型与绘画性[J]. 电影艺术, 1989(9): 26-31.

画的。"当这种交流达到十分深切的程度的时候,画家甚至会感到自己完全丧失了自我意识,变成了风景自我显现和表达的工具:"是风景在我身上思考,我是它的意识"(塞尚语)。这就是说,事物的影像并不是由画家主动构想出来的,而是事物自发地涌现出来的,因此梅洛-庞蒂认为画家的视觉具有一种"被动性的神秘"。①

● **以自我诘问的方式引出论点**。这种方法能够制造戏剧性的论辩效果,使行文生动活泼。如"一幅画有什么意义和功能?我试图分开来回答这个问题,这样可用上各种研究技巧。在历史艺术的研究中,这通常意味着形式和内容、风格和图像志之间的区分。"②这种自己提出问题又自己回答的写作方式,虽然看上去有点矫情,但行文上确实生动了很多。

● **提供更多的思想、研究背景**。为读者提供较为详尽的研究背景或论题语境,是阐述论点的必要前提,它有利于读者了解你的论文的意义和价值。段落中对背景的陈述可详可略,越是特殊性的题目,对背景的陈述越要详尽一些为好。如以下两例:

(1)纵观20世纪前半期的传统国画,从地域上看,最有影响的要数京派、海派、岭南派。京派在京津地区,大本营是金北楼、周肇祥开创的中国画学研究会及其派系,目标是发扬古代传统的高雅趣味;海派,即所谓后海派,在江浙沪地区,是以吴昌硕和王一亭为代表活跃一时的群体,以自居于雅俗之间而踌躇满志;岭南派,在岭南地区(省港澳),以高剑父、高奇峰兄弟为领袖,旨在摸索融入西洋画法的途径。尝试着类似实验的还有徐悲鸿、林风眠等在教育界活动的画家,他们的国画可能被视为异类。新中国成立之初,在艺术为政治服务的原则之下,传统国画被视为保守的画种难以担当重任而受到指责,同时,画家队伍重组,以推荐的方式分流,适应学院教学或写实能力强的画家大多进入专门的美术院系,有画才画名但缺乏学院教学经验或缺少写实训练的画家大多安排到画院。因此,20世纪后半期,国画界精英大致分属学院和画院两大系统,属前者的是教师型兼职画家,属后者的是画师型专职画家。国画创作大概可以看到两条线索:一条表现为与教学、研究互动,通过教学带动创作和研究,属于学院国画,以中央美院(包括华东分院)力量最强,学术上占有优势,掌握着话语权;另一条表现为与社会大众互动,通过创作带动社会教

---

① 苏宏斌. 身体何以能够绘画?——梅洛-庞蒂绘画美学述评[J]. 阅江学刊, 2011(5): 136-143.

② 罗桑德. 艺术史与批评:过去即现在[J]. 闻人行,译. 新美术, 1993(3): 68-72.

育和研究,属于画院国画,以北京(京津)、上海(江浙)、岭南(广东)画院最有影响。[①]

(2) 20世纪国内外学者对赵孟頫的研究已经取得了相当可观的成绩。这主要表现在以下几个方面:

1. 生平,特别是仕元问题。生平研究的主要依据是《元史·赵孟頫传》和杨载所写《赵公行状》,其他的尚有同时代人的笔记,随笔等。这一方面的资料较多,而且大都比较确定,得结论出入不大。倒是赵的仕元问题,研究者的态度和持论都有差别,或说他被迫无奈(李铸晋),或说他主动出仕(陈高华),或彻底否定其仕元,甚至因其人而废其艺。

2. 赵孟頫画风的师承关系。其画风的来源主要是六朝、唐、五代及北宋,其风格来源的考察也即揭示其"复古"的具体行经。

3. 对于"古意"的解释,主要有两个方面,一是将其看作时间概念,二是将其看作美学概念,"古意"就成了与"高古"、"古淡"、"古雅"等同类的范畴。也有将"古意"和传统等同起来,"作画贵有古意"也可理解为"作画贵有传统"。

4. 以书入画、书画结合是元代绘画(文人画)的一大特色,为笔墨真正独立铺平了道路。将书法的笔法、笔意用于绘画,加速了元代绘画的文人化进程,并拓宽、丰富了绘画的审美价值。

5. 关于赵孟頫在中国绘画史上的地位的总体评估,以往学者称他开了复古主义和形式主义的先河,使后来几百年绘画史都沿此路线发展下去,有其消极性。而且,赵氏本人的画作也"不过是延古画之余喘,毫无发明"。20世纪80年代以来,学者们逐渐改变了看法,肯定他对中国文化特别是书画艺术发展所产生的深远影响,更强调其积极性。

20世纪初到现在对赵孟頫的研究,大体表现在以上五个方面。[②]

以上(1)探究研究对象的历史源流;(2)讨论研究主题的已知文献成果。这两篇范文都是在开篇即提供背景材料,为下一步论题的展开准备了条件。

● **以提出相反观点的方式展开讨论**。这既是能吸引人的一种写作手法,也能借他人言论让自己的论文言之有物,内容丰厚。如徐建融教授的

[①] 潘耀昌. 学院与画院——新中国美术双楫[J]. 南京艺术学院学报(美术与设计版), 2005(1): 32-34.

[②] 杨振国. 赵孟頫研究的风格史意义[J]. 美苑, 2007(3): 72-76.

一篇文章的开端是:"'弘扬写意精神',是当前中国画界呼声甚高的一个口号。什么是'写意精神'呢?就是中国画必须是'写'出来的,画、绘、制出来的则不是中国画,至少不是中国画的最高境界。什么是'写'呢?就是'逸笔草草',用笔是粗放率意的,再加上'不求形似',形象不是写实逼真的。"①正是首先提出相反看法的写作手法(因为这里所说与该文主题所论"写意精神决不是"逸笔草草、不求形似"和"再好的写意形式也不可能具备写意精神"的论点恰好相反),这种借相反观点展开讨论的写作手法,最适合驳论式论文写作。

● **详尽叙述**:原因/结果,定义,比喻/对照,等等。同样是徐建融教授的一篇论文,②是讨论"艺术收藏品的价值增长点",开端提出"从根本上说,某某书画家的某一件作品乃至他的所有作品,有没有值得收藏的价值,或收藏价值的大还是小,是由功力的深厚与否所决定的;其次是由在这件作品上投入的工夫决定的;再次则是由这件作品所体认的观念所决定的。"接下来他就按照这三层递进关系具体剖析艺术收藏品的价值增长点,文中有对概念的定义,有对原因与结果的探讨,也使用了不少比喻对照手法。下面表格是我为梳理该文论点所制,大家可看到作者是从这几个方面对藏品价值展开叙述的:③

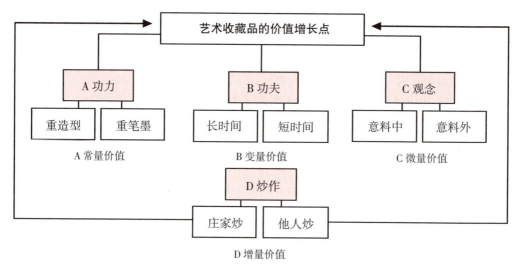

---

① 徐建融. 写意精神与写意形式[J]. 国画家, 2011(6): 5–7.
② 徐建融. 艺术收藏品的价值增长点[J]. 收藏家, 2010(1): 59–64.
③ 这个图表是根据徐建融教授的论文内容而制作的,如图表示意有误盖由笔者负责,与原作者无关。

7.4 划分段落的练习

下面三大段文字来自不同的论文(为节省篇幅,在无损文意的前提下对个别段落略有删节),其每段文字在原文中是由四个相互独立的、有合理的先后顺序的小段落构成的,现在我已将原段落的先后顺序打乱,并将这些打乱后的段落连排成一个段落。请你在你认为应该分段的地方用笔划出记号将其断开,并且用序号标出各段的先后顺序(参考答案见脚注①)。

(1)金属材料出现以后,冶金技术的发展对雕塑起了重要的作用。拿中国青铜工艺雕塑来说,商周时代的青铜铸造大体是预制好的分块陶质范模凑合成整体,然后浇铸而成。对比较复杂的造型和结构用这种办法则无能为力。到春秋后期,由于焊接技术的发明,青铜器的器身和附件可以分别铸造,然后用合金焊接,这样就解决了在青铜器局部施加立体雕饰的技术难题,使青铜工艺雕塑有了较大的发展。另外,这一时期还出现了镶嵌、错金银等技术的发明,在青铜器表面可以用金银与纯铜嵌成花纹,大大丰富了青铜器的表现力。人类最早雕塑只能运用自然材料,如黏土、木头、石块、骨头等,后来陶器的出现,意味着最早的人工材料的出现。陶器和陶制工艺是科学技术给雕塑带来的最早的福音。陶质材料对于丰富雕塑的数量和使泥塑得以长期保存起了十分重要的作用。然而,对雕塑影响更大的,还是随着人类探索自然、探索空间所带来的空间观念的不断变化,她对雕塑空间的影响更为直接和深远。事实证明,一个民族的空间几何、透视、比例等对空间认识、对这个民族雕塑空间的形式,都具有直接影响。到现代,随着科学技术的日新月异,新材料、新工艺的出现和使用,产生了许多新的雕塑形式,令人目不暇接。电脑、计算机、激光等也引入了雕塑领域,充分体现了人类物质文化创造对雕塑的影响。②

(2)传记学方法与心理学方法对于研究桂林抗战美术具有重要意义。传记学方法将能深入而完整地揭示他们群体或个体真实的生存环境与生存状态;而心理学方法则能触摸他们的情绪、心理与灵魂,接近他们真

---

① (1)1(金属材料出现后……);2(人类最早雕塑……);3(然而,对雕塑……);4(到现代……)。(2)1(传记学……);2(其次是……);3(风格学方法……);4(桂林抗战……)。(3)1(我认为……);2(而大多数画家……);3(所谓"天分"……);4(潘天寿先生曾说……)。这些是原文的分段情况,可作为参考答案。

② 孙振华. 雕塑与空间三题[J]. 雕塑, 2011(6):43–46.

正的生命与精神。其次是社会学的方法。社会学方法在某种意义和某种程度上,可以归入马克思主义的历史方法,至少二者是兼容的,它们皆源出于黑格尔的理论。社会学方法可说是对马克思主义的历史方法的具体化。所谓种族、环境、时代,这三者显然不是外在于历史方法,而是内属于历史方法的。历史方法关注时代的经济、政治、军事、文化等各方面,这些也并不外在于社会学方法。风格学方法是治美术史的基本方法之一。它首先是一种专注于美术本体的方法,通过对美术作品的视觉形象尤其是形式语言的系统考察,阐明作品所具有的独特的形式特征(即风格),以及不同特征的变化过程,也就是风格的递嬗。它建立在两个基础之上:一是对于抗战美术视觉形态的深刻系统的考察,以及在此前后的有关艺术史图像;二是对于相关的人文学科的,如文学、哲学等,有较深入的研究。桂林抗战美术研究的方法,首先应该遵循和运用马克思主义的美学——历史方法。一方面,研究艺术作品,必须关注其审美属性艺术性;另一方面,必须了解艺术作品所产生的特定的历史条件,它在整个艺术史之链中的环节性,只有这样,我们才能给予艺术作品公正、客观、历史的、艺术性的定位与评价。①

(3)我认为,马克思关于"社会必要劳动时间"的论述,是商品经济中判定产品之价值和价格的颠扑不破的真理。但这个"社会必要劳动时间",并非指单件作品的完成时间,如吴昌硕的一件四尺整幅,只需三个小时即可完成,而徐操的一件四尺整幅,却需要十天、每天六小时才能完成,从而推出吴的作品价位应低,而徐的作品价位应高的结论;而是指该画家的成就之达成所投下的时间。它包括天分、功力、才情三项。天分是先天的,但功力、才情则是后天的。不同的天分,说明先天的"必要劳动时间"不一样;同样的天分,或功力大于才情,或才情大于功力,或功力、才情均逊,则说明其后天所投入的"社会必要劳动时间"不一样,则其成就的大小不一样,其作品的价值和价位也不一样。而大多数画家,一类只有二分天分,有八分功力,而无才情,即所谓近于"工匠"者;一类也只有二分天分,有三分功力,亦无才情,则成就都不会太高。而在市场上,前者的作品尚有一定的价位,后者则几乎全无价位。所谓"天分"自不待言;所谓"功力"则指"画之本法",作画以"存形"为本法的"规矩法则";所谓"才情"则指"画外功夫",尤重诗、书、画、印的"三绝"、"四全"。"天资并齐于

---

① 李普文. 桂林抗战美术研究:范围、意义、现状、途径与方法[J]. 艺术探索, 2008(4): 14-19.

功力"或"天资强于功力",这个"天资"不仅指天分,更指"画外功夫"的修养。所以,我们以十分为上限,一分为下限,而以五分为分界,能有五分以上者为有天分、功力、才情,五分以下者为乏天分、功力、才情。则十分天分、十分功力、十分才情几乎是没有的,而张大千,有十分的天分,又有十分的功力,还有五分的才情;齐白石,有十分的天分,只有五分的功力,却有十分的才情;所以他们的成就均非常高,作品在市场上的价位也就高。潘天寿先生曾说,画有"以平取胜"者,则"功力并齐于天资",而注重于"规矩法则";又有"以奇取胜"者,则"天资强于功力",而"忽于规矩法则"。大体上,"以平取胜"的多为画家画,而"画以画传"乃至"人以画传"。从古代的晋唐莫高窟壁画、两宋图画院众工之作以及范宽、张择端、王希孟、仇英之作,到今天徐悲鸿、谢稚柳、徐操、颜伯龙等皆属此例。而"以奇取胜"的多为文人写意画,从古代的徐渭、八大、石涛、吴昌硕,到今天的齐白石、潘天寿、李苦禅、娄师白等皆属此例。①

7.5 论据的支撑

通常段落开端是体现段落中心思想的主题句,但你不能让整个逻辑段中充满"主题思想",你还要为你的思想提供支持的证据,就像一个火车头要挂上数十节车厢一样,你需要在主题句后提供各种各样的具体证据(如原因、案例、引文、评价等)。

从文字比例上看,一篇论文中应该证据多,论点少。如果有三分论点,最好能拿出七分证据,而不要反过来,那样就成"空对空"导弹了。在多数情况下你应该不遗余力地提供较多证据去支持你的论点,论文写作的一个原则:是论点要精炼,而论据不妨繁琐。对每一个有待证明的论点,你最好能提供三个或三个以上相互独立的支撑论据。如下面几例:

(1)早期地铁设计者非常重视站台建筑的外观,这是因为地铁建筑成本很高,但大众交通工具的性质又使得地铁票价不能定得太高,这样才能通过大运载量来维持运营和回收成本。地铁站建筑外观是吸引地面旅客走入地下的重要因素,有象征性和鲜明艺术风格的地面入口,是欧洲早期地铁站的常见现象。维也纳地铁站的"青年艺术风格",巴黎地铁站的"新艺术风格",纽约总工程师威廉·帕森斯在纽约地铁站建设中提倡的"美丽城市"风格,都是这一时期的地铁建筑的代表。②

---

① 徐建融. 在世书画家作品的投资[J]. 收藏家, 2012(1): 79–83.
② 阿义. 流动中的栖息——地铁公共艺术巡礼[J]. 公共艺术, 2009(3).

(2)全面的审美化进程不仅产生了审美经济,而且产生了审美政治。事实上,审美政治可以追溯到启蒙思想家席勒那里。<u>在席勒看来,理想的国家应该克服感性冲动和理性冲动各自的缺陷,让它们进入审美游戏的状态,因此理想的政治就是审美化的政治</u>。在20世纪的现代主义艺术和前卫艺术那里,政治成为艺术家关注的重要内容。比如,<u>本雅明尤其重视机械复制艺术所具有的政治效力</u>……事实上,无论是席勒还是本雅明,都将审美视为达到外在目的(无论是道德的还是邪恶的)的手段,因而都不是彻底的审美政治。今天的审美政治学强调的是,在政治与艺术和审美之间存在高度的一致性……<u>在安克斯密特看来,政治与美学之间之所以存在密切关系,原因在于现代代议制政治中的代表与被代表者之间的关系与艺术中的再现与被再现者之间的关系类似</u>。①

(3)复制在艺术发展中有三种基本功能:<u>一是学习艺术的学生为了学习前人的艺术风格与技术,在实践中进行复制临摹,也有著名的艺术家为了探索新的艺术风格,对其他优秀艺术家的作品进行创造性的复制临摹</u>;二是<u>艺术大师们为了传播他们的作品而从事复制</u>;第三种功能则<u>是从事艺术商业的人为了赢利而进行艺术作品的复制</u>。就艺术品复制的规模来看,第三种复制规模最大,对社会文化生活的影响也最大……就创新程度来说,第一种复制行为创新程度最大,特别是艺术家的创造性临摹;而第三种复制行为基本上没有创新,但是这不重要,因为艺术品复制的主要功能不是创新而是传播。在现代社会,艺术作品的复制还有一种重要的社会功能,即它改变了艺术作品对于公众的神秘性,使艺术作品通过市场广泛地被公众接触,使文化的发展具有广泛的群众基础,其意义远远超出艺术领域。②

有下划线的文字是支撑"论点"的"证据"。(1)为了说明"早期地铁设计者非常重视站台建筑的外观",提供了三个具体的证据,即维也纳、巴黎和纽约的地铁设计风格。(2)的论点是"审美政治",这是一个概念,为说明这个概念的确切内容,作者提供了与之相关的不同学者的说法,这些说法也是确认这个概念存在的证据。(3)是先列举证据(三种艺术复制方式),后提出论点——艺术复制的某种社会功能。

如果你留意一下,会发现上面对证据的提供是以有条理的方式展开

---

① 彭锋. 在争论中发展的当代美学[J]. 哲学动态,2009(4): 83-89.
② 殷双喜. 复制性艺术与深圳文化产业——关于大芬油画村的一些思考 [J]. 中国美术, 2011(2): 9-11.

的,有的是平行排列,有的是依次延伸,使论文形式产生由一个想法到另一个想法的平滑过渡(smooth transitions)。有价值的思想内涵,系统化的、清晰且有条理的论据,再加上有效的段落标题和主题句,共同组成了支撑起论文全部段落的有机体。

8. 结语

现在就只剩下结语了,不过你还不能轻松,甚至应该更加紧张起来。这是因为,很多读者在阅读一篇学院派艺术论文中的正文部分(几千字到几万字)时,都会被其长度和复杂性搞得头大,如果不是为了评审或有专门兴趣,很少有人能耐着性子从头到尾一字不落的读完全文。所以,一般阅读论文的成规是"红烧头尾"——从阅读"引言"和"结语"部分开始。民间也有"编筐编篓、全在收口"的俗语,可见凡事结尾都很重要,这意味着即便到了撰写结语阶段,你也要打起十分精神,不能有一点含糊的。

> **结语**
> 是在正文中的分析论证基础上,通过严密的逻辑推理而得出的富有启发性和规律性的结果或讨论。其内容要点如下:
> (1) 研究结果说明了什么问题?得出了什么规律?解决了什么理论或实际问题?
> (2) 对前人或他人的相关研究做了什么修正、补充、发展、证实或否定。
> (3) 本研究的不足之处或遗留问题,下一步研究的打算和可能性。

8.1 如何写结语

正如引言是为引起读者注意,结语也是为让读者能更好地思考由论文引发出的问题。有些作者喜欢在结语中重述主要论点,还有的喜欢在结语里展望未来。一个好的结语不但能体现你的研究结果,还能成为一篇论文中最值得记忆的文字。

学院式论文往往很长,读者也只能记住那些让他们最容易记住的——通常说只能是结语,由此可知结语是论文中的精华部分。每个写作者都希望使结语成为定论,就算你写不到引人入胜,至少也要合乎规范。本页文字框中的内容是对结语的一般要求。在这些要求中,(1)是任何论文都必须要有的,(2)和(3)可视论文具体内容而定。而如果你的论文不能导出结论,也可以没有结论只有讨论。

撰写结语应注意这样几项:①概括准确,措辞严谨。②明确具体,简短精练。③不做自我评价。最后这条是为杜绝那种或谦虚客套或妄自尊大的结语写作恶习。常见有论文结尾说"以上只是笔者的粗浅认识,不足之处请读者批评指正。"还有的结尾会说"本文研究填补了×××领域的空白"，这些都是不妥的说法。论文写作目的是创造知识和整理知识，其一切结论都以客观性为标准，对客观事物是不必自我评价的。

结语必须与论文题目和全部正文相关联，结语是根据前面已经完成的文字自然生成的，不能画蛇添足和节外生枝。比如你在正文说冯小刚导演艺术炉火纯青，就不能在结语里又说徐帆表演出类拔萃。如果你在正文中提出一些悬而未决的问题，在结语中对这些问题作出解答就是恰到好处的。你也可呼吁读者就一个问题行动起来，解决一个难题或者改变一个信念。

在结语中你要把正文中以繁琐形式论证出来的结果，以简单凝练和有条理的方式重新加以表述。这里说的"重新"，是指要从一个更高的角度加以叙述，而不是将原来说过的话掐头去尾再说一遍。要求"简单有条理"是为读者考虑，读者希望能直接看到你的研究结果，而不希望再次看到你的繁琐论证。这就像当年中央红军走过雪山草地之后，最想看到的是陕北黄土高坡，如果你这时候又让他们走一个雪山草地，他们还会愿意吗？所以，结语不同于正文，不能在结语里重复使用正文中的繁琐论证方法。

有两个方法区别结语与正文的方法：一是"跳出法"，就是在写结语时跳出正文语境，从一个更高的角度来审视前面的研究（如正文是断代美术史研究，结语就取美术通史角度）。另一个是"命名法"，就是用简短、凝练和形象的语言来概括前边的研究结果（如正文中分析齐白石的花鸟画法，结语就命名其为"红花墨叶"法）。请看下面两例：

（1）费穆的《小城之春》在中国早期电影中寻找并确立了电影美学的中国艺术和美学精神，我以为，其对中国电影美学思想的贡献主要来自两个方面。一为电影民族风格的探索和追求；二为现代思想、现代观念和现代技巧的体现。在他看来，中国电影唯有能表现自己的民族风格才能确立其在世界电影的位置。中国电影的现代化不仅仅是使用现代工具，而是一种创作思想和观念的现代化。为了这样的理想，费穆始终如一地对电影艺术如何实践并体现中国传统美学和艺术精神进行着自觉的探索。①

（2）简言之，费穆在《生死恨》中旨在探索中国电影的虚实叙述形式，走出过分"注重了内容，忽略了形式"的中国早期电影窠臼，具体而言，则

---

① 顾春芳. 意犹未尽话小城——再论《小城之春》的中国美学精神[J]. 当代电影, 2011 (12): 91-95.

有"屏风式蒙太奇"、"回形针式蒙太奇"、"遮掩交叠"式视听叙述与色彩叙述、主体关系线、三角关系等一系列实验性美学形式,由而建构"破"与"立"交叠的主观化电影时空,其中既处处弥漫视听和色彩的情绪化"空气",引导"观众与剧中人的环境同化";又以点睛之笔引向意义化"空气",即李健文所称超越叙事时空后,藉由主体氛围情感感召观众二次体验虚实相济的"空气",进而引向美学形式之中国认同,乃至引向让·米特里推崇的影像最高层次——中国影像形式的诗意反思层次。[①]

这两段结语都是来自研究费穆影片的论文。(1)采用"跳出法",该论文的正文部分是对费穆影片美学贡献的具体分析,包括从形式到内容的创新性和开拓性,以及对中国传统美学观念的自觉探索和影像呈现,等等。但在结语中就不再使用那种具体的分析框架,而是站在中国电影发展史的高度加以评述。(2)采用"命名法",该论文的正文部分是对费穆影片中美学形式手法的分析,结语则以术语方式(如"屏风式蒙太奇"、"回形针式蒙太奇"等)命名这些分析结果,这样做的好处是使研究结果精练清晰,便于读者记忆和学术传播。

8.2 给读者留下印象

按部就班、中规中矩的写作可以确保你的论文通过评审,但这种学生只为通过而写论文的想法和做法,与教师为了完成什么项目而写论文的想法和做法一样,其实很不可取。看看每年各艺术院校生产出那么多千篇一律、平庸乏味的论文,就知道取法其中的结果只能是得乎其下了。你如果是一个对学术本身有兴趣而并非仅仅为混文凭的人,就应该不满足于论文仅仅被通过,而是要通过论文展示你的才能,让你的论文能吸引和打动他人。这就要求你必须为论文打造一个优美的结尾,以取得余音绕梁、三日不绝的效果。但怎样写才能打动读者呢?如何能使阅读论文的人留下深刻印象呢?下面有6种方法可供你选用。

● **提供意犹未尽或发人深省的潜台词**

视觉文化传播所生成的审美化不但丧失了救赎功能,更成为一种遮蔽本真现实的媒介,成为对主体实施控制的规训机器。视觉文化传播时代的审美化生存尽管看起来很美,却无法逃脱某种'死灰感'。[②](短短几

[①] 吴迎君. 费穆之《生死恨》的"影戏美学"——中国第一部彩色电影的美学形式解读[J]. 北京电影学院学报, 2009(2): 84–88.

[②] 梅琼林. 视觉文化传播时代的审美化生存[J]. 文艺研究, 2008(6): 13–20.

行文字直指论题,意在点出视觉文化的"死穴",让读者印象深刻。)

● 适当使用形象化的语言

12月15日,将是中国电影的又一次午夜狂欢。距离南京大屠杀很远,而距离圣诞节和票房利润很近。在15日午夜,钟声将敲响十三点。这是一种充满反讽意味的报时,它要越过十三个女人的故事,向我们说出十三种痛苦和抗议。在十三点时分观看'十三钗',的确是一种奇怪的体验:一边是斯皮尔伯格《辛德勒名单》和犹太人的哀歌,一边是张艺谋《金陵十三钗》和中国人的视觉欢宴,它们构成了如此鲜明的对比。令我们感到汗颜。我们将抱着自己的良知无眠,犹如抱着一堆荒诞的现实。"①(虽然这段话不是来自学院式论文的结语,但这种有鲜明形象感的表述方式确实能使人过目不忘。尽管学术论文以科学语言为主要表达方式,但艺术论文的研究对象多为形色鲜明之物,所以也可以使用与研究对象更为贴近的形象化语言来表达看法。)

也许还可以再简单一点说,甲和乙中间有一张会议桌,两人相对而坐,中间的桌子是他们的分界线,桌子划分两人不同的领域;桌子又使他们能坐下来把一些共同关心的问题放在桌上讨论,从某种意义而言,桌子成了联系两人的中介。②(原文是讨论阿伦特和哈贝马斯的公共领域理论,在结尾时作者使用了非常大气的形象化写作手法,以简单形象比喻深奥道理,体现了在学术研究中能化复杂为简单的研究实力。)

● 从新的宏观角度重述论点

对于表现与被表现的相互关系,是有超出佛教学的范围加以充实理解的必要的。我们不能束缚于作为被表现结果的图像,将它看作唯一无二的东西。相反,如果对此一味执著,就会堕入浮浅的'博物学'的层次,我认为有必要经常把思想与其表现的紧张关系放在心头。③(原文是通过具体案例讲解佛教图像,结尾时讲到此项研究的局限性和应该注意的问题,代表了更宏观的角度。但最后一句话似乎不是很好懂,不知是不是译文难免的困惑。)

● 在结尾中设置一个有趣的思想转折

大巧若拙哲学,破机心、技巧、机锋,强调回复生命的本然拙态,认为

---

① 朱大可. 十三钗的情色爱国主义[J]. 流行歌曲, 2011(12): 44–45.
② 周威锋. 公共领域的概念:从阿伦特到哈贝马斯[J]. 浙江学刊, 2002(3): 220–222.
③ 赖富本宏. 佛教图像学的成果和问题点 [J]. 杨曾文, 译. 世界宗教研究, 2000(2): 111–122.

拙才是颐养生命之方，突出显现了中国哲学对人类"文明"反思的智慧。此一思想培养了中国人独特的艺术精神和审美趣味。但这一理论也有其局限性。重拙道、轻知识的思想，已经在中国文化历史发展中造成其负面影响，知识和智慧，并非完全对立，转知为智，当为正途；对技术主义的排除，在一定程度上助长了艺术创造中藏拙欺人的风气；一味提倡守拙的境界，弱化了生命的张扬和外在的进取。①（该文以很大篇幅讨论了中国美学中大巧若拙的命题，对于传统美学思想给予很高评价。但作者在细数该种文化观念的种种魅力之后，至结尾处忽然笔锋一转，指出该种文化观念也有很大不足，体现出并非盲目恋旧而是不失理性态度的研究立场。）

● **一个引人注目的范例或引文**

相比于华人学者对董其昌的"历史批评"，美国学者高居翰的评论是较为公允而更有见地的。他说："董其昌也大同小异地指出，将绘画分为南北两宗，乃是一种关系的类比，不过，他的用意更深一些：按照他的分法，当所谓北宗的画家以类似禅宗"渐悟"的方式，逐渐累积到成熟的技巧时，南宗画家则无须经历如此艰辛的学习过程；拜个人教养与美感所赐，他们本身就具有一种直觉理解的能力，而相应体现在画作上的，则是种种非刻意经营、发乎自然的风格……②（该文以梳理、阐释的方法讨论"南北宗"问题，认为该理论表达了中国文人对于山水画的生命精神寄托。作者引用著名学者高居翰的论述代为结语，是因为这段话正能体现该文主题。）

从这个意义上说，感官文化批评正是在与意识形态批评的深层连续性的基础上开创出独特的"破格和断裂"，这也正如尼克·布朗所说："电影理论是一种多重、分层、参差和非连续的历史。"③（以他人研究的结论作为结尾，虽然有信心不足的感觉，但如果引用得当，还是能收到印象深刻的效果。因为在很多时候，他人的精彩论点和词语，不是我们也能想到的。）

---

① 朱良志. 关于大巧若拙美学观的若干思考 [J]. 北京大学学报（哲学社会科学版），2006(3): 33–41.
② 肖鹰. "画分南北"与山水画的隐逸精神[J]. 中国政法大学学报, 2012(2): 112–120.
③ 薛峰. 电影研究方法：感官文化批评与语意识形态批评之比较[J]. 当代电影, 2008(8): 80–84.

9. 格式

格式,是对论文的文字形式要求,通常是指相关信息、版式、字体、字号等。格式与内容有一定关系,更与论文的直观形式有关。一般说,各艺术院校对论文格式的要求是大同小异,总体上看都差不多的。对要公开发表的论文来说,格式往往是通过审稿的第一关。

也许,撰写毕业论文的你可能暂时还来不及关心投稿问题,但只要你努力学习,总有一天你的论文会登上国内外的学术期刊的。列举下面这个投稿要求是想说明格式是强制性的,即便你是大学教授,也必须遵守媒体对论文格式的要求,否则你的论文就不会被刊发。虽然艺术类院校对论文格式的要求可能不像综合性大学那么严格,但遵守学术制度是学者的美德,所以你不要因为研究艺术就把论文也"艺术化"了。写论文的同学必须遵守学校要求的论文格式,忽视学术规则的结果只能对自己不利。下面文字框中是上海大学学报的投稿指南中对格式的要求:

上海大学学报对论文的格式要求:

字数在 15 000 字左右。投稿请用 word 排版,登陆 www.jsus.shu.edu.cn,在"作者投稿系统"发送电子文档。根据《中国学术期刊(光盘版)检索与评价数据规范》要求,敬请作者注意:

一、作者简介顺序:姓名(出生年 –),性别,籍贯。职称,学位,主要研究方向。

二、摘要:100–300 字,应具有独立性和自含性,强调创新点,直接提出主要观点,概括主要内容,不加评论和补充解释。

三、关键词:3–8 个,名词性术语以及文章题名中的人名、地名,用分号分隔。

四、正文各级标题层次为:一、(一)、1.、(1)……

五、凡引文出处一律列入文末"参考文献",编排格式如下:

(一)著作:[序号]作者.书名[M].出版地:出版者,出版年:起止页码(当整体引用时不注).

(二)期刊:[序号]作者.篇名[J].刊名,年,卷(期):起止页码.

(三)报纸:[序号]作者.篇名[N].报纸名,出版日期(版次).

(四)文中引文序号与文末"参考文献"序号相对应,用上标方括号 [ ]。

(五)同一文献被多次引用时,在文后参考文献表中只出现一次,其中不注页码;在正文中标注首次引用的文献序号,并在序号的角标外著录引文页码。例:[1]36.

10. 注释和参考文献[①]

当你对一些不便在内文中解释的名词术语做补充说明时,你必须通过脚注或尾注的方法进行,这被称为"注释";当你在自己的论文中使用其他作者的观点、数据或其他材料的时候,你需要在论文最后几页标出所用参考资料的清单,这被称为"参考文献"或"参考书目"。

> **文献**
> 是记录知识或情报的一切载体,包括:图书(如图册、著作、译作、年鉴、手册、百科全书、字典、辞书等)、报纸、期刊、论文集、学位论文、专刊、技术标准、古籍、档案、乐谱、盲文、录音录相制品等。文献还分为一次文献(原始文献)、二次文献(对一次文献进行加工整理后形成的,如书目、题录、简介、文摘等)、三次文献(在一、二次文献的基础上,经过综合分析而编写出来的文献)。

10.1 注释和参考文献的用法

注释是作者对其引述的知识或情报的附加解释文字,参考文献是作者对引述他人著述的来源的交代。注释一般可用脚注和尾注两种方法呈现,脚注就是把注释文字写在页面底端(本书注释即为"脚注"),尾注是把注释文字写在文章末尾。[②] 著录参考文献应采取统一的书写符号、标注方法和书写次序。注释与参考文献在形式上的一个明显区别,是参考文献一般集中列表于文末,其序号用方括号标注;注释一般排印在该页地脚,其序号用数字加圆圈标注。但这个要求也不是绝对的,不同的研究内容或不同的学院,可能对格式有不同的要求。但无论何种格式,只要在论文中引述他人著述,就离不开对下面三组信息的交代:

作者	引用多名作者(3人以上)的同一文献时,可只标注第一作者,姓名后加"等"。
题名	书名、论文名等。
出版	出版者、出版地、出版日期、卷、期、页(起止页码)。

参考文献的作用有三:①提供研究背景,表明本论文的研究起点。②标示该论文与其他论文的区别,免除抄袭、剽窃他人成果的嫌疑。③尊重他人劳动,为读者了解他人的相关研究提供线索。有经验的审稿人,可以通过参考文献判断论文水平,对于学位论文来说就更是如此。一般说,对

[①] 姚远. 科技论文参考文献的著录体系及其规范 [J]. 曲阜师范大学学报,1989(1):104–108.

[②] 还有一种注释形式是"段中注",就是把注释文字写作正文的段落中,现在已很少用。

硕士学位论文的要求，是消化100篇左右的参考文献；而对博士论文，则要求消化150篇左右的参考文献。当然，这与研究对象和研究方法有很大关系，如果你研究的是城市社区中的公共艺术，很可能找不到这么多参考文献，也就只能找到多少算多少了。此外，在论文中著录参考文献要注意下列几个问题：

(1) 只著录为数不多的、最新近的和最重要的文献；
(2) 只著录自己阅读过和直接引用的文献；
(3) 不要著录众所周知的陈旧文献。
(4) 只著录公开发表的文献。

> **引文**
> 一是指引用资料，即在论文中引用其他人的研究成果（事实、数据、论点等）；二是指参考文献，即为撰写论文而引用或参考的著述资料。参考文献通常附在论文全文或各章节之后，有时也以注释（附注或脚注）形式出现在正文中。

上述要点中的(1)和(4)较容易出错。(1)是因为有些作者以为参考文献越多，越能显示论文水平，会不分新旧、主次、看过和没看过的，统统列于文后，这是很不可取的，因为那样反而容易暴露你文献准备不足的缺陷。而(4)中所谓"公开发表"是指在公开发行的书籍或报刊上刊发，那些标注"内部使用"或"内部参考"的资料则不宜著录。此外，通常在各种学术会议上交流的论文也不宜著录。这是因为会议论文固然也是一种发表形式，但交流范围过小，没参加会议的人很难查阅得到，因此这样的论文不宜作为艺术研究的资料使用。如果会议结束后或召开前，正式出版了会议论文集，而该篇论文又在论文集中，那就当然可以著录入文了。

10.2 如何正确使用注释？

下面五条基本原则将帮助你正确使用注释：

(1) 确保所引用著述无一遗漏

如果你引用10个作者的论点在你的论文中，就要保证这10个作者和他们的著述信息全部出现在你的参考文献中，你不该漏掉他们中的任何一个。

(2) 只引用那些让人过目不忘的短语和句子

只有那些与众不同的材料才值得引用。如果你引用的他人论点不能给人印象深刻，就会在你的论文中产生平凡的和枯燥无味的效果，所以你务必要引用那些能为你的论文增添光彩的内容，引用要有限制，并且尽量保持简短。

(3) 不要过多引用同一本书

如果你有4或5条引文来自同一本书，你的读者就会想到去读那个作者的书了。单一来源的引文会削弱你的声音，影响论文的独立性，所以不要将征引局限于一两本书或一两个作者。引证取材范围要宽阔，要让引证材料证明你阅读了很好的著作，你的思想来源于很多方面。

（4）避免直接空投引文

在不了解引文背景的情况下，一般读者很难真正理解引文的含义，所以你必须在某种成熟条件下才能使用这些引文。比如你可从简单的引导词开始，你会说"在另外的说法中……"或者"他的研究是与众不同的……"请记住你使用的引文来自你读过的文章，而对读者来说，却只见到这篇文章的一个局部，他们无法像你那样了解全部内容，他们在理解被你截取的只言片语时会遇到更多的困难。假设引用这段话只是用来支持你自己的论点，而不是为呈现原文作者的思想，你就更需要对引文进行必要的解释或重述，以使他人思想不至于被歪曲使用。

（5）引导语的使用

引导语(signal phrase)是指引文前边用来指示作者的句子(如"冯小刚说"，或者"根据冯小刚的……")，它可将你的语言与成为你的论文一部分的其他人的语言连接在一起。如果引导语中已说明作者是谁，就不要在后边的注释中再次出现作者名字，一般引文中的作者名字出现一次也就够了。一般不需要把文章标题放在引导语里，除非你格外想让该文章引人注意；有文章标题的引导语通常会使句子变得很长，不利于体现最重要的信息。下面是以不同方式使用引导语的例文：

- **啰嗦的**：易中天先生在《厦门大学学报》2001年第4期的《论艺术标准》中指出："情感总是主观的。任何情感都是个体独特的心理体验。要想使主观的情感得到普遍的传达，就必须通过一个中介物的作用。艺术品就是这样一个中介物。"
- **较利落的**：易中天先生在《论艺术标准》一文中指出："情感总是主观的。任何情感都是个体独特的心理体验。要想使主观的情感得到普遍的传达，就必须通过一个中介物的作用。艺术品就是这样一个中介物。"
- **最利落的**：易中天先生曾指出艺术是传递个体情感的中介物。（所有出处放在注释中）

10.3 两种引用方式

有两种办法可以使引文与你的论文结成一体：①直接引用；②间接引用。建议你较多使用间接引文，而只有在原文内容很有趣或能引人注

> **直接引文**
>
> 就是直接照抄原文，通常有两种方式：一个是将抄录的原文用引号标注在段落中；一个是在排版上用其他字体表示并另起一行单独排列成段落。直接引文也被称为"迻录"。
>
> **间接引文**
>
> 是指论文作者用自己的语言表述他人文章中的内容，其语句与原文有区别（通常会更简短），不需要用引号。直接引文和间接引文都需要标明原始文献的出处。
>
> **转引文**
>
> 是指引用了A作者著述中所引用的B的观点，转引文必须同时包括A和B两个作者，其表述方式一般为：B（1989）曾认为……（转引自A 1995）。

意时，你才有必要直接引用它们。这是因为间接引文中包含你对他者思想的解释，这种解释是你工作成果的一部分，这也提醒你在制作间接引文时要格外小心，不要因为自己语言表述问题而歪曲了原作者的意思。

A. 直接引用

直接引文中的句子是从其他作者那里照搬过来的，你必须把一个引导语放在引文的前头，这可以让读者知道你引用资料的来源。如下例：

● 知名学者易中天认为："独立的、纯粹的艺术作为一个历史阶段，确实终将消亡。当脑力劳动和体力劳动的对立消除，人们不再奴隶般地服从社会分工，劳动也不再仅仅是谋生的手段，而是人的第一需要，也就是说，当生产劳动变成了社会生活的同义语时，起源于生产劳动的艺术将重归生产劳动。"[①]（注意："知名学者"的修饰词是不能随便用的，但用在这里是恰当的，因为"易中天"确实是此时代的著名学者。）

B. 间接引用

与一字不差的直接引用相比，间接引用容易让引文的语言风格与你的论文契合。你要在尊重原文意思的前提下小心地重新组织语言，而无论你怎么组织，都要保留原文中的"识别性"措辞。如果你不使用这样的措辞，就可能把原文的意思弄丢了。下面两段话都是间接引语：

● 易中天认为"独立的、纯粹的艺术"作为一个历史阶段终将消亡，当社会发展到更高历史阶段后，起源于生产劳动的艺术将重归生产劳动。（这个间接引用是如何保留原来的"识别性"措辞的？以间接的方式重述他人论点有什么好处？）

● "独立的、纯粹的艺术"作为一个历史阶段终将消亡，起源于生产劳动的艺术将重归生产劳动（易中天，1995）。（这里没有引导语，所以要将原文作者的名字和原文发表时间放在引文后，这也是一种注释方法。）

---

① 易中天. 从"前艺术"到"后艺术"[J]. 厦门大学学报（哲学社会科学版），2003(4): 42–48.

10.4 剽窃的问题

俗话说"天下文章一大抄"是有些道理的，因为"引用"就是抄，只是抄完了要告诉读者是从哪抄来的，这就符合学术规则，是合法行为。如果任何"抄"都没有，反而写不了论文，至少是写不出符合规范的论文。但如果你抄完了却不告诉别人是从哪抄的，就成了剽窃——不能被容忍的学术过失。剽窃，抄袭，都是严重的错误，会使你的研究丧失一切价值。

简单说，剽窃意味着一个学生试图将他人劳动成果窃为己有。如果一篇论文在篇末列举了很多参考文献，但文中却没有任何具体引用，也没有交代具体的引文出处，就可以看成是一种精心隐瞒的剽窃。我还记得数年前，一位某美术美院的教授给我所在的杂志投来一篇稿件，内容是介绍纳粹第三帝国的艺术，我知道这位教授并非来自德国，即便来自德国也绝对没有在希特勒手下工作过，但他的论文里没有交代其所用资料的来源，我们要求他提供资料来源，也没有得到他的积极回应，因此这篇论文也就照例不能刊发了。另有一次是有作者写了一篇批评博伊斯的文章，但他只提供一条参考文献——博伊斯传（中文），仅凭这一本书就可以写批判那样重要的西方艺术家的文章吗？即便可以写，又如何保证不是一种公然的剽窃呢？（因为你的所有研究资源都来自那本书的作者）

做编辑的经历使我接触过很多从事艺术研究的人，知道艺术界中有个别作者对学术规则和操守不够重视；做教师的经历使我接触过很多艺术类同学，知道有个别学习艺术的同学对学术规则和操守也不够重视（前不久我还在一次毕业论文答辩会上，看到有同学仅根据一两篇外文资料就研究了西方国家的艺术赞助机制问题）。所以如果你想写一篇真正的论文，就不能有任何抄袭和剽窃，这是你从事研究工作的底线。无论在什么情况下，你都不能越过这条底线。而做到这一点又是非常简单的——只需要你在使用引文和其他来自他人的劳动成果时详细交代出处。这不但能够为你的论文增添学术上的可靠性，也能证明你在学术研究过程中保持了自己的清白。这当然是一点也不能含糊的！

10.5 练习

按照要求将下列段落的内容改编成引文形式。由于对同一段文字可以改编成多种形式的引文，因此这个练习没有标准答案，下页脚注中的

内容充其量可算上参考答案之一：①

（1）将下面这段话用于直接引文：技术美学的研究可以抓两方面的工作：一是翻译介绍国外技术美学的论著，充分利用国外已有的成果；二是要结合工业设计，自觉地将形式美的规律运用到其中去。（李泽厚.谈技术美学[J].文艺研究,1986(6): 4-5.）

（2）将下面这段话用于直接引文：抽象将是水墨画最后一个"高峰"，但这亦不过是中国水墨画合乎其特质的一个延续，并非本质飞跃，是回光返照，因为中国水墨画这个语言范式太成熟了。（栗宪庭.中国水墨画的合理发展[J]. 美术,1986(1): 8-12.）

（3）将下面这段话改编成间接引文：有一种尊古的艺术，有一种用古的艺术，还有一种反古的艺术。这仅仅是就艺术史的层面而言的。我们还必须相信，无论是哪种艺术形式和艺术家类型，总是和他们置身的时代有关的。大体而言，尊古的保守派不喜欢他们的现实，不喜欢他们的时代，或者说，不愿意直接同他们的时代发生关系，他愿意生活在过去的尊严中。用古的挪用派，喜欢他们的时代，他将自己牢牢地植根于自己的时代，传统和经典只是为了今天而有用的，或者说，传统和经典被激活完全是基于今天的考量的。传统和经典成为营养品，主要是为了滋养现时代的。反古派则差不多是些未来主义者，这些未来主义的杀父者，不仅要杀死传统，而且藐视现在，他们将自己的狂妄野心置放在将来。他们为未来而活，为艺术的将来立法而活。（汪民安."艺术家"如何对待传统[J]. 艺

---

① (1)李泽厚先生认为："技术美学的研究可以抓两方面的工作：一是翻译介绍国外技术美学的论著，充分利用国外已有的成果；二是要结合工业设计，自觉地将形式美的规律运用到其中去。"(2)栗宪庭对中国水墨画有这样的看法："抽象将是水墨画最后一个'高峰'，但这亦不过是中国水墨画合乎其特质的一个延续，并非本质飞跃，是回光返照，因为中国水墨画这个语言范式太成熟了。"(3)汪民安先生依据人们对传统艺术的态度划分出三种艺术，一种是尊古，一种是用古，还有一种是反古。尊古的保守派不喜欢现实；用古的挪用派很喜欢现实，因为他们尊重传统和经典正是基于现实的考虑；反古派是些未来主义者的杀父者，他们为未来而活，为艺术的将来立法而活。(4)徐建融教授认为在伟大的艺术时代中，其艺术的伟大不仅仅体认于几个大画家的创作，也必然体认于千千万万小画家的创作；而在衰微时代中，伟大的艺术只能体认于个别大画家的创作。(5)范景中教授认为艺术作品的内涵意义不能由艺术史术语描述，而只能借助于哲学史、宗教史、社会结构史、科学史等学科的术语描述，所以由图像学理引发的学科间的合作，是艺术史中图像学转向的最大意义。

评论, 2010(4): 93-95.)

(4) 将下面这段话改编成间接引文:一个伟大的艺术时代,遵循了伟大的艺术风气,其艺术的伟大,不仅仅体认于几个大画家的创作,也必然体认于千千万万小画家的创作。而一个衰微的时代,伟大的艺术只能体认于个别大画家的创作。遵循了同样的风气,千千万万小画家的创作绝不可能体认出伟大。(徐建融. 张大千与敦煌壁画 [J]. 国画家, 2011(4): 6-9.)

(5) 将下面这段话改编成间接引文:由于艺术作品的内涵意义不能由艺术史专用的术语描述,而只能借助于哲学史、宗教史、社会结构史、科学史等学科的术语描述,所以图像学理所当然地引发了学科间的合作,这就是艺术史发展中这种图像学转向的最大意义。(范景中.《图像学研究》中译本序[J]. 新美术, 2007(4):4-12.)

台阶六：语言

美国作家杜鲁门·卡波特（Truman Capote，1924—84）说过："对我来说，写作的最高愉悦不是写了什么，而是让文字有内在的音乐感。"①尽管论文不同于文学作品，但当你组织你的论文语言的时候，你仍然应该尝试着用文字构造旋律与交响。所以，这第六个台阶的意义，是为了让你的论文语言变得更纯粹。

在前面的五个台阶中，你会花费许多时间进行思路上或结构上的调整与修改，而现在这个工作只局限于语言文字，所以要放在最后进行，正如有了皮鞋之后才能去为皮鞋擦油。如果你的文字基础比较好，那么这个修改文字的过程就是整个论文写作过程中最轻松愉快的；如果你的文字基础有些薄弱，那么你也会感到困难重重甚至枯燥乏味。但无论如何你都需要花费很多时间来处理你的论文初稿，这种付出的目的是让文字更加简洁、流畅，使阅读它的人能更轻松随意，使全篇有更好的文字风格。

1. 先休息，再修改

你从开始动笔到现在已经走了很长的一段路，站上这最后一个台阶时，你虽然不至于身心疲惫，但是也容易出现视觉上的盲区，这是因为你一直在反复不断地看着这篇论文，这样的连续工作会让你只要朝论文的Word页面扫一眼，就能知道全部内容。这时的你已经看不到什么细节了，所以你必须让你的眼睛获得休息，你必须要阻断它的工作。你可以给自己 1—3 天的休息时间（在不影响必要进度的前提下），这样，当你带着新鲜眼光重新回到电脑前时，你可以再把自己的论文反复读上若干遍，你一定能更清晰地看到更多的小失误。

---

① http://www.brainyquote.com/quotes/quotes/t/trumancapo111096.html。

只有专注一心，勤奋工作，才能确保你的工作取得优异成绩。当然，如果你不知道你想发现什么或者缺乏发现问题的眼光，你就是读上再多的遍数也没有用，而获得这种发现问题的眼光是需要长期的学术训练的（论文写作可以是一时的工作，但学术上的判断和识别能力可能要用一生来完成）。下面是论文修改工作的12个准则，希望它能对你的写作有帮助：

（1）逻辑性。如何归纳的？如何演绎的？如何分析的？如何综合的？是从具体到抽象？还是从抽象到具体？

（2）证据。有多少证据可以支持你的论点？这些证据是否可靠？是否够得上铁证如山？

（3）新发现。是否有独立的发现？你的贡献是发现新材料还是提供新观点？你的工作与他人已经做过的有什么不同？

（4）中心议题。是否已清晰表达了论文的主题？是否有枝蔓丛生或荒腔走板的现象？

（5）结构。对照最初的论文结构表，检查一下是否在论述过程中有所偏移和疏漏？

（6）协调。论文各部分之间是否有和谐的比例、形态和语言风格？

（7）一体化。论文各部分之间是否有不可分割的密切联系？是否已形成统一的逻辑化整体？

（8）引用。是否全部交代出处？是否符合注释规范？

（9）参考文献。是否遗漏了重要文献？是否符合著录规范？

（10）语法。句子成分是否完整？词语搭配是否得当？

（11）清晰度。传达信息是否准确？遣词造句是否得当？是否通晓易懂？

（12）风格。思想表达是否生动活泼？语言形式是否有不错的美感？

如果方便，你可以请你的朋友或同学帮忙通读你的论文，并给出一些反馈信息，这通常是非常有利的。但你不能要求你的朋友（包括家人）超越简单建议的范围，直接帮忙修改你的论文，哪怕这个帮忙能明显提高你的论文语言水平。你的工作必须是你自己的（包括行文风格），并且能体现出你的最高水准，这样你将获得成就感和自我成长的喜悦。也许在此前你还没有这样的成长经验，而你的论文就是你现在能做到的最好成果。

2. 清楚是第一位的

以艺术为研究对象的写作者,会永远面临一个困惑——总有些说不清的问题。比如"艺术的本质"或"艺术感觉"这类问题,就算大学者也不容易把它说清。这可能是艺术类论文中"忽悠"现象比较多的原因之一(当然也可能是艺术研究中的某种特色),甚至一些艺术实践家所写的文章也未能免俗,比如被学界称为"谜团"的石涛《话语录》,就是典型的古代艺术"大忽悠"文本。当代也很常见一些艺术理论文章因故作高深而晦涩难解,这些,都不能成为我们取法的范本。

可惜本书也不是论文写作的"葵花宝典",笔者的最大本事,不过是像净土宗颂佛号那样反复念叨两个字:清楚。这是我理解的论文写作的最高境界,当然它也是最低境界——只是要求你能用文字清楚表达你的某些想法。但不知道为什么,现实中有不少学院式艺术论文恰恰做不到这一点,下面两段引文或可证明我所言不虚:

(1)对于策展人是否必须是批评家还是有待斟酌的,但是介于批评家作为策展人或是职业的策展人之间的差别和利弊,主要还是源于中国社会体制的原因,虽然我们积极地引入了源自西方文化的策展人角色,却没有同时引进健全的策展人机制和艺术运作机制……(不知有谁能读懂这段话?其中最难懂的是"作为策展人或是职业的策展人之间的差别和利弊",似在暗示除"职业策展人"之外还有一种"非职业"的策展人?另外既然这种"差别和利弊"是源于"中国社会体制"?又为何说策展人角色是"源自西方文化的"?而汉语"角色"是指"某一类人物",如果这些策展人是中国人,又怎么可能源自"西方文化"?)

(2)色彩是一种很直观的物化效果,具有超越物化功能的艺术特性,很多不容易用直观表现出来的寓意往往可以通过色彩表现出来。(这个色彩到底是直观的呢?还是不能直观的?如果说它是直观的,怎么又能做"不容易用直观表现"的事?如果说它不是直观的,开头一句又说它是"很直观的"而且"物化"?)

无论你写什么,无论你有怎样复杂深奥的思想,无论你读了什么晦涩艰深的著作,也无论你遭遇了哪家高深莫测的大师,你都不能去做说不清楚,写不清楚的事情。因为一切说不清,写不清,都是想不清所致。清楚是第一位的——这就是艺术论文写作的重中之重。

> **艺术创造的几个认知策略**
>
> **创造性发现的策略之一：随意操作**
> 这里所说的随意操作，是指艺术家在一种弥散认知的状态下，内心对某些意象及其符号无明确意图的操作玩味，或是外在地对某些艺术符号及其相关的构成因素(如形、色、线、乐音、词语、节奏等)的无明确目的操作。如画家在画布上无意地涂抹笔触或色块，作曲家在钢琴上任意弹奏几段即兴的旋律，诗人随意地吟哦某些词语或重复某种节奏型等等。这种随意操作的功能不可小觑，它时常会带来某些在有意为之的状态下难以企及的新发现。……
>
> **创造性发现的策略之二：孤独体验**
> 获得创造性发现的另一个策略是孤独体验。所谓孤独体验，是指艺术家一人独处，整个身心沉浸在宁静孤寂的感受思绪之中。这时，外界的干扰消失了，整个思维却处在异常活跃的高效率状态中，如古人所云，"用志不分，乃凝于神。""收视返听，""精骛八极"。不仅此，孤独体验还使艺术家把握到某些非常深刻的事物，乃至带有相当形而上意味的终极事物。……
>
> **创造性发现的策略之三：暂时转移**
> 在艺术创造中，常有这样的情况出现，越是努力地想解决某个艺术难题，就越是劳而无获；反之，倒是艺术家从创造情境中退却下来，暂时将手中的活计放一下，转向其他活动时，意外地获得新的宝贵发现。比如，康定斯基写生归来，瞥见画室的光景，意外地获得了抽象绘画的启示。这种情况并非只是艺术中才有，科学创造亦然。据说达尔文进化论的发现，就是在百思不得其解时，偶尔翻阅马尔萨斯的《人口论》时获得启示的。由此可见，创造性的发现并不一定要在紧张的创造过程中出现，退出问题情境时，时有顿悟和新发现，这种不失为创造认知策略的方法，我称为转移技术。………
>
> **创造性发现的策略之四：催眠状态**
> 艺术史上，曾有不少艺术家利用半睡半醒乃至睡梦状态来为创造服务，在这种状态中，往往会涌现出许多新奇的意象和念头，未完成的艺术难题，有时会在某个早晨醒来时自然得到解决，有时则在稍事小憩时突然获得灵感。有经验的艺术家深谙此道。这里，我们就来专门讨论一下这种策略——催眠状态。……
>
> (周宪：艺术创造的几个认知策略。《文艺理论研究》1989年2期，26-32页)

3. 如何处理文字？

在文字上修改论文常被称为"文字处理"阶段，在这个阶段你需要字斟句酌，也需要注意语法语序和标点符号。但下面4个问题可能是你在这最后阶段中最应该关注的。

3.1 标题句

前面已讨论过论文标题的设置问题，所以这里说的"标题句"是指每个段落的标题。它是段落思想的起点和路标，能告诉读者在这个段落中将要出现什么,有利于引导读者沿着作者的思路前行。

好的标题句可以使读者在未看全文的情况下也能获知主要信息,各段落标题句加上主题句,足以传达论文的主要内容。如果标题句很清晰,读者在阅读中就少有迷惑与混乱,如前面文字框中例文,原文近 12 000 字,这里节选 850 字,还不到全文的 1/14,但通过阅读该文的 4 个标题句,我们就能对该文的大概内容有初步了解,这与作者为每节文字设置合理标题有很大关系。如果能进一步阅读紧随标题的主题句(字数也不多),读者就可以接收到该篇论文中最重要的信息。通过这篇节选例文,你可以知道怎样去设置标题,设置好标题后应该首先写什么。

3.2 练习

根据你的理解和感受,尝试为下面每段例文设一个标题句,参考答案是这些文章的原设标题(见脚注①):

(1)张艺谋影片中的色彩不仅仅能体现唯美的视觉效果,更在于它的象征意义。比如他在很多作品中都运用了大面积的红色,并将这种中国红传播给全世界。其中最有代表性的是《红高粱》:红高粱、红盖头、红轿子、红兜肚、夕阳、鲜血……这些红色象征着热烈的生命和蓬勃的激情。

(2)阿甘是弱势群体的代表,却不可思议地以一种无意识的顽强奋斗走向事业和理想的高峰。他的人生经历是对美国梦的最好诠释,他让每一个普通人都看到实现美国梦的可能性。

(3)《让子弹飞》有很强的观赏性,也有明显的社会指涉属性。影片中对于某种社会现实的暗喻也是明显的:花钱买官的仕途路径,做黑道生意的暴富奸商,与权势勾结的无耻文人,以及"谁赢跟谁走"的普通大众,都可在社会现实中找到类似的原型。

(4)何香凝美术馆采用建筑与庭院相结合的布局,在下沉前庭院内种植了多种植物,用以降低来自北向深南大道的风速,对沙尘及汽车排放的尾气也有较好的阻隔作用,屏障的隔音及叶面的吸音还可以降低来自城市的噪声。

(5)在商场里举办艺术展览,代表了艺术与商业联姻的新趋势。比如去年北京王府井的新东安市场就联手日本野田画廊推出名家版画展;北京 CBD 金地中心的北京美美百货举办了多种类型的艺术设计展;位于

---

① (1)张艺谋电影中的色彩象征意义。(2)美国梦的最好诠释者。(3)《让子弹飞》的社会指涉。(4)何香凝美术馆的环保设计。(5)艺术与商业联姻的新趋势。

上海淮海路商圈的大时代广场也多次举办艺术展览。

3.3 简洁写作

鲁迅说的"写完后至少看两遍,竭力将可有可无的字、句、段删去,毫不可惜。"①堪称现代写作的至理名言。但对面临毕业的艺术学生来说,有时候不得不去做相反的事——拼凑字数,以达到学校要求的论文字数标准。或许正由于这个原因,我们就常能在论文答辩会上见到那种废话连篇、似是而非、人云亦云、冗长繁琐的论文。如何解决简练写作手法与论文字数要求之间的冲突呢? 我考虑再三,仍深感无能为力,也只能寄希望于万分聪明的同学们,能通过自己的努力,在僵化的论文制度与合理的写作手法之间取得某种平衡。

文字的美感,来自于简洁而非啰嗦,要做到这一点,你要学会节约用字。这就是说,能用一个字表达清楚的,就不用两个字;能用一句话表达清楚的,就不用两句话。如果可能,你一定要尽全力将一切与主题无关的多余文字统统删去,这样才能获得简洁的文字美感,才能让句子更精,段落更短,节奏更紧凑。这里用得着郑板桥的诗句,是"删繁就简留清瘦",只有去掉冗赘,消化繁琐,为论文减肥,才能让每一个文字落地有声。你必须明白,删除多余的文字是为了让剩下的文字有更高的效率和力量!正如美国康奈尔大学的威廉·斯特伦克教授(William Strunk)所说:

有力的写作是简明的。一个句子不必要有多余的文字,一个段落不必要有多余的句子,为了同样理由,一幅绘画不必要有多余的线条,一个机器不必要有多余的零件。②

试想,如果你新买的汽车外边套了一个玻璃罩,你一定会被它的多余而吓倒。写论文也一样,所有句子和段落都必须是有用的,你不需要把生活中的化妆、修饰和社交手法移用到你的论文中。

为求文字效率,你要尽可能少地使用那些不必要的修饰词来稀释你的文字。你要知道,每个文字都有自己的力量,但是当它与其他文字相毗邻的时候,它的自身力量会因为其他文字的出现而减弱,各文字之间会为争取读者注意而相互斗争,而斗争的结果常常是两败俱伤。所以,如果你想使读者关注你的论文主旨,你就要尽全力不让那些并非必要的词语

---

① 鲁迅《答北斗杂志社问》。

② William Strunk: The Elements of Style, 1918, from http://www.bartleby.com/141/strunk5.html/

稀释掉你最好的文字。这里正用得上极少主义的名言——少就是多！看看下面例文中，不同版本的文字是多么不同啊！

● **啰嗦版**：中国有悠久的艺术传统，我国传统艺术有很强的包容力和同化力，它能吸纳外来艺术手法，创造出为中国人民喜闻乐见的本土艺术风格，这就是人们常说的外来艺术民族化过程。但"民族化"不仅仅表现为艺术的表面形式，而是要承载本民族的思想感情，反映本民族的地域文化、人文理念及精神风貌，无论它采取何种形式，都是本民族审美理想和社会价值观的物化显现。

● **简洁版**：中国传统艺术有很强的包容力和同化力，能创造出本土艺术风格，这就是艺术民族化过程。"民族化"不仅仅表现为艺术形式，而是要承载民族精神，是本民族审美理想和社会价值观的物化显现。

● **超简版**："民族化"艺术是民族精神的显现。

● **啰嗦版**：传统中国绘画在虚实处理上常常独具匠心，能通过在画面上保留较大面积的空白去表现那些相对虚无缥缈的事物，以取得虚实相间的视觉形式效果。那些在画面中看似无笔无墨的空白处，其实正是抒发性灵的无限与诗意之所在，或幻化成万千云雾，或汇聚成江河湖海，画面中的空白能产生了"此时无声胜有声"的优美意境，可为观者提供了意犹未尽、妙趣天成的无尽想象空间。

● **简洁版**：传统中国绘画通过在画面上保留空白取得虚实相间的形式效果。画面中的空白是抒发性灵的诗意之所在，能产生了"此时无声胜有声"的优美意境，可为观者提供无尽想象空间。

● **超简版**：传统中国绘画中的"空白"可为观众带来想象空间。

3.4 去晦涩

艺术类论文中常见"故弄玄虚"现象，算得上是近数十年来艺术研究的流行病，这可能与艺术研究对象的"感性化"和"无边界"有关（在后现代艺术中艺术与生活中其他事物已融为一体）。有研究者批评当代艺术的"晦涩"，认为其根源是"无力说清楚事，只能制造一种当代艺术远离大众理解力的神秘烟雾，而在其后露出的是艺术家自主性、创造力的匮乏。"[1]与创作中的"能力匮乏"一样，在论文写作中没有能力说清一件事或一个观点，也反映出能力不足的问题。只是这种能力不足会导致两种

---

[1] 凯梅. 晦涩不是艺术的名片——关于艺术走向生活的思考 [J]. 画刊, 2012 (4): 62-64.

相反结果:一种是因为能力不足而暴露写作上的弱点;另一种是因为害怕暴露弱点而故作高深,有意在论文中堆砌大量的文史哲佛道词语以遮掩写作能力的匮乏。两相比较,当然是后者更为可怕和可怜。

无论写作能力是高是低,你都应该以一种坦诚态度在论文中表达你的真实想法,哪怕这些想法不很成熟(在有修改余地的前提下)。只有从坦诚表达入手,才最有利于你通过写作实践提高你的文字能力。任何论文都要经过历史的检验,在论文中说官话、打官腔,装腔作势或故作高深,最终一定是自己出丑。你是否想过以中学生的心态去阅读你的大学论文?你不妨设想一个普通中学生是否能理解你在说什么?不错,你的论文面对的读者(指导教师和评审教师)当然比一个少年有更复杂的头脑,但你也不该因此让他们绞尽脑汁来追随你的想法,以朴素和简单的心态去写论文吧,这样的论文就不可能晦涩难解。

下面的建议可以让你的论文较少晦涩之弊:你可以给朋友和家人朗读你的论文,如果他们的感受是清楚、简洁和流畅的,如果你自己读起来也是津津有味的,你就不用再进行语言文字方面的修改了。如果不是这样,你就要不惜反复修改论文以使其更容易朗读,一直修改到你自己觉得读起来有意思、有趣味为止。假如你是准备朗读论文的人,就请在下面三段文字中挑出你最愿意朗读的段落:

(1)而私人语汇系统在表达和使用词汇方面,实质上是从事某种命名和自我言说,在语言交往的有效层面上,仅仅整体上作个人作者创立的代用词汇,构成隐喻意义。而具体细节则无法通过词汇传递。在这里需要区别的是,在概念和词汇间,词汇指表现外在的书写和声音形态,它可以在制度或机制层面与形式主义结盟取得效应;而概念通常指直接在对话中对他人的观念发生影响。词汇在个人"原型"作品中只扮演次要角色,它只是在艺术领域内扮演对语言的仪式性需求,比如标题、评论文本、作者阐述在声音和书写中所获得的确立。而事实上它们和视觉形式、材料性一起只构成和外部制度及他人建立某种交往,包括对语境的态度和形式体验,而且其概念未脱离现有阐释结构性。值得注意的是作为技艺和语汇这种私人性层面,与外部阐释结构是分离或平行的,那么私人概念就只是借助公共词汇作为隐身形式出现,但同时又无法被他者发现,而技艺作为话语外的独立存在,可以确立他者在体验上对其的膜拜机制。①

---

① 倪卫华. 当代艺术中的有效交往[J]. 美苑, 1995(4): 12–13.

（2）从西部片中牛仔动作，到警匪片的枪战和特技，再到科幻片中种种奇特的动作设计，不一而足。晚近中国武术功夫作为一种新的颇有视觉效果的动作奇观被广泛运用，并在好莱坞主流电影中扎根。香港武打影星成龙进入好莱坞主流电影就是一个明证。而李安的《卧虎藏龙》和张艺谋的《英雄》，也都是以动作奇观见长的影片类型。动作奇观当然是以动作本身的视觉效果为核心，因此在不少主流影片中，动作的夸张性和刺激性远远超出了情节的需要和人物性格塑造的需要，进而使得动作本身成为电影表现的主要目标。①

（3）但20世纪流行的研究方法却不是结网而渔，而是缘木求鱼。也就是说，专家们并不是结了网，并把网撒到谢赫所捞出鱼来的那个江海中去捕捉"六法"本义之鱼，而是爬到了哲学、佛学、文学的树上去采摘"六法"本义之鱼。最典型的便是文史界的大学者钱钟书先生，他在《管锥编》中依严可均辑《全上古三代秦汉三国六朝文》将"六法"断句为"六法者何？一气韵，生动是也；二骨法，用笔是也；三应物，象形是也；四随类，赋彩是也；五经营，位置是也；六传移，模写是也。"而认为自唐张彦远以来的四字一句为"破句失读"。又旁引了文史佛哲的许多例证，来阐释气韵、生动、骨法等之义。按此句读，什么是六法呢？第一是气韵，什么是气韵呢？就是生动；第二是骨法，什么是骨法呢？就是用笔；第三是应物，什么是应物呢？就是象形；第四是随类，什么是随类呢？就是赋彩；第五是经营，什么是经营呢？就是位置；第六是传移，什么是传移呢？就是模写。按此逻辑，则精神焕发句逗为精神，焕发是也，什么是精神呢？就是焕发；刻苦用功句逗为刻苦，用功是也，什么是刻苦呢？就是用功；实事求是句逗为实事，求是是也，什么是实事呢？就是求是；按图施工句逗为按图，施工是也，什么是按图呢？就是施工；整顿秩序句逗为整顿，秩序是也，什么是整顿呢？就是秩序；跳高跳远句逗为跳高，跳远是也，什么是跳高呢？就是跳远。②

无论你选择哪一段文字作为你的朗读本，都是合理的。不过，我猜想多数同学可能与我一样会喜欢其中最简洁生动的文字吧？

4. 论文的语言风格

一篇论文除了能传达客观意义上的研究成果，还能承载某种与作者

---

① 周宪. 论奇观电影与视觉文化[J]. 文艺研究, 2005(3): 18–26.
② 徐建融. 读唐画识"六法"[J]. 上海文博论丛, 2010(4): 38–41.

直接关联的主观写作风格。一般说,这种风格由很多元素组成,难以简单界说。这里也只讨论与论文写作风格有较大关系的 5 个元素,它们是:自我称谓、措辞、句子的长度、礼仪、情绪化的。

4.1 避免自我称谓

在论文写作中要尽量避免自我称谓,如"我"或者"我认为"。虽然说"我感觉"或"我认为"也是很真实的表达,但这常常会给你的论文带来负面影响。试想你读到这样的句子:"我认为互联网是一个重要的信息来源",其中"我认为"这三个字能为你的论文增加光彩吗?如果互联网确实是一个重要的信息来源,读者肯接纳这个事实是因为"你认为"吗?

一般说,在论文中频繁使用"我",会削弱证据的可靠性。在文学作品——散文、随笔或诗歌中,作者热衷于有创造性的自我表达,使用"我"或"我认为"是天经地义的。但对以发现客观事实而非传达主观情感为主要目标的学术论文来说,通常不需要这样的表达。所以你要尽量学会以省略个人称谓的方法来书写你的文句。请看下例:

● **自我称谓**:在我看来,由艺术市场价位催生出的当代艺术品也会随着艺术市场的波动而不断削弱其价值。

● **修改**:由艺术市场价位催生出的当代艺术品也会随着艺术市场的波动而不断削弱其价值。

● **自我称谓**:我认为现时代中大部分艺术家还没有脱离生计层面,因为他们的所有努力只是为了在市场中卖上一个好价钱。

● **修改**:现时代中大部分艺术家还没有脱离生计层面,因为他们的所有努力只是为了在市场中卖上一个好价钱。

当然,仅仅说一个"我"字的罪过也不会大到什么程度,况且,如果在论文中不说"我"就不能表达正确的意思,那你就需要把它留下的,毕竟有自我称谓比读不成句子要好得多。

4.2 措辞:只选对的

措辞,是指挑选合适的词句准确表达心意。措辞合理的标准是"达",就是"辞"与"意"完全统一,因词句贫乏而导致的"词不达意",或因词句浮夸而产生的"以辞害意",都是不好的。

现代语言学研究把词句的正式程度按降幂排列分为四类:深奥词(Learned)、大众词(Popular)、口语词(Colloquial)和俚语词(Slang),有人认为论文写作只能使用正式词语,其实这个看上去无比正确的想法也许没那么正确。因为判断措辞只有一个标准，是"适合性"，而是否适合并非仅仅依据词句的正式程度，而是与表达主题、目的、使用场合和接收对象有关（打台球要穿马甲戴手套，游泳就不必穿那么多）。下面段落里分别使用了不同措辞，它们适用于不同的研究对象和读者群，下划线为笔者所加，用以标示有某类特征的词句。

● **深奥词**

（1）这一来自<u>本民族美学传统的重要概念</u>应当在当代艺术中传承下来。同时，原有的<u>艺术可赏质三层面说</u>应当再增加两个必要层面，这就是<u>媒介层面和现实生活衍生</u>。再有就是让前述艺术体制、艺术分众和社会<u>生活情境三要素进入艺术可赏质概念内部</u>，成为把握艺术可赏质层次论<u>的基本线索</u>。这样，对当代艺术来说，可以以"<u>感兴</u>"及"<u>兴观群怨</u>"学说集<u>合体为中心</u>、以艺术体制、艺术分众和社会生活情境要素为参照，获得<u>艺术可赏质的五层面构造</u>。这种五层面构造应当是五种要素与五种品质大<u>致对应的集合体：一是媒介要素与可感质，二是形式要素与可兴质，三是<u>兴象要素与可观质，四是兴味要素与可品质，五是活境余兴要素与可衍<u>质</u>。①

（2）艺术在<u>对象、语言、使命上的个别性</u>，形成它<u>在我们这个精神普遍匮乏与沉沦的时代看护心灵的方式</u>。艺术的对象为彼岸化的生命情感，艺术的语言为感觉性象征语言，艺术的使命为创造人生的形式。艺术<u>最具有形式性的特征，它把流走的生命情感呈现在形式性的艺术图景<u>里，使之成为和我们日常生活情感——即人在伦理生活中所经历的亲<u>情、爱情、友情——相异在的东西</u>。换言之，由于艺术家在日常世界外为<u>人创造出一个陌生化的又同人相关的情感图式世界</u>，人终于获得了离开现实、同现实保持间距、从而获得批判地审视现实的可能性。人的生命，<u>因为艺术家的劳作而得以安息转换的机会</u>，生活才不至于显得平淡无味；或者重新反省习以为常的生活，使自己的生命不至于沉沦。因此，当代艺术家，是<u>当代人的生命情感图式的看护人</u>。这恰好构成艺术家在知识分子中的特殊位份。②

● **中性词**

（1）艺术批评的媒体化，首先表现在其遵循普适性的价值标准，重时效性、话题性与批评话语的公共性。艺术时评的盛兴，使众多批评家关注

---

① 王一川. 论艺术可赏质——艺术公赏力系列研究之三[J]. 当代文坛, 2012(2): 4-17.
② 查常平. 作为知识分子的当代艺术家[J]. 美术观察, 2006(9): 13-15.

社会与艺坛事件,更使活跃在纸媒体和电脑网络上的"写手"们精神亢奋,趋之若鹜。批评与批评家的"媒体化生存",作为一种普遍的社会现象和文化表征,已经渗透到思想文化界的各个层面,依靠媒体传达自己的思想声音,成为各领域知识分子立足于专业领域乃至介入整个社会的重要甚至唯一有效的途径。而大众文化作为文化艺术各学科门类的显学,对于批评的要求使其必须在一种普适性的审美价值与伦理规范的约束下,阐述批评家的个人主张,这就要求批评家充分考虑并适应受众群体的兴趣和需要,关注或发起热点问题,并围绕着一个共通性的公共话题展开讨论。①

(2)艺术批评和艺术理论有密切联系,但又有明显区别。艺术批评所注意的直接对象是个别的、现实存在的艺术作品,艺术理论所研究的直接对象是艺术的一般规律和原则。艺术批评的对象主要是批评家同时代的艺术作品,艺术理论的对象主要是过去的艺术作品,是艺术遗产。艺术批评偏重于评价,艺术理论偏重于认识。艺术批评往往具有主观的、论战的色彩,艺术理论则是冷静的、客观的研究。这样,艺术批评有四个主要特点:是对个别的、现实存在的艺术作品的批评;侧重于现代时,而不是过去时,是对批评家同时代的艺术作品的批评;偏重于评价,旨在确定艺术作品的艺术价值;具有强烈的论辩的、情感的色彩。②

● **口语词**

(1)我看不上某些国产现代艺术的直接原因,是它们太简单了,简答到无法用学术智慧加以判断,凭感觉下结论已经足够了。这恰如我们<u>上街遇到一个叫花子,他连唱带跳,不过为几个钱。我们可以给他几个钱,也可以不给</u>,无论给或不给,都没必要从表演专业的角度去评判他的唱歌与舞蹈水平,只要知道他是个叫花子就足够了。当然,<u>如果这个叫花子蓬头垢面,衣不遮体,咧着大嘴,留着口水和鼻涕,离了歪斜地出现在居民大院或者饭馆里</u>,人们还是要认真对待的,至少要请他换个地方,以免妨碍社区环境的整洁和秩序。

(2)鹅城是哪里?就是一个空的空间,<u>哪里都是,哪都不是</u>。几个人物个性注定逃不脱冲突,谁也不让谁,<u>荒腔走板间</u>,历史写就。按照性情行事,结果一定很差。按照理智行事,就没了历史。现实中的人,<u>却都是两边够不着</u>,属于薛定谔猫的"死活状态"。"<u>姜文</u>"也拧巴,于是在电影里一通

---

① 于洋. 艺术批评的媒体化与艺术媒体的批评化[J]. 雕塑, 2011(1): 58–61.
② 凌继尧. 中国艺术批评史的研究对象和方法[J]. 江西社会科学, 2011(11): 98–103.

放枪,噼里啪啦地,也不多切小鬼丧命的镜头,就是放,和《太阳照常升起》如出一辙。《太阳照常升起》里还冒出来一帮半人半鬼的孩子,《让子弹飞》连孩子都没有,一大帮光膀子小个,一人一杆小短枪,"姚鲁"出门迎战,见势不对,转叫一声"跟我来!"令人联想多多。①

大多数的论文写作都会选用中性词句,这也是一般学院式论文的合适选择。需要注意的,是如果不为了某种特殊的表达目的,我们在措辞时应该注意选择同一层次的词句,也就是说,我们不应该这里使用很正式的词句,那里又在使用完全口语化的词句。

无论什么样的词句,都是思想的形式。词句的简练和清晰,标志着思想的简练和清晰。选择词句的过程,是为思想找到合适的表达形式的过程。合适的,就是好的。有些同学在写论文时会使用比较夸大的词句,或者仅仅为了看上去更时尚而随意替换词句,这样不利于准确表达思想。其实你只要能选择到正确表达你的意思的词句,就无论什么层次的词句都是好的,适用于措辞的原则是:合适就好。

4.3 变化句子的长度

中文语法结构相对简单,不利于长句子构造,有些同学可能受到那种长句子偏多的翻译文章的影响,喜欢在论文中大量使用长句子,这样不容易顺畅阅读。与相对较短的句子相比,那些重叠的,连续的,一个接着一个的长句子,会产生一种冗赘繁复令读者不得喘息的感觉。为解决这样的问题,你可以采用把长句子拆分成短句的方法,并依据简单朴素的原则使长短句能相互衔接,这样能有利于读者阅读。

从承载信息容量的角度看,短句子所能容纳的至少不比长句子少,因此你要学会混合使用它们,最好能使短句子和长句子轮流交替,这样的衔接变化至少能给你的文章带来某种节奏感。如下例:

● **机械节奏的句子**:我们必须看到,在当代消费社会,视觉文化成为暴力,无休止的影像统治,常忘记无论它走多远,都离不开语言,语言是存在的家,语言是理解的边界。文字和图像都是思维,图像与语言的冲突与互补,开辟人类交往的图文时代。(这样写用不上半页我可能就会疯掉。)

● **超长语句**:我们还必须看到在当代消费社会中视觉文化已经无节制地开始它的独裁、暴力和无休止的影像统治,它常常忘记无论它走多

---

① 赵宁宇. 姜文的电影世界[J]. 当代电影, 2011(5): 23–28.

远都离不开语言的"原本"——存在的家以及人类理解的边界,文字和图像都是人类思维的直接现实,正是视觉图像与语言文字之间的冲突与互补开辟了人类思维和交往的以图文时代为标志的新时代。(在一个句子中能表达这么多内容是有趣的,但同时它的长度也是可笑的。)

●**长短句的配合**:我们还必须看到,在当代消费社会,视觉文化已经无节制地开始它的独裁和暴力,开始它无休止的影像统治。它常常忘记,无论它走多远,它都离不开语言的"原本"。语言是存在的家。语言是人类理解的边界。文字和图像都是人类思维的直接现实。正是视觉图像与语言文字之间的冲突与互补,开辟了人类思维和交往的新时代——图文时代。①(你现在应该明白一点——长短变化带来令人满意的节奏。)

4.4 礼仪:学者的必要风度

在日常生活中,每个人都会根据具体人际关系自然调整礼仪态度(对老师你会使用一种仪礼态度,对朋友你会使用另一种礼仪态度),这种礼仪态度是社会集体约定,它有助于维系良好的社会人伦关系。论文中也需要保持某种学术礼仪,如措辞上的温文尔雅,讨论中的对事不对人,都可显示学术共同体内部相互尊重的礼仪约定。尤其在学院式论文中,更有着较为正式的礼仪格式(如毕业论文都有"致谢"部分)。一般论文中有两种最常见的礼仪手法,如下:

(1)尽量避免使用缩略语称谓,例如使用"哈尔滨工业大学"而不使用"哈工大"。当然,如果有特殊需要或大家都很熟悉的缩略语(如称"北京大学"为"北大"),也不是绝对不可以用的,比如有一篇硕士论文的题目是《就克林顿在北大的演讲的个案分析试论政治演讲语篇中的人际意义》,已经长达29个字,如果再把北大改成北京大学,就有31个字了。

(2)可以批评和质疑,但不要对个人进行攻击。在日常生活中,或由于利益不同,或由于观点差异,或由于素质差异,常会出现语言对抗现象,这种语言对抗还会发展到很野蛮的程度。但论文中的语言对抗,仅仅是为表达不同意见,你可以据理而争,但不能用语言进行人身攻击。下面几例都是对国内行为艺术的批评文字,有的比较客气,有的不大客气。从使用文字的角度看,学院式论文与一般批评文字不完全一样,适合使用较为节制的语言,以维持必要的礼仪水准。

●**很客气的**:当然,对于某些极端过火的行为艺术,我也有很多质

---

① 金元浦. 视觉图像文化及其当代问题域[J]. 学术月刊, 2007(5): 9–18.

疑，但尽管如此我仍不赞同取一棍子打死的态度。因为那只会加剧人的逆反心理，从而无形中更加助长了极端行为的泛滥……这时候，我想黑格尔的理论仍然还会起到作用，那就是审美的超功利原则。①

● **很不客气的**：现代，这个在其他领域标志着健康与成长的概念，在美术界的特殊语境里，竟失去它本来的光彩，变成下流趣味与低俗时尚的代名词。而我们的一些研究者和理论家们，也实在太高雅了，一说起"笔墨是不是零"、"谁是大师"、"传统穷途末路"之类的空洞问题，就唾沫星子乱飞，天南海北胡侃，而碰到现实中的黑暗与丑恶，就吭也不吭一声。②

● **较为适中的**：由于时值改革开放的特定历史转型期，国内行为艺术的运作并不单纯停留在与西方话语抑或与传统话语、现实话语（主要是商业话语）对话的意义上。因此，中国语境中行为艺术的言说实际处于一种扑朔迷离的状态，"道成肉身"所表征的，至多不过是某种多义、暧昧而不乏生命张力的"混乱"美学。③

4.5 避免激动情绪

科学研究不提倡使用情感化语言，但艺术研究对象多是有强烈情感属性之物，研究者在面对这类事物时，不可能也不应该完全冷漠，因为那样就没法深入了解研究对象了。所以，艺术论文中常有情感化表达，这是艺术论文的特殊之处，是可以理解的。但出于科学研究立场和学术礼仪的考虑，即便面对有强烈情感特征的事物，研究者也应该保持冷静头脑和客观态度，要尽量防止被个人情感所左右。即便你强烈地不同意某种看法，也要尽量不使用态度强烈的措辞，要避免文字上的愤怒、傲慢和粗鲁，以坚守你的客观立场。你还要注意学位论文与一般媒体批评的区别，如下面几例有强烈措辞的例文都出自艺术批评文章而非学院式论文。

● **强烈的**：张艺谋在接受媒体采访时，一再用商业主义和票房期望来掩饰他的反人性立场。不错，《英雄》的好莱坞式的技术展示打破了票房纪录，成为疲软的电影市场"救市主"，并由此引发了一片可笑的欢呼。但这反而触发了一个更加尖锐的问题：在资本的时代，暴力为什么如此

---

① 郭建国. 怎样来理解行为艺术[J]. 艺术评论, 2005(12): 15–16.
② 向南. 有害的艺术[J]. 美术, 2001(1): 74–77.
③ 彭修银. 行为艺术的"混乱"美学论[J]. 南开学报（哲学社会科学版）, 2006(1): 35–38.

商业,而且还会无耻地上升到美学的高度?①

●**强烈的**:自拍《英雄》以来,张艺谋拍电影就做两件事:第一,为打造视觉奇观的"大场景"大把烧钱;第二,为制造观影噱头而在导演趣味上"所治愈下"。如果说《英雄》还有堂皇的"天下"观念和与之相配的壮烈风景,虽然空洞不经,但其中的男欢女爱还是让观众欣赏到张艺谋电影的感性美学;然而,《满城尽带黄金甲》除了血腥杀戮就是乱伦倾轧,张艺谋把摄影机变成了野蛮的巨型绞肉机,片终时那"花毁人亡"的"壮丽场景",分明是一场只有自认读懂了电影商业经的张艺谋才能拍出的"嗜血盛宴"。②

●**缓和的**:张艺谋的近作《摇啊摇,摇到外婆桥》为我们近距离观察这位走下神坛的英雄的面貌提供了合适机会。这是他在"好看"的都市娱乐片方面作的初次精心尝试。影片尽管调动了都市娱乐片所需的迷人的旧上海、神秘的黑社会、令人刺激的惊险场面及国际化影星(巩俐)的个人票房号召力等因素,并在具体细节、方言土语方面付出不能不说有效的努力,但总体上是平庸的,不仅远未达到"世界一流导演"所需要的水准,甚至连稍有票房的国际娱乐片效果也无法获得。中国公众和批评界理应对他要求更高。这可说是张艺谋为其放弃知识分子启蒙信念而掉头走向娱乐文化潮、或中国当代娱乐文化潮的兴起本身,所必须付出的一笔代价,同时也是这位英雄的神话已然终结的一个表征。③

●**强烈的**:食人割肉等"行为艺术"作品,给艺术理论也提出了新的问题,是不是只要是艺术家(或自封前卫艺术家),宣布以艺术的名义干任何事加以报道就成为艺术呢?若可以,那么以艺术的名义杀伤他人、强暴、抢劫可否也成为艺术呢?艺术在此肯定被扭曲误用了,艺术成了一个包庇那些不人道、反社会的行动的罪犯。艺术理论要维护艺术的尊严,对于割肉食人之行为艺术,在此,我们要以艺术的名义制止!同时从割肉食人"行为艺术"中,收起"艺术"的外衣,留下"行为"的事实,还割肉食人者本来的面目。割肉就是割肉,食人就是食人,事情就像安徒生童话《皇帝的新衣》一样简单。④

●**缓和的**:这些受西方后现代主义影响的中国后现代艺术,认为"行

---

① 朱大可. 谁来为暴力美学负责?[J]. 新闻周刊, 2003(1): 78.
② 肖鹰. 张艺谋"谋钱"不"谋艺"[J]. 杂文选刊(中旬版), 2010(2): 49.
③ 王一川. 张艺谋神话:终结及其意义[J]. 文艺研究, 1997(5): 68-79.
④ 陈池瑜. 误入歧途的行为艺术[J]. 湖北社会科学, 2001(7): 39-40.

为艺术"是最有"影响"的艺术形态，并显现了情况的复杂性。在认为装置艺术"落伍"的语境下而开始了的"行为艺术"，其中有的用伤残自己的身体，或恶心地涂抹自己的身体，吃死婴，屠杀鸟类等，来借以表达其自身在社会中的生存状态，或表现其对生态的关注，而作出他者的言说。从其表现的形式来看，<u>应当说这类"行为艺术"的言说方式是严重的语言倒错，其语言的所指和能指皆是虚无，是没有什么意义的</u>。然而，"行为艺术"家们也总是要找一种话语作为理论的支持，这种话语无疑是西方后现代意识的炒卖。①

● **缓和的：** 当代行为艺术家在创作中表达和呈现现代性的"个人伦理"诉求时，亦<u>应注意行为的自由限度，不能"以艺术的名义"任性妄为</u>。考察哲学史，我们不难发现，思想家们不仅没有把自由等同于随心所欲，反而强调自由是有规则的、是理性的。所以在主张伦理选择自由的同时，也不能忽略"规范伦理"中具有普适性的"底线伦理"，以此去调适个体极端、偏激的行为，使个体对自己的选择负责，也要对他人负责，而不至于沦落为"极端利己主义"或"本能主义"。②

以上例文的作者多为精英学者，他们深知业界弊端，所以笔下不留情面，以直率方式表达个人看法，文字也因此有较强烈的感情特征（有下划线部分均是较激烈语句）。这样的表达方法作为艺术批评是可以的，不但没有减弱文章的说服力，反而能增加文字的真实感。但作为学院式论文（尤其是等待通过的毕业论文），你还是要尽量避免这样强烈的措辞，如果不小心遇到这样有挑战性的问题，你可以尝试着使用一些模糊修辞技巧，这样可使你的论文在更广泛的层面上被读者接受，而这是与你能否顺利通过答辩有关系的。

模糊修辞

不是指说不清楚话或写不清楚，而是指使用模糊语言来提高表达水准和交际功能。英国语言学家乔安娜·舍奈尔（Joanna Channell）总结模糊词语有十大功能：

(1) 提供恰到好处的信息；
(2) 不想说明详情；
(3) 具有劝导性；
(4) 词义中断的过渡；
(5) 缺少具体信息；
(6) 置换作用；
(7) 自我保护；
(8) 有力和礼貌；
(9) 非正式的气氛；
(10) 女士语言。

而所有这些都是为减少对所说话语承担的责任程度，也就是说使用模糊语言更让表述成为某种交际策略。

---

① 李倍雷. 对后现代"行为艺术"及其话语的批评——兼与朱青生博士商榷[J]. 东南大学学报(哲学社会科学版), 2002(4): 88-91.
② 朱亚军. 中国当代行为艺术的伦理困境[J]. 艺术探索, 2007(1): 48-51.

5. 校对与润色

当你进入到只修改个别笔误文字和不规范的标点符号时，你已经站到论文写作的最后一个台阶上了。这个阶段的工作是文字校对，它需要你像报纸杂志编辑那样工作，差别只在于你校对的是自己的文章。

校对是一项技术性很强的工作，其工作目标应该是一字不错。试想，如果一本论文拿到评审老师手中，里边错字、别字、掉字、多字等常识性错误随处可见，那么不论你的思想内容如何优秀，给人的第一感觉也会大打折扣。因此你必须认真做好自我校对工作（如果能请其他同学或家人帮助你校对文字就更好了）。你的校对范围包括封面、扉页、目录、书眉、正文、标题、引文、注释、索引、插图、表格等；还要注意字体、字号和版式等是否合学校要求，正文标题及页码与目录页是否完全符合，等等。使用计算机校对文字也是可行的，计算机校对的好处是速度快，不会产生疲劳，能适应短时间完成校对的需求。但另一方面，计算机校对也有局限性，不仅有漏检漏查，即使检出差错也还需要人工操作改正，从根本上说，计算机校对也是一种人工校对，你的工作态度是论文校对效果的根本保证，计算机只是校对工作的辅助手段。

你的第一稿论文可能是想到哪写到哪，无拘无束，洋洋洒洒，但也因此很可能有不周密处，尤其是对词句的运用，难免粗陋草率。现实中很少有人能一遍完成就尽善尽美，因此，当你的论文首次全部完稿后，文字修饰和润色是一道必不可少的工序。文字修饰可与校对同时进行，你可以一边发现语法或文字错误，一边增删或替换词句。比如你可能会用"然而"替换"但是"，或者用"优异"替换"很好"，这类语言修饰工作可随你心意进行，但要记住一个原则，即文字的作用只有一个，是清晰表达你想表达的意思。润色不完全是为表面好看，也不只是增删字句，而是为了让原来模糊的清晰起来，贫瘠的丰腴起来，陈腐的活泼起来。好的文字润色工作，能起到深化主题思想和增进表达准确度的作用。无论你是否有写作经验，一篇论文总要反复修改多次才能实现理想的表达。

当你将论文打印稿呈送给你的指导老师审阅时，你要特别注意指导教师为提升你的写作水平而写在你论文上的各种批示、指示和标记。比如，如果你的老师在你的论文上写了"论据单薄"，你就该听从这个指令，然后小心检查你的论文是否有这方面的问题，如果确实论据不很充分的话，你就应该补充论据以避免失误。如果你自己发现还有一个术语比较生涩，那么你也要不怕麻烦地增扩对这个术语的解释。虽然一篇在语言文字上错误较少的论文,不见得一定是最好的论文,但通常很少有教师会对文字顺畅的论文给一个低等级分数,很多评审老师会觉得完美流畅的文字表达是相当重要的,甚至在有些教师的心里,完美的语言表达比得上一篇完美的论文。因此,当你已经站在最后一个台阶上的时候,你必须不厌其烦地反复修改你的论文中的词句。如果你已经这样做了,就说明你已经走完这论文写作的最后一个台阶,那么我要祝贺你——你成功了!

附录 1A
如何写文献综述?

当你开始研究一个题目的时候,必须首先要了解行业中其他人对这个题目的研究情况。你必须努力查找其他人(通常是本行业中的专家学者)已经完成的相关研究成果。你需要对他人的研究状况了然于胸,然后把你了解到的这些情况以条理化的方式陈述出来,这样你才能清楚知道就眼前这个题目来说,已经有了哪些研究成果?这些成果对你的研究能起到什么作用?这些已有的研究还有哪些不足?而你的研究能够在哪些方面有所贡献?能够清晰陈述这些复杂内容的文字,就是"文献综述"。文献综述与调查报告一样,其本身就是一种论文体裁,广泛适用于文理各学科,当然也适合于艺术研究。

不论你的指导教师是否要求你在论文中撰写文献综述部分,你都应该在广泛查阅各类文献之后以文献综述(哪怕是简洁版的也好)的体例写出总结性文字。在绝大多数情况下,文献综述都是研究性论文的必备条件之一,通常出现在最前边的"引言"或"导论"中(如果有必要,也可以将文献综述单独列出一章)。好的文献综述能涵盖与你的研究内容有关的全部学术信息,即便不能让你站在巨人的肩膀上,也能使你获得一个隐形的学术共同体的哺育和滋养,必会使你极大地提高对相关题目的研究能力。下面是撰写文献综述的一般要求。

1. 什么是文献综述

文献综述简称"综述",与一般评述性论文不同,评述性论文体现作者对某一学术问题的独立研究成果,"综述"却是作者对他人研究结果的归纳和总结。综述的研究对象不是某一具体学术问题,而是整理其他人(学术同行)对这一具体学术问题的研究情况。如果说,一般论文写作目标是"创新知识",那么综述写作目标就是"整理知识"。这个工作的基本性质,是对已知研究结果的研究、归纳、总结。综述的最低价值,是不会对已有公认结果的题目重复讨论,其涵盖大量文献的形式特征,也能为研究者提供一种独特的文献检索系统。

2. 综述的特点

最大特点是"述多评少",重点在"述"。通常只是浓缩性地介绍已有学术成果信息,不过多增加撰写者个人的见解和评论,作者的学术观点可潜在的通过对他人观点的取舍和引用中加以体现。此外还有下列特点:

(1)他者性:综述主要不是写自己的研究成果或观点,而是系统介绍别人的研究成果和观点,写作中要弱化主体性,强化他者性。

(2)全面性:综述要全面涵盖某一学术领域的研究情况,不能有大的缺漏,即不能忽略该学术领域中的重要研究成果。

(3)归纳性:综述要通过概括与梳理的方法处理大量文献,以期形成详略得体的文体形式(得体形式也是合理思想的载体),不能平铺直叙记流水账,缺乏归纳、巨细无遗的综述意味着作者没有学术归纳能力。

(4)评述性:一般性的综述当以记述和复述为主,但在准确呈现他人学术成果的前提下,也需对展开适当分析与评价,完全没有评论的综述会成为资料汇编。

(5)即时性:撰写综述不是为罗列陈年老账,而是为获取最新的学术信息和研究动向,并将这种信息及时传递给业界。因此,综述所用材料一定要选取最新的。

3. 综述的类型

(1)简介性综述:以介绍原文献所论述的事实、数据、论点等为主,一般不加评述。较适合介绍某些没有定论的学术信息。

(2)动态性综述:对某一专题的研究成果,按照其出现的时序先后,由远及近地介绍其进展情况。也称为纵向综述,较适合展现持续进展的学术信息。

(3)成就性综述:通过归纳比较的方法,不考虑时序先后,按照研究结果或学术特点对已有文献以并列展开的方式进行叙述。可称为横向综述,较适合介绍有明显研究成果的学术信息。

(4)争鸣性综述:就是客观介绍和系统梳理有分歧的学术观点,也可表达综述作者有倾向性的意见。较适合介绍分歧性较大的学术信息。

此外还有综合写作的可能,即将不同类型的写作方法组织在同一篇综述中。如对一部分内容采用纵向动态追踪方法,对另一部分采用横向多元评析方法,等等。

4. 综述的结构

文献综述基本由前言(引言)、正文、结论三大部分组成。

(1)前言(引言)：简要介绍所选题目的研究现状和使用材料的来源范围，如果有特殊概念(术语)也要给予解释。比较详尽的前言还包括该题目下的研究历史、前景和争论焦点等。

(2)正文：是综述的主体部分。要尽可能清晰详细地陈述该题目已有研究情况，这包括研究者、研究现状和研究结果等重要信息。在行文体例上则可根据具体综述内容，选择横向的"分门别类法"或纵向的"时序先后法"等各种形式，也可选择"比较法"用以描述相互对立的观点。总的要求：使读者在宏观层面上看到该题目下全部重要研究成果；在微观层面上了解他人的具体观点和独特学术贡献。

(3)结论：是综述的结束语。一般包括对前述他人研究成果的总结、指出已有研究的不足及提出有待后续解决的问题等。

需要注意，虽然综述重在转引和介绍他人研究信息，但仍离不开撰写者通过归纳概括功夫而设定章节框架的努力。在综述写作中，由撰写者设定的体例结构是决定综述质量的重要因素。

有些专业(多为理工科)偏重在综述中用外国文献，比如要求研究生在综述中参阅国外文献占 70％，[1]对艺术学科的综述写作来说，无法统一规定引用国外文献的比例，一般只强调引用重要文献，即对重要研究机构、著名学者、有影响的研究成果和创造性文献的引用。

5. 综述的写作要求

(1)选题要新：要尽量选取以前没有人做过的题目，一般说在同一题目下不宜出现多篇综述。

(2)资料要多：必须充分占有资料，资料太少就做不了综述了。这个资料指他人研究成果(论文和著述等)，不能以铺陈撰写者个人观点代替对他人资料的使用。

(3)层次要清：无论横向、纵向或是比较类的综述，都要求有清晰的层次感和逻辑性。或者递进，或者平列，或者相对，总要有合理的结构和逻辑关系。

(4)语言要简：综述以客观评述已有学术信息为要，一般说引用素材很多，难免枝蔓丛生，所以综述撰写者必须学会以较少字数传达较多信息，语言要平实简洁，切忌文字上的铺陈和渲染。

(5)文献要近：一般说综述引用文献，70％应为 3 年内的文献，最多

---

[1] 王守森,王如密. 研究生如何撰写综述[J]. 福州总医院学报,2009(1): 7-8, 55.

不宜超过 5 年,否则就失去文献综述的初始意义——及时推介、整理和总结最新学术成果。

6. 综述写作的禁忌

(1) 不能把综述写成"书目介绍"。撰写综述者需具备拆分原始素材(他人论文和著述)的能力,即能够从他人论文中将具体论点提炼出来,然后再将不同论文中的相同论点以"合并同类项"方式分别归纳到综述的各个章节中。

(2) 选题不能过大:虽然综述要文献足征,不能有大缺漏,但论述范围不可过于宽泛,否则主题难以集中,弄不好会出现选题宽而论述窄的问题。

(3) 不能单纯堆砌资料:综述虽然以述为主. 但不是靠叠加和堆积文献而成,而是需要对已有知识进行再创造。"综"是对他人研究成果的收集和整理;"述"是对他人观点的取舍和应用。只"综"不"述"会成为资料仓库;只"述"不"综"会成为空中楼阁。

(4) 不能断章取义:综述要忠于原文,尽量让文献本身说话。综述内容主要是他人研究成果,写作中不能凭己意妄加揣度,更不能曲解或篡改原文意思。

(5) 不能只使用直接引文:一般做综述都需要大量征引原文,为求精简表达,在征引时可使用间接引文(用自己的话简要转述他人的意思),但转述很可能造成信息丢失,所以最好不要只使用一种间接方式。还有一种意见是尽量不使用直接引文,[1]另有一种意见只能使用直接引文,[2]建议撰写者根据具体情况选择合适的引录方式,首先要考虑间接引文。

(6) 引文资料跨度不能太长:有人认为综述的文献时间越长越好,因此,在收集文献资料时追求篇数多、时间跨度长。事实上,文献资料不是越多越好,也不是时间跨度越长越好。建议以近 3—5 年学术期刊发表的论文为主要材料。

(7) 尽量不使用间接文献和转引文献:综述的文献资料必须是一次性文献资料,而且是作者阅读过、思考过的。有的作者为省事,甚至投机取巧,将他人研究中的文献目录直接挪用过来,或者在别人综述基础上再作相同范围的综述,都违反了学术活动中文献研究原则,是一种对学术不负责任的行为。

---

[1] 时俊卿. 撰写文献综述应注意的问题[J]. 教育科学研究,2004(7):56–58.
[2] 崔建军. 谈研究生学位论文中的文献综述写作 [J]. 陕西广播电视大学学报,2007(3):59–61.

附录 1B
陈师曾与齐白石的关系研究现状评述

包卉

> **按**：这是一篇未刊发的文献综述，是上海大学美术学院研究生包卉同学开题报告的一部分，指导教师是张建军教授。我将这部分内容作为附录之一放在这里，是为了呈现文献综述在论文写作中的用途和价值。包卉同学在论文开题时完成的这个评述，体现出勤谨周密的学习态度，广泛搜罗资料的工作方法，以及详尽分析和合理归纳的学术能力。当然，如果你是本科同学，就不需要下这么多工夫去搜集这么多的资料，老师也不会要求你在论文中包含复杂的文献综述内容，但求真务实的研究态度是所有同学都应该具备的。只要你想写出一篇像样的论文，你就要争取做到广收博取、文献足徵。为节省篇幅，下面文字已略有删节。

一、背景

五四新文化运动，是学术知识界为促进社会文化深层的转变，而发生的一场影响深远的社会文化运动。它是在中西文化交融的背景下，中华民族面对西方强势的科技文化，如何处理它与自身的传统文化的关系，如何走出一条新的文化道路这一问题上必须做出的抉择。为了主导当时的文化变革方向，达到走西化道路的目的，古老的文化传统被新文化运动者视为国家和民族落后挨打的根源，新文化发展的绊脚石。由于它暗合当时的历史背景和社会的变革潮流趋势，传统文化因此被严重边缘化，遭到激烈的批判，中国画的传承也处于困顿和危机之中。

随着时代的发展，社会的剧变，当时的中国文人画家们也在探寻着一条近代文人画发展的新路。他们清醒地认识到，中国画的本性不能丢。中国画之所以为中国画，是因为它不仅以诗书人品的修养来体现文人画家的高度境界，更包容了我们中华民族的民族风度、文化渊源。这是一个民族精神性的体现。在这样的美术大变革之风下，相较于以徐悲鸿、刘海粟和林风眠等为代表的"中西结合派"，以陈师曾为代表的"传统派"更加清醒地意识到中国传统绘画的精神核心所在。陈师曾的《文人画的价值》的发表，以富有学术力量的文章正面回应了美术革命者们的全盘否定的片面论断,在美术界振聋发聩。他更进一步提出了"中国画是进步的","宜以本国之画为主体,舍我之短秉人之长"等著名绘画理论。陈师曾跨越地域的限制,把金石之风带到北京,以自身坚实的美术理论为基础,探索中国画变革的新路。他革新人物画、扩充文人画题材,都是作为对传统中国画作出革新的一种探索。而另一位国画大师齐白石,则通过"衰年变法",紧紧抓住艺术是生存体验的真实记录这一本质,用艺术抒写生活,大胆创造笔墨意境,完成了中国画题材的开拓,昭示了中国画发展的新方向。

二、关于陈师曾的研究综述

要想研究陈齐二人的中国画革新之路,必须先了解全面史料与前人研究现状,如此才能在纷杂的文献中获取有价值的资料,并从其中挖掘出空白点和更大的拓展空间。

1. 关于探讨 20 世纪初中国画变革与发展问题的现有研究成果

此类文章主要立足于文化、哲学、历史等方面,从史观的角度出发对中国 20 世纪初的社会变革、文化变革进而对美术变革进行深层次的研究和分析。主要代表作品有侯军的《中国画与世纪现代潮——兼论对中国传统文化的再发现与再认识》、庞世伟的《论"五四"时期"文人画之价值"问题的辩论及其影响》、萧潇的《论 20 世纪初中国画的变革与创新》、陈池瑜的《中国画的改良思潮与现代进程》、文丹的《在继承与变革中发展——由本世纪初美术革命引发的思考》。

侯军在《中国画与世纪现代潮——兼论对中国传统文化的再发现与再认识》一文中,以大篇幅的背景论述来阐明历史的、社会学和文化的史实,由此使人更深刻的理解传统文化与美术的发展历程。作者以中华文化为轴心,以近当代的各项思潮运动为阶段性特征,描述了传统文化与中国传统绘画在近代文明与现代化的历史潮流中的起伏历程。作者认为,中国画的兴衰沉浮与中华民族的整体命运紧密相连。无论是中国画的改良或者革新,都反映了当时中国社会的现实需要。五四时期的美术革命、中国画改良与文人画革新,与人们对传统文化的认识程度和对西方文化的价值尺度有直接的关系。是革命还是改良,是全面否定还是中西结合,甚至是学习西方的传统还是新潮的现代派,方向性的选择与中国的现实需要都应当紧密结合。在对待西方的态度上更需要冷静的价值取向。作者的观点有理有据,分析透彻合理,新的视角更是耐人寻味。

庞世伟的《论"五四"时期"文人画之价值"问题的辩论及其影响》与萧潇的《论20世纪初中国画的变革与创新》都重点论述了画家们在五四时期的中国画变革道路上的选择。庞世伟在《论"五四"时期"文人画之价值"问题的辩论及其影响》中概括了在中国画改革中取得辉煌成就的画家的三种派别,分别为:一全盘西化派、二中西结合派,此派又细分为两派分别为"中体西用派"(以徐悲鸿、刘海粟为代表)与"西体中用派"以林风眠、吴冠中为代表),三传统笔墨派(以陈师曾、齐白石为代表)。作者总结道,中国画具有的中国化的"艺术精神"("文人画"传统与"笔墨"底线等),是中国画作为中国文化的精粹之所以历经千余年而生生不息的根本原因,因而对中国画的前途充满了信心与期待。这篇文章对于陈师曾的《文人画的价值》的观点理解透彻,对中国画革新的路径的分类分析合理,对"艺术精神"的感悟深刻而使人振奋。但就文章标题"文人画之价值"的历史影响阐述有限,并且在对各位画家的派别分类上在上下文中没有合理的线索使其与"文人画之价值"的辩论与影响对应。

在萧潇的《论20世纪初中国画的变革与创新》一文中,作者就"此时的中国画坛,人们普遍对旧国画感到不满,伴随着时代性的对旧文化的怀疑、否定与破坏之风,人们积极为国画另觅新途。但什么是新途?"这一问题作出解答。作者以其认为的中国画改良的最突出的两个派别论述中西艺术融合的两种不同方式,分别为:一,以写实救国画,以徐悲鸿的引写实主义入国画为例,二,以情感救国画,以林风眠的用西方艺术的表现手法来表达共同情感为例。作者认为改良中国画的这两个方式都具有中西艺术融合的开拓性意义,虽然选择的道路不同,但都为后世中国画的创新与发展开辟出了广阔天地。

陈池瑜的《中国画的改良思潮与现代进程》一文以中国画的改良作为中国画现代进程的推动剂,进一步论述了如陈师曾、齐白石、潘天寿等对中国画稳扎稳打的改良的革新成果在历史上将比以徐悲鸿为主的写实主义与岭南派强调新国画"中西合璧"的意义更深远,成就更高。并认为陈师曾的《文人画的价值》的发表对于文人画价值的再评价对传统的重新认识对中国画的现代进程起了很大的历史作用。同时指出,"国画改良与革新不仅是一个理论问题,更重要的是一个创作实践问题。"这一观点与笔者不谋而合,因此此篇文章对我有不少启发之处。

文丹的《在继承与变革中发展——由本世纪初美术革命引发的思

考》一文肯定了中国画在时代发展中求变的规律性与陈师曾在美术革命的论战中发表的《文人画的价值》的学术性价值,并且以社会学与符号学的角度分析了中国文化与西方文化的异同与发展趋向,指出中国画与西画是属于完全不同的物质文化中的精神产物,两者存在着本质差别。作者还详细分析了美术革命中的三种思潮的特点与功过,以及中国画传神会意、抒情的意象表现的独特性,这种独特性正是中国画可无尽吸收、不断提倡的传统。因而在新时期中国画改良道路的选择上,具有艺术个性与时代气息,富有传统绘画的意象韵味的绘画品质会使中国画走得更为广阔。就本文的标题笔者已经非常赞同,而作者的观点与其他同题材的作者的观点相比较,加入了更为新颖的符号学对中西绘画异同的分析,因而作出了只可借鉴不可拿来主义的推断,可谓有很大的启发性。

上述的论文在探讨中国画在20世纪初的变革与发展问题上都具有代表性,不论是在论述美术革命的进程上,还是在论述美术革命中的不同思潮上——作者都是以中国画的前途为标准,希望找到发展中国画的有效途径。在这一点上,笔者在这些文章中受益匪浅。

2. 关于探讨陈师曾在革命思潮流派归属与道路选择问题

这类文章比较鲜明的一个特征即为在题目或内容中会带有对陈师曾的如"保守主义"或是"传统派"等归类性词语,这种定义都是在对时代的背景变化和陈师曾的理论思想的分析之上的总结。比较代表性的有胡健的《花落春仍在——论陈师曾的文化保守主义》、于洋的《民初画坛传统派的应变与延展——以陈师曾的文人画价值论与进步论为中心》和刘晓路的《大村西崖和陈师曾——近代为文人画复兴的两个苦斗者》。

胡健的《花落春仍在——论陈师曾的文化保守主义》,从"保守主义"的概念和本质出发,分析了清末民初中国文化艺术界的"保守主义"内涵,作者将陈师曾定义为"民初画坛文化保守主义的领导者和实践者"。作者分析了陈师曾"保守主义"形成的原因,认为陈师曾从理论和实践两方面来实践着保守主义领导者的角色。作者又从陈师曾的绘画创新看出陈师曾的绘画思想是"开放性的",而他的每次创新又都"以本国之画为主体"位大前提,因此作者认为陈师曾对传统文化的守护和开放性的思维对于现当代美术的发展意义重大,并进一步得出"我们未来东方'文艺复兴'的主旋律则应是回归古典"的结论。

于洋的《民初画坛传统派的应变与延展——以陈师曾的文人画价值

论与进步论为中心》一文首先对"传统派"的误读和它与"中西结合派"的关系上作出分析,认为"传统派"并非是摹古的守旧主义,相反以陈师曾为代表的"传统派"们都有积极趋新的态度,他们所走的路更为深醇而沉静,这条路是其在中西体系比较后的自觉选择。进而作者从文人画的主题内趋转向和进化论视野中的传统立足点两个角度出发分析了陈师曾的绘画理论价值。作者认为以往的研究多认为陈师曾的文化保守主义主张来源于传统思维的内部推演,实际上陈的"保守"正是由另一种"激进"力量——近代西学新知所促发的。站在陈师曾的立场角度,作者认为陈师曾作为一个"新派"人物投身于守护旧有传统的行列中的强烈的文化自觉意识尤其难能可贵。在论述陈师曾在《文人画的价值》中关于人品修养的表述时,作者一并罗列了民国时期传统派主要画家关于人品道德修养的主要话语摘录以及出处时间,并做了简要分析,这在以往研究陈师曾的文章中是不曾出现过的。然而作者就陈师曾的西学与博学经历而以进化论的角度作《文人画的价值》的目的在于无需改良中国画的观点,以及在后文中,作者又认为陈师曾在作人物画时西法参入的痕迹明显,是取"以本国之画为主体"的中西融合法来实现文人画由旧向新的转型,笔者对此均有不同理解。

刘晓路的《大村西崖和陈师曾——近代为文人画复兴的两个苦斗者》一文将作为中国美术史研究开拓者的西崖和提倡传统美术复兴的陈师曾这两位同样为文人画复兴的任务并列研究,并论述了《中国文人画之研究》的形成和意义。作者认为陈师曾"主要提倡在崇拜西洋的潮流中被冷遇的传统美术",因而比"刘海粟、徐悲鸿走的路更为艰难"。有许多研究者认为陈师曾的《文人画的价值》一文是受大村西崖的影响才写成,在此篇文章中作者也有同样观点"师曾受西崖的影响,不久以白话文写成《文人画的价值》……"然而关于陈师曾此篇文章是否是受了大村西崖影响才写成,目前仍有争议,陈池瑜在其《陈师曾中国画进步论之意义》一文中就对这一说法进行了详细的批驳,认为就写作日期来说陈师曾要早于大村西崖写就这一文章,所以并无影响一说。

3. 关于探讨陈师曾对文人画的守护与革新问题

这一类的文章大多数都偏重于对陈师曾的《文人画的价值》一文发表的背景以及意义做重点论述,进而对陈师曾对文人画的守护所作出的贡献进行充分肯定,而在陈师曾的理论与其在开拓文人画转型的新路的实践上涉及比较少。就两点统一而论的代表作有胡健的《守护中的拓进：陈师曾艺术思想与艺术创作》和陈瑞林的《从陈师曾到俞剑华：探索中国画现代转型的新路》等。

胡健的《守护中的拓进：陈师曾艺术思想与艺术创作》一文中作者对陈师曾所发表《文人画的价值》、《中国画是进步的》等文献资料进行了分析和研究，认为陈师曾的艺术思想和创作体现了"既恪守传统又开放误会的思想观念和文化心态"，陈师曾"承担起传统绘画精神领袖的重任"以及"担负起新美术启蒙的历史使命"。作者认为陈师曾对中国传统绘画，尤其是对文人画的维护，以及陈师曾在绘画题材和表现形式上的创新，都可看做是他承担起传统绘画精神领袖的重任的表现。作者还对陈师曾的山水小品与人物画做了理论与技法上的分析，认为陈师曾将西洋绘画技法与民主的人文主义以及现实主义思想引入中国传统绘画，肯定了陈师曾作为近代绘画的开创者的意义，进而说明陈师曾在理论与实践上对近代美术的启蒙性与开创性贡献。作者还认为"正是在他这种美术创新和文人画思想的影响下，才有了齐白石著名的'衰年变法'，从而揭开了近代中国绘画的崭新篇章。"

陈瑞林在《从陈师曾到俞剑华：探索中国画现代转型的新路》一文通过对以往认为"传统"、"保守"的"五四"时期北京画家群的分析，通过对陈师曾与其弟子俞剑华艺术主张的分析，给予"师古开今"、开掘本土文化资源探索中国画转型新路的努力以高度肯定，认为这条道路的探索对于中国美术的现代转型到达新的转点的今天仍然有着重要的现实意义。作者认为陈师曾等人"开掘本土文化资源"的努力和探索是积极的，主要表现在三个方面：一是陈师曾通过《文人画的价值》一文对文人画进行了全面的总结，"这是对中国传统绘画价值的肯定，令人信服地说明了文人画继续存在的理由，说明了中国绘画现代转型进程中传统永不衰竭的生命力量。"二是表现在陈师曾的绘画实践创作中。作者认为陈师曾在绘画题材和技法上突破传统，尤其是在人物画上"超越了传统文人画的局限，开创出了现代中国画的新境界。"三是陈师曾等人对中国传统绘画以及对母体中国传统文化的肯定。这种并非简单地对历史一元化和线性化的认识，和论述艺术发展上的不同取向和不同路径的可能性的事实让笔者获益良多。

4.关于探讨陈师曾与齐白石的交往与相互影响的问题

陈师曾与齐白石的交往是近代美术史上一个耐人寻味的话题,两者间的互助与渗透尤值提及。然而此类研究深入透彻的文章并不多见。具有代表性的有朱万章的《君无我不进,我无君则退——陈师曾与齐白石的翰墨因缘》,更多只是历史客观描述,如吕立新的《从木匠到巨匠——三位影响齐白石命运的人》。

朱万章的《君无我不进,我无君则退——陈师曾与齐白石的翰墨因缘》一文通过文本和画作互证的美术史学研究方法,主要探讨陈齐二人在交游过程中,各自在绘画、篆刻、画坛人脉及地位等方面的变化所在。作者认为诗歌酬唱是两人之间翰墨因缘的一种重要表现形式,因此在本篇中大量运用了陈师曾与齐白石的题画诗等作为线索阐述了陈师曾对齐白石"变法"的影响以及齐白石对陈师曾的感激与怀念之情。然而在齐白石对陈师曾的影响方面作者认为由于史料的阙如而无法做出深刻的探讨。笔者认为这篇文章已开陈师曾与齐白石研究的新风,以诗作为两人交往史实的推导使两人深厚的翰墨因缘与忘年之交的深切友谊更加让人信服。然而作者没有把二人放入历史的潮流中用发展的眼光看待陈齐二人对中国画革新的路途的探索,因而在关于二人以"君无我不进,我无君则退"为相互影响的现象上没有作出深刻的分析和推论,也因此使文章的宏观思想与最后的结论只是流浮于事实表面。所以关于两人的交往对20世纪初中国画革新的影响还有待做出进一步的探讨。

三、第一结论——有关陈师曾在齐白石艺术生涯中的意义与影响未被重视

上述材料分析了时代潮流对陈师曾艺术思想与绘画创作的影响以及陈师曾在那个纷杂时代对中国传统与中国画作出的自觉的选择。我们也可以看到,研究者们把"齐白石"这个名字当做论述陈师曾美术生涯的一个成就点,但是这个点往往被平淡的历史描述一笔带过,从而使读者们简单地以为陈师曾只是齐白石老人艺术生涯的伯乐之一,而忽略了两者在中国美术发展的长河中的历史意义。关于陈师曾在齐白石艺术生涯中的意义与影响也未被重视。因而笔者翻阅了众多关于齐白石的研究文献,初步得出结论有二:

1. 纵观大多数论述陈师曾生平或绘画思想或是其在北京十年工作和生活经历的文章时,其中都会出现一个我们更为熟悉的名字——国画

大师齐白石。而在齐白石的研究资料中,关于其与陈师曾的交往也往往被学者们提及。这样的交往有时更被表述为是齐白石绘画生涯的一个转折点。作为一位在美术发展史中有重大影响的先行者,更多时候,陈师曾这个名字,或在论述齐白石"衰年变法"时被一带而过,或就只浅显的描述二人相识交往经过等一些历史片段。如上述朱万章在《君无我不进,我无君则退——陈师曾与齐白石的翰墨因缘》一文中就详细描写了陈齐二人的相识经过,通过齐白石的日记和诗作等还原了两人交往的历史事实,但就"衰年变法"的前因后果,陈师曾对齐白石绘画生涯的意义,只借白石老人"君无我不进"之语作点题外,对"我无君则退"并没有作更深入的探讨。二人在20世纪初这个美术史上特殊的历史年代对中国绘画的传承与对中国画的革新所作的理论与实践上相辅相成的守护与开拓,更值得我们关注与深思。

2. 关于齐白石"衰年变法"的讨论,在至关重要的环节没有突出陈师曾对于齐白石在"衰年变法",特别是"变法的原因与方向"上的特殊指导意义。如胡守海的《解构与重建——试析齐白石的衰年变法》,只是通过对齐白石衰年变法前后的作品题材、绘画风格的比较,剖析了其衰年变法的社会原因、心理原因,论证了齐白石衰年变法是对传统中国画的解构与重建,是对自我形象、内在思想感情的解构与重建。在笔者看来,这种探讨是不算深入和完整的。

在陈祥明的《齐白石衰年变法再探索》中,作者从内在动因、个人文化背景、途径和特点等方面论述了齐白石变法的方式方法与成因,并探讨了其与革新派画家如陈师曾、徐悲鸿等人的差异,随后在齐白石变法后的笔墨中分析其达到的精神境界,从而进一步分析了齐白石"衰年变法"的重要贡献,认为其"创造了中国画艺术的'以形写神'的现代范例,在美学层次上其实了中国画发挥在那的历史路向。"笔者认为这篇文章研究深入,方向准确,方法新颖,角度独特。但就分析层次上,"变法"更多的成为是齐白石个体的自发自觉的创造,而陈师曾的作用被忽略,不失为一种遗憾。然而正因为角度的关系,以什么样的角度作为切入点使对两人结合的研究更加透彻清晰,逻辑分明而又合情合理,成为一个笔者着重思考的关键点。

3. 在陈祥明的《齐白石衰年变法再探索》中,作者论述道,"以陈师曾为代表的革新派文人画家坚持施法自然,倡导关注现实,大力拓展写生眼界,面向都市与外部世界,在题材上扩大了表现社会现实生活的内容,在笔墨上追求时代精神与个性特征的有机统一"。然而作者话锋一转,认为齐白石"和他们不同","更多的是深入乡村,深入民间,深入内心世界,在题材上扩大了表现老百姓日常生活的内容"。如果说陈师曾的《北京风俗图》是一个上流社会的文人雅士对社会底层劳动人民的同情与关怀的体现,那么齐白石的视角则更为深入,因为齐白石就代表着这群生活在底层,生活在民间的普通老百姓,陈师曾和齐白石交往前后几年对中国画题材笔墨画风的探索与齐白石"衰年变法"路径的走向不谋而合。一些代表性文章如冰静的《齐白石的"蔬笋气"》、刘石的《齐白石绘画的民间性》、于晶的《乡心、童心、农人之心——从齐白石的作品中感悟乡土情》,从各个不同方面论述了齐白石迥异于一般文人画家的鲜明特征,显而易见也是与陈师曾的革新之路接轨而后与本体条件结合起来的创新,这些都需要作深入探讨。

四、第二结论——就革新之路的角度看目前二人研究的发展空间

综合上述研究现状综述,结合有关材料,可看出两人的研究仍有较大挖掘空间。

1. 关于陈师曾的研究在 20 世纪中期有过一段时间的空白,自 20 世纪 80 年代以来有关陈师曾的绘画理论研究逐渐增多,时常有研究成果见诸报纸杂志。这些期刊文献等主要集中于研究陈师曾 20 世纪 20 年代初期的绘画思想,以及其发表的论著中有关中国画进步的观点和对文人画价值的独特思考。大部分论者认为这些观点在当时新文化运动否定传统文化和美术革命的浪潮声中具有反潮流精神,并在评价时用了文化保守主义者和文人画复兴斗士等立场性比较强烈的称谓。在探讨陈师曾在 20 世纪初的流派归属时,有学者认为其属于"传统派",也有学者认为其属于"革新派",笔者认为就两方而言都存在理由和不足,因此有必要做全面分析,而把陈师曾与齐白石两个人从守护、革新、意义、对比、贡献等角度结合研究,也从侧面打开了论述20 世纪初传统中国画突破与发展状况的新视角。

2. 由于陈师曾没有到达其绘画创作巅峰即盛年而逝,其画作存世不多,且没来得及开创自己的流派,其画作与陈师曾的绘画理论比起来得不到研究者们足够的重视。所以在研究陈师曾的绘画作品时很多研究者没有把当时的新美术革命思潮和陈本人的理论思想与之相结合起来,从

而忽略了陈师曾作为一位有着开放性思维的传统文人画家在现实的文人画创作中所作出的创新。特别是在他的绘画思想和现实创作的相互推动和影响方面没有做深入研究,因而只是形成了比较单一的评鉴论。这就促使研究者在陈师曾个人创作的发展和局限方面的研究成果相对较少,进而其帮助齐白石推动革新的意义贡献也因此被淡化。

3. 由于从两人相识至陈师曾盛年而逝的这段时间过于短暂,许多研究资料除了在论及"衰年变法"时会提及是陈师曾"提点"外,并没有说明陈师曾"劝其变法"的深层原因,笔者就手上资料整理后粗浅认为其因有二:

(1)作为朋友,陈师曾见齐白石生活窘迫,画风守旧润格不高,在北京地区没有市场,但却赏识他的过人才华,恐其被埋没。当时在京沪地区及日本等海外国家,像吴昌硕这样金石花鸟写意画风很受人追捧,所以劝齐白石变法,以迎合绘画市场解生活之困。这里便有很多论点可深掘。如花鸟人物画在山水画成大统之后的重新崛起,王画的没落和金石之风的兴起,海上画派与京津画派的对比,花鸟写意从明末朱耷之"求奇"到清初扬州八怪之"求新"到清末海上画派之"求变"的发展历程等等。均可视为陈师曾作为一位美术史论家以中国绘画的发展规律的科学方法劝齐白石变法的原因。

(2)作为一位美术教育家,陈师曾的伯乐之眼可谓精准独到。在这个农民身上,这位学贯中西已在北京画坛有了立足之地的文人画家,似乎看到了文人画未来发展的方向——即民间性。作为一位画家,陈师曾把金石大写意之风带到了北京,在画风题材上也曾做出过改变,他以水墨画北京风俗,以简笔画社会时弊,然而自身的生活经历和已经形成的绘画风格难以促成其取得更大的突破。所以当一位受过生活颠沛流离之苦,看透人间之冷暖,而又在诗书画印方面有着较高造诣的齐白石出现时,齐的怀才不遇与陈师曾的倾腹相授碰撞出了"变法"的火花。我们可以把"衰年变法"看做是陈师曾的文人画变革理想在齐白石身上的实现。所以一些文章在论述齐白石对中国绘画风格的转型与题材的开拓之时,只说其迎合了"时代所趋",而没有看到陈师曾的画学思想在齐白石绘画创作中的延续和革新中国画的责任的交接,这样的论述是不完整的。陈师曾的绘画理论与齐白石创作实践的相辅相成,成为探索20世纪中国画革新之路的先驱。

4. 陈传席在《早夭和早熟的天才——陈师曾和黄胄》中曾把陈师曾

与齐白石作对比,说"陈师曾如果活到齐白石那个年龄,必为中国第一大家,而且成就也必在齐白石之上。"在此且不作若陈师曾长寿画史将如何局面这个虚拟假设的结论。拉斐尔 37 岁逝世而在世界画史上名垂千古,陈师曾在其短暂的 48 年生命中,为 20 世纪中国画发展作出了如此之大的贡献,却在当今的画坛画史中备受冷落。究其原因,一些研究陈师曾的学者们并未给出确切而深刻的结论。除开高寿的因素,齐白石成就远远超越陈师曾的原因,在真正把他和齐白石两人之间的生活经历、画学思想和画风画派作出比较之后,也许我们会找到寻觅已久的答案。因而笔者将把陈师曾与齐白石的名字与关系联系到一起,探讨二人在 20 世纪初的画坛上的得失成败与历史影响,从而整理出一条代表那个时代的传统中国画突破与革新的新路。

论述陈师曾生平与创作的期刊文献:

[1]袁思亮. 陈师曾墓志铭[J]. 美术观察,1996(10).
[2]李树声. 近代著名画家陈师曾[J]. 美术研究,1982(1).
[3]茅子良. 关于陈师曾诸事[J]. 文献,1986(3).
[4]陈礼荣. 近代画界巨擘陈师曾[J]. 文史精华,2002(2).
[5]胡丹. 江西近代著名画家陈衡恪[J]. 江西文物,1991(2).
[6]俞剑华. 近代画家陈师曾先生的生平及其艺术[J]. 南京艺术学院学报(美术与设计版),1986(1).
[7]曹世钦. 融汇众长 自具一格——博学多能的陈师曾[J]. 紫禁城,1993(3).
[8]刘品三. 陈衡恪《春兰秋菊图》[J]. 江西历史文物,1983(1).
[9]钱芳. 陈师曾及其《荷花图》[J]. 收藏界,2010(10).
[10]谷溪. 陈师曾及其画铜[J]. 美术之友,1998(5).
[11]聂卉. 陈师曾和他的《读画图》[J]. 紫禁城,2004(4).
[12]陈礼荣. "风采宣南"耀千秋 读新版陈师曾《北京风俗》[J]. 博览群书,2003(9).
[13]滕晓敏. 试论陈师曾《北京风俗》在人物画史上的创新和影响[J]. 书画艺术,2008(4).
[14]刘经富. 深知身在情长在——陈衡恪的悼亡诗. 陈衡恪诗文集[M]. 南昌:江西人民出版社 2009.
[15]贺国强,魏中林. 由"学人之诗"到"画人之诗":论陈师曾诗. 深圳大学

学报(人文社会科学版)[J]. 2011(3).

[16]李苊. 陈师曾对20世纪中国意笔人物画的贡献[J]. 商丘师范学院学报,第21卷(4).

[17]商勇. 20世纪初的社会剪影——陈师曾《北京风俗图》[J]. 东南文化, 2001(10).

[18]李运亨. 陈师曾的绘画艺术和研究. 陈师曾画论[M]. 北京:中国书店, 2008.

[19]邓见宽. 博雅、隽永的刻铜艺术——简论姚华,陈衡恪的书画刻铜[J]. 贵州文史丛刊,1991(4).

[20]徐杰. 画吾自画自合古何必低首求同群 陈师曾的画品和市场行情[J]. 收藏家,2006(7).

论述陈师曾美术活动的期刊文献：

[1]赵盼超. 陈师曾居北京期间的艺术活动及成就[J]. 美苑,2010(2).

[2]闫春鹏. 陈师曾与北京大学画法研究会[J]. 荣宝斋,2009(3).

[3]高昕丹. 陈师曾与北京大学画法研究会[J]. 新美术,2008(5).

[4]商萼. 陈师曾与北京画坛[J]. 美术,2005(7).

[5]云雪梅. 民国时期的两个京派美术社团[J]. 收藏家,2000(11).

[6]徐狄. 陈师曾与齐白石的刻铜墨盒[J]. 文艺生活(艺术中国),2010(1).

[7]吕立新. 从木匠到巨匠三位影响齐白石命运的人[J]. 新湘评论,2010(18).

[8]朱万章. 君无我不进,我无君则退——陈师曾与齐白石的翰墨因缘[J]. 美术学报,2011(2).

[9]邓云乡. 记陈师曾艺事——兼谈与鲁迅的友谊[J]. 文献,1982(2).

[10]淦小炎. 鲁迅与陈师曾及其艺术交往[J]. 九江师专学报,1985(4).

[11]刘以焕. 鲁迅早年的挚友——陈师曾[J]. 鲁迅研究月刊,1998(6).

[12]刘晓路. 君子之交——从陈师曾送鲁迅的十幅画谈起[J]. 美术观察, 1999(4).

[13]邓云乡. 姚茫父《弗堂类稿》与陈师曾[J]. 传统文化与现代化,1998(6).

论述陈师曾画学思想的期刊文献：

[1]龚产兴. 陈师曾的画学思想与创作[J]. 美术观察,1996(10).

[2]庞国达. 陈师曾绘画美学思想管窥[J]. 太原城市职业技术学院学报,2008 (4).

[3]胡健. 守护中的拓进:陈师曾艺术思想和艺术创作[J]. 江西社会科学,

2004(10).

[4] 钟国胜. 陈师曾中国画进步论的史观研究[J]. 美苑, 2007(2).

[5] 钟国胜. 陈师曾中国画价值的历史观研究[J]. 美苑, 2008(3).

[6] 陈池瑜. 陈师曾中国画进步论之意义[J]. 东南大学学报, 2006,8(5).

[7] 苏金成, 胡媛媛. 在中西冲突与艺术革新时的守护——陈师曾的绘画创作与艺术思想探析[J]. 书画世界, 2011(3).

[8] 黄戈. 从陈师曾到傅抱石的中西绘画比较[J]. 南京艺术学院学报, 2007(2).

[9] 刘晓路. 大村西崖和陈师曾——近代为文人画复兴的两个苦斗者[J]. 艺苑(美术版), (4).

[10] 杨惠东. 20世纪之初的中日绘画及当代思考[J]. 国画家, 2006(4).

[11] 陈瑞林. 从陈师曾到俞剑华——探索中国画现代转型的新路[J]. 南京艺术学院学报(美术与设计版), 2009(3).

[12] 胡健. 花落春仍在——论陈师曾的文化保守主义[J]. 美术观察, 2004(12).

[13] 成佩. 陈师曾关于文人画的理论[J]. 美术研究, 2005(1).

[14] 赵涛. 新论文人画[J]. 艺术探索, 2007(1).

[15] 黄书生. 朽者为何不朽——陈师曾艺术创作观点探解[J]. 周口师范学院学报, 2010(6).

[16] 李炬. 文人画在发展中继承与创新的关系[J]. 大舞台, 2010(12).

[17] 长河. 回家读《陈师曾画论》[J]. 博览群书, 2008(6).

[18] 吕颖梅. 论留学经历对陈师曾绘画理论的影响[J]. 人民论坛, 2010(29).

[19] 于洋. 民初画坛传统派的应变与延展——以陈师曾的文人画价值论与进步论为中心[J]. 美术观察, 2008(4).

[20] 刘晓路. 日本的中国美术研究和大村西崖[J]. 美术观察, 2001(7).

[21] 徐中华. 王梦白[J]. 浙江档案, 1992(2).

[22] 谷谿. 我编《陈师曾书画精品集》[J]. 美术之友, 2004(1).

[23] 陈传席. 早夭和早熟的天才——陈师曾和黄胄. 画坛点将录: 评现代名家与大家[M]. 北京: 三联书店, 2005.

[24] 王陶峰. 陈师曾文人画论的"现代"意义探究[J]. 安阳师范学院学报, 2011(4).

[25]吕颖梅.文人思想下陈师曾绘画题材的演变[J].大众文艺,2011(9).

陈师曾发表的文献资料：

[1]陈师曾.欧洲画界最近之状况(译文)[J].南通师范校友杂志,1912,2

[2]陈师曾.对于普通教授图画科意见[J].绘学杂志第一期,1920(6).

[3]陈师曾.绘画原于实用说[J].绘学杂志第一期,1920(6).

[4]陈师曾.清代山水之派别[J].绘学杂志第一期,1920(6).

[5]陈师曾.清代花卉之派别[J].绘学杂志第一期,1920(6).

[6]陈师曾.中国人物画之变迁[J]. 东方杂志第十八卷十七号,1920.

[7]陈师曾.文人画的价值[J].绘学杂志第二期,1921(6).

[8]陈师曾.中国画是进步的[J].绘学杂志第三期,1923(6)

[9]陈师曾.中国绘画史[M].山东济南翰墨缘美术院,俞剑华整理

[10]陈师曾.中国文人画之研究[M].上海:中华书局,1922.

论述陈师曾的专著：

[1]朱万章. 陈师曾[M].河北教育出版社,2003.

[2]李运亨,张圣洁,闫立君.陈师曾画论[M].北京:中国书店,2008

[3]陈师曾《北京风俗》.北京:北京出版社,2003.

[4]陈衡恪诗文集[M].南昌:江西人民出版社,2009.

陈师曾的画集：

[1]陈师曾书画精品集(上下).北京:人民美术出版社,2004.

[2]中国近现代画家——陈师曾画集.天津:天津人民美术出版社,2008.

论述齐白石期刊文献

革新：

[1]谢丽朱丹.论齐白石在艺术上的革新精神[J].美术研究,1979(3).

[2]艾中信.残荷有生趣——齐白石"变法"一例[J].美术研究,1983(2).

[3]胡守海.解构与重建——试析齐白石的衰年变法[J].抚州师专学报,2000(1).

[4]陈祥明.齐白石"衰年变法"再探索[J].美术观察,2000(5).

[5]陈芳桂.齐白石"衰年变法"初探[J].国画家,2002(5).

[6]陈瑞林.走向中国美术的现代形态——《齐白石全集》有感[J].美术之友,1997(1).

[7]郎绍君.齐白石绘画的形式与风格[J].文艺研究,1993(4).

[8]霍苏华.中国现代绘画的开拓者——齐白石[J].东方艺术,2002(4).

[9]马明宸.承中求变——齐白石的艺术与中国画的现当代转型[J].书画世界,2008(5).

[10]潘义奎."似与不似"——从齐白石"衰年变法"看写意花鸟画"形"与"意"的表达[J].宁夏大学学报(人文社会科学版),2011(3).

[11]马明宸.齐白石对中国画现当代转型的贡献[J].书画世界,2011(1).

[12]陈履生.齐白石身份转化的启示[J].国画家,2010(5).

[13]万青力.从"三绝"到"四全":齐白石的艺术成就与近世画学之变[J].美术研究,2011(1).

民俗性:

[1]叶浅予.从题材和题跋看齐白石艺术中的人民性[J].美术,1958(5).

[2]张宜书.土极·俗极·美极——谈齐白石的绘画艺术[J].美与时代,2003(11).

[3]冰静.齐白石的"蔬笋气"[J].书屋,2005(3).

[4]刘石.齐白石绘画的民间性[J].文艺研究,2005(7).

[5]李季琨.齐白石与湖湘文化[J].理论与创作,2006(3).

[6]张俊东.齐白石的"蔬笋气"[J].书画艺术,2007(4).

[7]蒋红雨.浅谈齐白石绘画的童真美[J].美术大观,2007(9).

[8]王志坚.艺术从民间崛起——论齐白石艺术中的民间性[J].文艺生活(艺术中国),2009(2).

[9]吴静宏.齐白石绘画色彩的民间性[J].美术大观,2009(2).

[10]胡玲玲.齐白石"俗"缘浅议[J].美术大观,2009(5).

[11]王青灵.援"俗"入雅 撷"俗"入画——吴昌硕和齐白石艺术"俗"缘价值探微[J].商丘师范学院学报,2010(2).

[12]刘剑峰.论乡土生活对齐白石绘画艺术的影响[J].湖南人文科技学院学报,2010(6).

[13]袁云丽.寻常巷陌起高华——谈齐白石的平民艺术及其地位[J].大众文艺,2009(10).

[14]论齐白石绘画艺术中质朴的乡土情怀[J].大众文艺,2011(19).

生平:

[1]顾龙生.著名画家齐白石生年考[J].编创之友,1984(3).

[2]萨本介.齐白石年表[J].书法之友,1998(4).

[3]李凤莲.经胡适考证的齐白石年龄[J].文史博览,2006(7).

[4]朗绍君.读齐白石手稿——日记篇[J].读书,2010(11).

交往:

[1]胡运生.徐悲鸿力荐齐白石的启示[J].当代江西,2005(11).

[2]苏育生.胡适与齐白石[J].书屋,2007(9).

[3]吕立新.从木匠到巨匠三位影响齐白石命运的人[J].新湘评论,2010(18).

[4]李松.知己有恩——齐白石诗画中的师友情[J].美术,2010(12).

艺术思想:

[1]刘曦林.学我者生——齐白石、李苦禅艺术同异论[J].美术,1993(9).

[2]萧元.齐白石与中国艺术精神[J].书屋,1998(3).

[3]史洋.齐白石的形神论[J].美术及设计版,2003(2).

[4]侯君波.齐白石艺术美学思想探析[J].江苏教育学院学报(社会科学版),2007(4).

[5]添乐.走进齐白石的精神家园[J].新湘评论,2007(10).

[6]杨玉山.齐白石艺术心理定势浅析[J].青海社会科学,2008(6).

[7]吕燕,张晋波.解析齐白石的精神[J].山西师大学报(社会科学版),2009年 S1 期

[8]冯潇.齐白石和毕加索人生艺术态度比较研究[J].文学界(理论版),2011(2).

[9]封美言.浅谈"学我者生,似我者死"[J].美术教育研究,2011(8).

诗学:

[1]谭风.齐白石的诗[J].当代文坛,1984(5).

[2]王振德.谈《齐白石全集》诗文卷[J].美术之友,1997(1).

[3]王振德.刿心鉥肝,超妙自如——略谈齐白石诗文题跋[J].北方美术,1997(Z1).

[4]田正南.齐白石的画梅诗[J].艺海,2007(3).

[5]韩晓光,王茜.自有心胸甲天下——齐白石的题画诗情感蕴涵浅析[J].景德镇高专学报,2009(1).

[6]郎绍君.读齐白石手稿——诗稿篇[J].读书,2010(12).

书与印:

[1]缪永舒.齐白石书法篆刻艺术审美意象构建[J].四川师范学院学报(哲学社会科学版),1993(4).

[2]沈建新.齐白石篆书艺术探讨[J].书法艺术,1995(2).

[3]陆璐.论齐白石书法篆刻艺术[J].大理师专学报,1998(3).

[4]陈绥祥.书法的生命——齐白石书法散论[J].书法之友,1998(4).

[5]张云龙.齐白石印章边款艺术略识[J].辽宁教育学院学报,1999(2).

[6]潘深亮.齐白石书法艺术及辨伪初探[J].收藏家,2004(12).

[7]姜伟.博采众长,自成一家——齐白石印艺溯源[J].安徽文学(下半月),2008(8).

[8]彭育龙,蒋明高.论齐白石篆刻的形式美[J].艺海,2009(4).

[9]王帅,杨朝旭.浅谈齐白石篆刻艺术的特点及成就[J].大众文艺,2009(6).

[10]彭作飚.吴昌硕齐白石花鸟画构图对篆刻章法的运用[J].艺术探索,2010(3).

[11]徐鼎一.齐白石学书历程浅述[J].荣宝斋,2010(5).

[12]张永红.试论齐白石绘画艺术与书法、篆刻的关系[J].美术大观,2010(8).

[13]朱天曙.清代以来的碑派书风与齐白石书法[J].东方艺术,2011(8).

[14]罗随祖.论齐白石及其篆刻[J].艺术市场,2011(09,10,12).

绘画品评:

[1]徐强.妙在似与不似之间[J].国画家,2005(1).

[2]李宁,孙群.谈齐白石"作画妙在似与不似之间"的形象真实性本质[J].吉林省教育学院学报,2009(4).

[3]马鸿增.齐白石"似与不似之间"的重新解读[J].国画家,2009(5).

[4]刘晓陶.齐白石"似与不似之间"理论再探[J].荣宝斋,2011(11).

[5]李可染.谈齐白石老师和他的画[J].美术,1958(5).

[6]薛永年.象外意与文化积淀——谈齐白石绘画用典[J].美术观察,2011(4).

[7]洪明骏.齐白石中国水墨画创作成功之路探究[J].大众文艺,2011(13).

[8]杨立志.集大美者——浅析齐白石的绘画艺术[J].河套大学学报,2007(3).

[9]张镛.齐白石画虾[J].老年教育(书画艺术),2008(2).

[10]王莎莎,刘文华.齐白石《群虾图》的艺术特色[J].现代装饰,2011(6).

[11]李南书.平淡从容才是真——介绍齐白石《水草群虾图》[J].四川文

物,1993(3).

[12]李录成.20世纪写意花鸟画发展述略[J].美术观察,2005(8).

[13]杨正发.试论齐白石花鸟画的写意精神[J].美术大观,2010(11).

[14]赵胜利.齐白石花鸟画的自然形成与自觉创造[J].集美大学学报(哲学社会科学版),2011(4).

[15]姜海洋.齐白石:人生大写意[J].走向世界,2011(27).

[16]周正碧.吴昌硕、齐白石大写意花鸟艺术同异论[J].大众文艺,2010(21).

[17]骆风.红花墨叶照眼明——解读齐白石绘画中的色彩[J].美术大观,2011(2).

[18]唐爽来.齐白石花鸟画中的笔墨精神[J].艺苑,2008(10).

[19]唐爽来.齐白石山水画的艺术境界[J].艺苑,2009(1).

[20]王方昊.齐白石的山水画[J].老年教育(书画艺术),2010(12).

[21]郑可.信笔所至烂漫天真——齐白石行书扇面赏析[J].书法之友,2002(9).

[22]中国画大师齐白石的人物画[J].思维与智慧,2010(23).

[23]胡懿勋.齐白石人物画的典型性个人风格[J].艺术·生活,2009(2).

[24]王树春.齐白石扇面画艺术[J].美术观察,1997(8).

[25]周怡.齐白石绘画的幽默和讽刺[J].齐鲁艺苑,1995(3).

[26]松涛.对齐白石绘画理论的一些体会[J].美术研究,1958(1).

[27]王文静.浅谈齐白石的艺术风格[J].大同职业技术学院学报,2006(1).

[28]郭彤.齐白石早期艺术创作[J].美术研究,1990(1).

[29]梅墨生.品鉴齐白石[J].美术之友,2004(2).

[30]姜寿田.现代画家批评——齐白石[J].南京艺术学院学报(美术与设计版),2005(1).

[31]姜寿田.齐白石绘画及其文化身份[J].荣宝斋,2007(1).

[32]陈垠仓.论齐白石艺术[J].美术大观,2007(11).

[33]魏华.齐白石[J].收藏界,2011(2).

[34]齐白石全集编委会.《齐白石全集》前言[J].精品荟萃,2010(2).

[35]曹顺兴.画史名家——齐白石的艺术历程[J].大众文艺,2010(13).

[36]潘强.形神兼备 笔墨精微——读齐白石画作[J].美术大观,2007(12).

[37]石鑫进.齐白石的"平正见奇"[J].艺海,2008(5).

[38] 孙永亮. 齐白石与库尔贝的"现实主义"[J]. 艺术探索, 2010(6).

[39] 王蕾. 丹青巨匠一代宗师——谈齐白石艺术给我们的启示[J]. 美术大观, 2007(9).

[40] 朱建亮. 德艺兼学全面继承艺术大师齐白石[J]. 清远职业技术学院学报, 2009(1).

[41] 子仁. 中国文化的旗手和巨匠——陈绶祥谈齐白石[J]. 美术观察, 2007(10).

[42] 文选德. 垒筑丰碑——读《齐白石全集》[J]. 书屋, 1997(6).

附录 2A
如何写调查报告？

调查报告就是先作调查研究,后将研究成果写出来的书面报告。可将调查报告分为调查(街头)和报告(案头)两部分,其重点在调查,是调查质量直接决定报告质量。艺术类调查报告多采用社会学调查方法,就是运用问卷或访问的方法向调查者收集材料,然后通过分析这些材料来获得对调查对象的理性认识。对学生来说,写调查报告可以比一般的评述性论文,获得更多的实证训练机会,因此它是一种值得尝试的论文形式。下面是对调查报告写作的一般要求。

1. 调查地点

要根据论文题目需要选择调查区域,但也务必要考虑交通便利性。任何题目的现场调查都不能只去一两次,因此对学生而言,应该尽可能选择学校所在地或家乡所在地开展调查工作。

2. 调查项目与范围

预设的调查项目要尽可能详细,要列出调查提纲,以使调查能围绕提纲进行。在调查过程中可根据具体情况修改和补充提纲。调查范围要适当,调查数量不能太少,也不能过多,太少了没有普遍适用性,过多或涉及过广,精力时间不够用,材料也不宜搜集齐全。

3. 搜集资料方法

大部分艺术调查都是采用问卷与访问两种方法收集信息,也就是要靠对被调查者的询问来获得信息。从具体的个人那里获取第一手资料,这是社会调查在所用手段上区别于其他研究方式的一个重要特征。除此之外,实地拍照、测量、搜集实物等,也是常见的搜集资料的方法。

4. 分析资料方法

通过问卷与访问获得大量资料后,需要使用统计和分析方法从这些资料中得出结论。资料分析方法既包括处理普遍调查和抽样调查所得的量化资料的统计分析方法,也包括处理典型调查与个案调查所得的众多非量化资料的定性分析方法。

5. 常见调查模式

（1）普遍调查：即对主题覆盖范围内的所有对象展开调查，这样做的好处是一网打尽，缺点是费时费力费钱，因此较少被个体研究者所采用。

（2）抽样调查：即从全体中按一定方式抽取部分对象进行调查，将调查结果推论到总体中，这样做的好处是既能覆盖广泛，还能省时省力省钱，因而最为常见。

（3）典型调查：即从全体中选取几个有代表性的典型进行调查，并以此来反映总体情况，其关键是所选典型必须具有代表性。

（4）个案调查：即对一个对象做深入细致的调查，它并不以反映总体状况为目的。

6. 常见调查内容

（1）现状调查：就是对调查对象的一般样态进行调查，这包括物质环境，如公共艺术的区域位置、空间环境，构造材料，等等；也包括人类生存的信息，如数量、职业、收入等信息。这类调查内容只包括客观信息，收集资料较易，也很少出现问题。

（2）行为调查：就是调查人们"做了什么"和"怎样做的"。如美术馆职工几点上班、每周几次例会，全年举办过多少次展览，有哪些重要艺术家出席，等等。这类内容也是客观的，是大部分社会调查的主要内容，但由于个体流动等原因，此类调查不容易完全精准无误。

（3）想法调查：就是调查人们对某事某物"有什么看法"和"持什么态度"。如人们怎么看待在公共场所举办的行为艺术，普通大众对流行影视作品有什么看法，收藏家选择艺术品的标准是什么，等等。这类内容有相当的主观性，是各种民意测验、舆论调查、社会心理调查的主要内容，也是艺术类调查（尤其是大众关系密切的公共艺术）的重要部分。

7. 正确的调查态度

调查一定要从实际出发，坚持实事求是原则，不能在调查之前就存有成见，任何戴有色眼镜的调查，都会导致调查结果失真。实际看到什么样子，就是什么样子。在调查中，好话、坏话，正确的话，错误的话，都要听。

8. 如何写调查报告

现场调查和案头分析有结果后，就可以写作调查报告了。一般需要列出写作提纲，确立调查报告的结构，一般除标题外，是前言、正文和结语三部分。

(1)前言:要说明调查的目的、时间、地点、对象、范围、方式,并扼要点明调查报告的基本观点,突出报告内容的重要意义。撰写前言一定要开门见山,点明主题,吸引读者继续阅读。

(2)正文:是调查报告的主体,常见有两种结构:一种是横向结构,即根据事物的内在联系和逻辑关系,设定几个问题,列出小标题,然后按问题分别叙述。这种文本结构的好处是条理性强,观点鲜明。第二种是纵向结构,即根据事物发展先后顺序进行叙述,有助于读者从时间顺序上对事物有全面的了解。这种文本结构比较适用于内容单一的调查报告。

(3)结语:对调查结果作归纳性说明,以简约手法总结全文主要观点,也可以有前景展望、建议和指出存在的问题。

(4)在调查报告写作中,材料和观点必须统一。要用事实说话,凭材料论理,材料运用得好坏,直接关系到文章质量。材料也不要太多,能说明问题就行,要避免因不擅取舍而不分巨细地罗列资料的写作方法。

(4)要尽量使用数据说明观点,精确的数据可以准确地反映事物数量和质量的变化,能增强科学性和说服力。不过运用数据要严肃谨慎,一定要做到确凿无误,防止浮夸失实。

附录 2B
大、中学生审美情趣调查报告

张玉宝 秦晓琪 屠美如

> **按**:这是一份多年前被《美术》杂志转载的篇幅很短的调查报告,内容是 1982 年下半年开始到 1983 年,江苏省美学学会"审美情趣"调查组在江苏省的南京市、无锡市、苏州市、镇江市,对 2 000 人进行了一次社会调查。调查的内容是当时青年的一般审美情趣,涉及日常生活、文化娱乐、婚姻恋爱等有关方面。调查对象有大学生、中学生、工人、农民、部队战士、文艺体育工作者和商业工作者;年龄从 15 周岁到 28 周岁。调查方法主要是问卷,其中大多数为选择题,也有少量的问答题。《美术》杂志转载了该报告的部分内容并加了编者按。虽然现在社会学的调查手法比那时已有很多进步,但这种面向实际的学术态度仍然值得我们学习。如果你的论文是研究现实生活中的艺术现象或艺术活动的,那么不妨从调查研究开始,这篇短小的调查报告或许可以成为你的入门参考。

中学生审美情趣调查报告

被调查的分别是南京市六所中学和无锡市两所中学八个班级的 393 名学生,其中男生为 159 名,女生为 234 名。调查主要采取选择答题的方法。

关于自然审美方面:

自然美一般是由各式各样的自然物和人的物化劳动组成的,人们在孩提时代就产生的对自然美的初步感受,到中学阶段时更加强烈,更富有倾向性了。从我们对两道关于自然景色和生态现象的题目的调查测试结果来看,对自然美的感受已成为中学生审美情趣的重要组成部分。

您最喜爱的自然景色

自然景色类别	男(%)	女(%)	共计(%)
亭台楼阁、小桥流水	30.8	39.3	35.8
田园风光、茶林果园	20.7	32.4	27.7
崇山峻岭、森林莽原	38.3	17.9	26.2
繁华都市、高楼大厦	11.9	8.1	9.6
荒郊野外、断壁残垣	2.5	2.9	2.7

您最喜爱的自然现象

自然景色类别	男(%)	女(%)	共计(%)
阳光和煦、春风习习	49	46.5	47.5
秋高气爽、繁星满天	32.7	40	36.6
大雪纷飞、朔风呼号	8.1	5.5	6.6
细雨连绵、秋风萧瑟	3.7	5.1	4.5
狂风大作、暴雨滂沱	2.5	4.7	4.5
阴云密布、电闪雷鸣	1.2	0.4	0.7

关于艺术美方面：

爱好音乐的占 74.5(男 59.1，女 85)，又以欣赏现代流行音乐的为多。占(47%)。其次即为美术，占 58.7(男 40.8%，女 70.9%)。小说占 47.5%。爱好书法的为 38.4%。在书法活动中，楷书最能被中学生所接受。美术中，欣赏山水画的占 25.4%(男 19.4，女 29.4)；欣赏人物画的占 18.5%(男 10.6，女 23.9)；欣赏花鸟画的占 14.7%(男 10.6，女 17.5)。

关于业余生活趣味方面，调查结果表明

趣味类型	男(%)	女(%)	共计(%)
音乐	59.1	85	74.5
美术	40.8	70.9	58.7
小说	43.3	50.4	47.5
电影	44	48	46.8
旅游	30.8	51.2	4.3
体育	55.3	29.4	39.9
书法	36.4	39.7	38.4

中学生审美情趣发展不稳定，波动性大，可塑性强，受环境、家庭、教育的影响和制约特别明显。由于中学生处在身心发展不稳定的大变动时期，各种正确的观念尚未确立，缺少辨别是非、荣辱的能力，独立的意向还不够强，因此，他们的审美情趣的形成和发展，极易受外在因素的干扰和制约。

在这次调查中，我们看到，即使是同年龄的学生，往往由于家庭出身、经济条件、生长地点、生活环境、教育状况的不同，他们的审美情趣也很不相同。至于年龄之间、性别之间，更是存有较大差异。因此，中学生审美情趣的倾向有时表现得还不够明确，有时波动性较大。

大学生审美情趣调查报告

在南京师范学院、苏州师范学院、南京中医学院的部分学生中进行了一次调查,得到 339 份有效表格,其中文科学生 126 人,理科学生 213 人。男 227 人,女 112 人,调查内容集中在社会美(心灵美)、自然美和艺术美三个方面,考虑到一个人的审美情趣往往和人的世界观、人生态度和性格类型有着密切的关系,所以在调查表中列入了"您最信奉的人的

调查项目	调查对象	文科						理科						总计	
		男生		女生		小计		男生		女生		小计		人数	%
		人数	%	人数	%	人数	%	人数	%	人数	%	人数	%		
您最喜爱的自然景色	崇山峻岭森林草原	21	29.6	20	36.4	41	32.5	53	34	11	19.3	64	30	105	31
	亭台楼阁小桥流水	16	22.5	16	29.1	32	25.5	42	26.9	19	33.3	61	28.6	93	27.4
	田园风光茶林果园	22	31	20	36.4	42	33.3	56	35.9	17	29.8	73	34.3	115	33.9
	繁华都市高楼大厦	8	11.3	3	5.5	11	8.7	7	4.5	6	10.5	13	6.1	24	7.1
	荒郊野外断壁残垣	11	15.5	3	5.5	14	11.1	6	3.8			6	2.8	20	5.9
	其他	3	4.2			3	2.4	1	0.6	2	3.5	3	1.4	6	1.8
您最喜爱的自然现象	阳光和煦春风习习	31	43.7	19	34.5	50	39.7	77	49.4	28	49.1	105	49.3	155	45.7
	细雨连绵秋风萧瑟	4	5.6	3	5.5	7	5.6	4		5	8.8	9	4.2	16	4.7
	阴云密布电闪雷鸣	2	2.8	0		2	1.6							2	0.6
	狂风大作暴雨滂沱	4	5.6	3	5.5	7	5.6	3	1.9	1	1.8	4	1.9	11	3.2
	秋高气爽繁星满天	29	40.8	34	61.8	63	50	57	36.5	19	33.3	76	35.7	139	41
	大雪纷飞朔风呼号	10	14.1	2	3.6	12	9.5	13	8.3	4	7	17	8	29	8.6
	其他							5	3.2	1	1.8	6	2.8	6	1.8

格言"、"您认为人生最大乐趣是什么"、"您的性格类型"等项目,以期通过调查,对当代大学生的理想、情操、志趣、爱好有一个比较全面的认识。如果说对社会美的欣赏,直接和人的世界观、人生观相联系的话,那么,人们对自然美的欣赏则是更多地与家庭环境、生活条件以及个人的性格类型有关。我们随机抽样,对 68 人作了较深入的统计,发现农村来的学生喜爱"田园风光,茶林果园"比例高达 61%,而城镇出身的学生对"亭台楼阁、小桥流水"更感兴趣,占 40%。

对大学生的业余爱好,我们作了较为广泛的调查,包括电影、电视、广播、小说、音乐、美术、摄影、书法、体育、旅游、集邮、棋艺、木工、电器、缝纫编织、烹饪、打牌、聊天、逛街等 19 个项目,结果表明这些项目在不同程度上都受到大学生们的欢迎。有的一个人填了 10 多项,少的也有 5、6 项,这说明大学生们的兴趣是广泛的,他们向往丰富多彩的生活,其中比较集中的,首先是小说(占 59.2%)和电影(占 58.7%),其次是音乐(占 49.8%)、体育(占 46.5%),再次则是电视(占 35.3%)、旅游(占 33.6%)。

美术、书法退居第 7、9 位,分别占 26.8% 和 25.3%。

(原载《美术》1984 年第 12 期,58—59 页)

总结:从刊发日期上可以看到,上面这个调查报告距离现在已近 30 年了。虽然这篇陈年文字算不上什么经典文献(作者似乎也不是什么权威和名流),但与一些常见的空话套话和故作高深相比,这个以数据和列表为主要内容的调查报告却能告诉我们什么是真实的。真实,是学术研究的生命,也是学术研究的目标。写论文,做研究,乃至读书学习,是为了什么?不就是为了能对眼前的复杂世界多几分真切的了解吗?艺术不是神学,也不是巫术(即便是巫术也不过是人为形迹而已),艺术史早已证明,艺术并不比现实生活中的其他事物更超然,艺术家除了有某种专业技术外(其他各行各业也都各有其专业技术),也不比普通人更了不起。各行各业都是现实生活的一部分,其所作所为没有不能用适用于研究现实事物的科学方法加以研究的道理。调查研究,查考实迹,用事实说话,以数据求理,就是一种最基本的研究方法,即便是为研究看上去与现实生活颇有距离的艺术,也很是用得着。

当然,在中外艺术研究的传统中,调查研究不属于主流研究方法,它至多是开展某种特定研究的前期工作,是研究者搜集资料工作的一部分。但对从中学到大学乃至到研究生的学习者而言,如果一直将自己的眼光局限在各种本本里(哪怕你已经通读历代经典),多少总是有些局限的。你可能会因此看不出真实的艺术活动与书上说的有怎样的不同,也不容易看到麒麟皮下还常常藏着马脚,这当然会妨碍你的成长,甚至会把你变成不通实务的书呆子。因此,只要不影响正常的课业学习,你不妨多将眼光和心情投向学院的高墙之外,试着去了解现实并由此加深对艺术的了解。调查研究是帮助你认识社会和认识社会中的艺术的一种基本技能,如果你的论文能以深入的调查研究为论证基础,能根据大量数据和事实导出与众不同的论点,你的收获就一定不止于区区一篇论文。因为在这个过程中,你已经看见了比纸上文字更广大的世界。

附录3
读唐画识"六法"

徐建融

> **按**："六法"是传统中国绘画的创作技法与品评原则，最早由南齐谢赫提出，迄今已历时1500年。这个理论十分显赫，即便进入20世纪仍能吸引众多学者目光，围绕"六法"出现的从断句到阐释的研究成果堪称连篇累牍，有很多大学问家也都参加了对"六法"的讨论。徐建融教授的这篇论文从独特视角解读"六法"真实含义，态度与立场与很多流行观点甚至权威说法迥然不同，但同时又是言之有物和言之成理的。尤其值得注意的，是他所使用的研究方法——不是在绘画实践经验和绘画理论之外的文史哲佛道中旁征博引，寻找根据，而是通过对古代绘画创作技法和操作过程的真切描述，将古代用以指导绘画创作的理论原则还原到其生成时的历史条件中，从而能清楚解析出这种理论的真实含义。本文的研究方法十分可取，至少是避免了美术研究领域常见的"空对空"导弹式的从理论到理论的研究路径。同时，本文在逻辑性和语言表达方式上也有很多值得我们学习借鉴的地方。

　　以谢赫的"六法"论而言，他的立论依据，是对前代（秦汉）、尤其是当时（魏晋）画作的品鉴，本是一个批评的标准，但同时又成为当时、后世（唐宋）创作的标准。这里所指前代、当时、后世的中国画，主要是人物画，至于宋以后兴盛的山水、花鸟画，还不可能成为谢氏立论的依据，而宋、元的某些人物画，如《朝元仙仗图》、永乐宫三清殿壁画《朝元图》等，则依然遵循着"六法"的标准。所以，本文试以唐代的人物画为研读对象，上则涉及魏晋南北朝，下则涉及宋元的某些作品，以此为依据，来认识作为供给如莫高窟的画工等所遵循的创作标准，"六法"的本义究竟是什么？如果把谢氏"六法"的本义比作是鱼，也就是说，我们必须结网而渔，并把网撒到谢赫所捞出鱼来的那个江海中。

> 这第一段相当于前言，陈述论文的研究背景和研究目的，对基本概念也有所界定，同时提出本文的主要讨论问题——"六法"的本义是什么？需要注意的，是作者以形象化的语言——结网而渔，强调了在研究古代问题时尊重当时历史条件的重要性。

　　但20世纪流行的研究方法却不是结网而渔，而是缘木求鱼。也就是说，专家们并不是结了网，并把网撒到谢赫所捞出鱼来的那个江海中去捕捉"六法"本义之鱼，而是爬到了哲学、佛学、文学的树上去采摘"六法"

本义之鱼。最典型的便是文史界的大学者钱钟书先生,他在《管锥编》中依严可均辑《全上古三代秦汉三国六朝文》将"六法"断句为"六法者何?一气韵,生动是也;二骨法,用笔是也;三应物,象形是也;四随类,赋彩是也;五经营,位置是也;六传移,模写是也。"而认为自唐张彦远以来的四字一句为"破句失读"。又旁引了文史佛哲的许多例证,来阐释气韵、生动、骨法等之义。按此句读,什么是六法呢?第一是气韵,什么是气韵呢?就是生动;第二是骨法,什么是骨法呢?就是用笔;第三是应物,什么是应物呢?就是象形;第四是随类,什么是随类呢?就是赋彩;第五是经营,什么是经营呢?就是位置;第六是传移,什么是传移呢?就是模写。按此逻辑,则精神焕发句逗为精神,焕发是也,什么是精神呢?就是焕发;刻苦用功句逗为刻苦,用功是也,什么是刻苦呢?就是用功;实事求是句逗为实事,求是是也,什么是实事呢?就是求是;按图施工句逗为按图,施工是也,什么是按图呢?就是施工;整顿秩序句逗为整顿,秩序是也,什么是整顿呢?就是秩序;跳高跳远句逗为跳高,跳远是也,什么是跳高呢?就是跳远。

> 作者选取影响力很大的"六法"研究例证——钱钟书的断句为典型的批驳对象,除了以其自身逻辑证明了其谬误不通之外,还指出漠视研究对象的生存背景是产生谬误的根本原因。后半段的数个拟仿式归谬句收到强烈的语言效果,这种形式完全相同的归谬推论不但有内在的批驳力量,还体现出作者的幽默情趣。

另一种流行的研究方法就是以宋元尤其是明清以来的山水包括花鸟画为依据,虽然也是结网而渔,但不是把网撒在晋唐画的江海中,而是撒在明清画的池沼中,虽然捞了鱼上来,但这个鱼显然不是那个鱼。回到谢赫所捞上"六法"之鱼的江海即唐画中,包括前此的魏晋人物画和后世宋元的某些人物画中。我们知道,这批画的作者,大多数是卑微的画工,他们不可能去读高深的文史佛哲典籍,而"六法"肯定是他们看得懂的,所以也是能遵循的,因为谢赫本来就是根据他们的创作而不是根据文史佛哲的典籍总结出"六法"并用以指导他们的创作的。他们也不可能像明清的文人画家那样强调个性的创新、自我的表现,以画为乐,供养烟云,而是以画为役,艰苦地进行奉献社会、聊济口腹的工作的。至于顾恺之、阎立本、吴道子、孙位乃至李公麟等大家高手,包括满腹诗书的士大夫画家,只要是从事人物画创作的,除梁楷等少数人,基本上也都是遵循着共同的标准即"六法"。

> 这一段讲述了"六法"产生时的现实条件——晋唐宋元人物画的创作需要,"六法"是当时缺乏文化修养的底层画工们所遵循的共同创作标准,追问"六法"本义当然也应该以"六法"成立时期的社会背景为出发点,而不应该以后来几经变化的社会背景为出发点。在这段论述中,已暗含可以从当时的创作情况回溯"六法"的思想路径。

从这些绘画的实物遗存可知,"六法"的核心是应物象形,即"存形莫善于画",这是绘画之所以为绘画而不为诗文、书法的本质所在。而其前提,则是"传移模写",这是当时工程性创作的第一道工序。至于经营位置,可以视作群体的应物象形,骨法用笔和随类赋彩,则是塑造形象的两个主要手段,前者施于轮廓的塑造,后者施于体面的塑造。

> 根据古代绘画创作的实际需要理解"六法"中各法的性质及功能。但这段话只是一个简单提要,接下来的是对这些创作实情的具体论述。

什么是"传移模写"呢?就是任何创作,都要有一个粉本草图,然后按图施工。这些粉本草图,有些是不知什么人留下来的规定,如莫高窟的壁画等,便由佛教的"造像量度经"所规定,什么地方画什么内容?什么内容画什么人物、构图?什么人物应怎样造像?有些是前代遗存下来而经不断改进了的经典图式,如《列女图》、《帝王图》、《高士图》、《竹林七贤图》等;有些则由画家本人九朽一罢所创制,如《虢国夫人游春图》之类就有可能是由张萱本人创制草图而后完成创作的。而任何画家的创作,都必须按图施工,这个图即粉本,一般是画在麻纸上的白描又称白画,取手卷形式,便于随身携带。具体的方法有二,一种是把草图小样放大到大幅面如墙壁上去,是为传移,转移是也。一种是取与草图小样同大的绢素覆在上面进行勾摹,模写是也。我们看到,今天莫高窟的唐代《西方净土变》壁画有三十几堵,还有《东方净土变》、《弥勒净土变》、《维摩诘变》等,也各有十几二十堵,每堵的幅面大小悬殊,有的十几平方米,有的三四平方米,但基本构图、主要人物完全一样,这就是传移式的按图施工。元永乐宫三清殿壁画《朝元图》之于宋武宗元《朝元仙仗图》的关系也属传移。而如阎立本《历代帝王图》、孙位《高逸图》,包括顾恺之的《列女仁智图》等等,参考莫高窟《维摩诘变》中的帝王图,南朝的《竹林七贤与荣启期画像砖》,北魏司马金龙墓木板漆画《列女图》,则可能是根据相同的小样所作的模写形式,而不是谁抄了谁的问题。这样,根据钱钟书的断句:传移,模写是也。怎么把小样放大到墙壁上去呢?就是把墙壁覆在小样上勾描。这样的解释,在文史佛哲中可以显得学问高深,在唐画的创作实践中是完全不能成立的。

> 根据粉本创制大画(主要是壁画)是古代绘画创作的常见情景,并无高深玄妙之处。但通常人们并不知道这个操作过程就是"六法"中的"传移"之谓,因此在解释"传移"时要去与绘画操作层面相距甚远的文史哲佛中去找根据,这样很可能造成学术上的驴唇不对马嘴现象。上面短短一段话,将古代绘画实践过程讲得很清楚,用显见的事实批驳了钱钟书的看法,很令人信服。

由于小样大多是手卷的形式,人物一行展开,而实际的创作幅面不一定是横长的,很可能是纵高的。这就涉及"经营位置",就是对画面的位置即构图作重新的思考经营。《朝元仙仗图》白描是一行的队列,而永乐宫壁画如果也作一行排列,一是人物会变得非常高大,二是壁面的横向容不下这么多人物,所以必须作重新的安排,变成上下三四层人物。宋画《白莲社图》有多本,或为手卷,或为立轴,则以同一小样为依据,可见即使是摹写,也必须对人物的上下、前后位置作重新布置。此外,莫高窟的《西方净土变》壁画,主要构图、人物是一样的,但次要人物的安排也应视壁面的实际情况作调整,尤其是广庭上的舞蹈,或作单人舞,或作双人舞,或作胡旋舞,或作反弹琵琶,庶使画面更丰富多彩。

接下来就要谈到"应物象形",由于小样草图对人物形象的刻画不一定十分深刻生动,而是类型化的,这就需要画家在创作时对应了现实生活中的不同人物,使相应的人物在图画中更加形神兼备、物我交融。对应了生活中的真实人物即"应物",来塑造图画中的人物形象即"象形"。如吴道子画佛教壁画,具体的人物刻画,不是照搬佛典中提供的胡貌梵相图式类型,而是以中华威仪入画,并变曹衣出水为吴带当风;韩幹、周昉等所画佛教中的菩萨、观音,则如宫娃等等。试比较孙位的《高逸图》与南朝的几块画像砖,对人物形象的刻画,无疑更真实生动。所以即使按图施工,生活仍是艺术的源泉。离开了生活的源泉,绘画的创作便失去了艺术性。"应物象形"就是塑造真实的艺术形象,它来源于真实的生活对象,但艺术的真实决不是生活真实的复制,而是比生活真实更典型化,这个典型化的要求不可能按照粉本的类型化而实现,必须按照"应物"来实现。当然有两种不同于真实对象的真实形象,一种如唐画或达·芬奇的《蒙娜丽莎》,比生活真实更美,真实的生活中找不到这样美的真实对象;一种如黄慎、罗聘的人物画或毕加索的《阿威农少女》,不如生活真实美甚至更丑,真实的生活中找不到这样丑的真实对象。唐画的"应物象形"则是以美为最高造型法律的。

> 以上对"六法"中的"经营位置"和"应物象形"的解释，既根据绘画操作层面的实际需要来推断，也列举了很多古代的重要绘画遗迹作为实证材料，同样有很强的说服力。本段论述中还涉及"真实"、"类型化"、"典型化"等文艺理论问题，但因为这些问题不在本文主要研究范围内，所以作者只给出简略意见，没有进行详尽讨论。

由于这个人物形象，它的轮廓，主要是用线条来塑造的，所以就需要强调"骨法用笔"。虽然任何画家都知道用线条来塑造形象，但这个形象的艺术性高不高，不仅取决于它是否形神兼备、物我交融，更牵涉到用来塑造形象的线条是不是劲健有力，这就是"骨法"。配合了形象高低起伏的真实刻画，顿挫轻重、转折快慢地来用笔行线，这样劲健有力的用笔就是有骨法的用笔，就是有精神的线条，线条有精神了，人物形象才真正有了精神，有了高超的艺术性。所以，即使把绢素蒙在粉本上勾摹同一个人物形象而不以生活真实为参考来修正形象，两个画家，线描的功力不同，一个是有骨法的用笔，一个是无骨法的用笔，所完成的作品，效果大不相同。当然，这个"骨法用笔"不可能离开"应物象形"而施展，而必须配合并服务于形象的塑造，形象有阴阳明暗、起伏转折，线描有轻重疾徐、粗细婉转，如量体裁衣一般。吴道子的莼菜条，挥霍磊落，气势雄放；莫高窟的人物线描，那种长线条的风华，空实明快而雍容，配合了形象的塑造，达到出神入化的效果，当年大千先生叹为观止，并从中汲取了不少营养。而从五代以后，人物画近不及古，不是不及在形象塑造的真实周密方面，正是不及在线描的骨法方面。周文矩的线描被称作"战笔"，一颤一曲的，为人所艳称。其实，这正是因为画家拉不出劲健有力的长线条了，所以而作的藏拙处理。又如李公麟的细而文静的线描，邓椿以之与吴道子相比，认为唯于纸上"运奇布巧"而"不见大手笔"，原因是"非不能也，乃不为也"，"恐其或近众工之事"。其实，恰恰是"非不为也，乃不能也"。即以李公麟的天才，也不复有唐人骨法用笔的功力了。尽管他在"应物象形"方面可能做得比唐人更好，但论总体的成就还是"近不及古"。

> 这段论述十分透彻、精彩，对美术史研究中的几个常见问题，皆能言人所不能言，发人所不能发，拔学术之迷雾、还历史之真相。比如对"骨法"的解释，作者认为其本质是"功力"问题，而从功力角度看，中国绘画在唐以后就走了下坡路，至少是在某些知名画家身上有衰败迹象。作者以李公麟和周文矩这种大名家为例，对他们的笔力功夫有所贬抑，是基于对唐画极高的艺术成就的真正理解，是对唐画中那些卓越技巧的真正理解和赏识。我在这里私心揣测，觉得作者这种对古代绘画

> 技艺的理解主要不是由读书得来,而是与大量绘画实践有关,因为一个完全没有绘画实践经验的学者,哪怕你书读得再多,也是很难对技术层面上的事情有深切体会的。而本文作者——徐建融教授不但是知名美术史家,也是出色的中国画家,善画山水、人物、花鸟等,能掌握工笔、写意、水墨、青绿等多种技法,这也许正是他的美术史研究能与众不同的一个基础。若由此延伸思考,或许也可以说,如果你是艺术实践类的同学,不妨从自己的实践经验入手展开研究,而不必完全脱离实践经验去向书本知识中讨生活;如果你是艺术理论类的同学,则需要更多地关注与实践有关的知识和技能。说到底,艺术研究是不能完全脱离实践基础的,因为如果没有艺术实践,艺术也就不存在了,但如果没有艺术理论,艺术还是会存在的,因为在没有文字的时代里,艺术已经存在了。所以,徐建融教授的这篇文章不仅能传播艺术理论知识,他的治学路径和研究方法也能给我们很多启迪。

勾好线描之后要上色彩。因为当时水墨画还没有盛行,绘画被称作"丹青",刘勰《文心雕龙》甚至认为绘画就是用色彩来造型的。我们又知道,当时的工程性创作是有分工的。高手起稿,因为根据小样进行实际创作,对位置的经营也好,对人物形象的刻画也好,骨法的用笔也好,非高手莫办。学徒众工则负责上色,如王维画好后指挥工人布色,吴道子画好后即离去,由学生自行上色,这就涉及"随类赋彩"。晋唐时的粉本小样上,包括莫高窟藏经洞发现的唐画粉本上,有些在形象的不同部位做有色彩的分类标记,如肌肉用"白",衣服用"六(绿)",裙子用"工(红)"等等,有些则没有。则王维指挥工人布色,当是口头分类,对工人们说明肌肉用白色,衣服用绿色,裙子用红色等等。而吴道子画成墨稿后离去,由学生自行布色,则学生们手中的小样应该是有色彩分类的文字标记的。所以,"随类赋彩"就是依照(随)粉本小样上的色彩分类标记来平涂彩色。所谓"赋",就是平涂的意思。因为尽管当时有天竺传来的凹凸法,特别适合于人物肉体的立体表现,但中国是衣冠文明的国度,人物画中的形象都是宽袍大袖,肉体露出只是极少部分。而衣服的颜色就是布料的颜色,布料的颜色则一定是平匀的,红布就是一样的红,绿布就是一样的绿。用红布做成的衣服,穿在人物身上,由于光照等等的原因,可能红得不一样,但这样的色彩感觉是不真实的,真实的是,这件红衣服,不管哪一部位,从哪一角度观察,它一定是一样的红。所以,当时的人物画之用色,理所当然以平涂为法。正因为此,所以相比于需要有变化的用笔,它可以由水平低的众工、学徒来承担。至于最终平涂出来的色彩效果可能不平匀,那是因为任何人工的平涂都不可能做到平匀的原因,而并非主观上追求色彩的浓淡变化。近代学者从西方色彩学的认识来解释"随类赋彩",提出什么类色、相色的观点,不仅今天的画家莫名其妙,唐代的那些画工,一定更不知所云。

> 清楚,是本文的一大特色。看看上面这段文字,将"随类敷彩"这件事说得何等清楚!仿佛是作坊里工作场景的现场记录一样。其中对中国画"平涂"技法的解释最为到位。此前确有学者是从色彩学角度详尽分析中国传统的色彩技法和观念,但那种分析脱离了孕育古代色彩观点的历史背景,因此难免有过度阐释和玄学之嫌。本文中对此现象的解释并未旁征博引,而是依据最简单的视觉经验——看到什么色就是什么色——加以确认,这同样是一种值得注意的研究方法——依据实践者的经验和感受推断那些用于指导艺术实践的理论的由来。在信息大爆炸的时代里,这个研究角度也是值得我们采纳的。想想每天包围着我们的有那么多信息,学校图书馆里的书也是接天盖地,我们靠什么来判断真实的存在?其实只有相信己身的存在,并进一步以己身存在为基础推断其他相关事物。

若干个画家,根据同一件粉本小样进行"传移模写"的创作,怎样来判定作品的水平高下呢?第一是"经营位置"是否恰当,第二是"应物象形"是否典型,第三也是最重要的是"骨法用笔"是否生动有力并能配合到形象真实的刻画,至于"随类赋彩"则是最次要的因素了。

当画家以某一件粉本小样为依据来进行创作,成功地完成了"传移模写"、"经营位置"、"应物象形"、"骨法用笔"、"随类赋彩",这件作品也就达到了"气韵生动"。否则,就称不上"气韵生动"。所以,"气韵"与"生动"完全是两个概念,不能互为诠释的。它,是从画而来的结果,而不是从文史佛哲而来并加于画的一个先导的概念。因为至少,这样的概念,是唐时的绝大多数画家,尤其是像莫高窟中那些甚至连初等文化教育也没有受过的画工不能明白也不需要明白的。至于它与文史佛哲中的气韵概念相通,这是另一回事。就像爱国主义,可以由种好庄稼来体认,也可以由英勇杀敌、保卫家国来体认,但要想阐释英勇杀敌中的爱国主义,不可能撇开英勇杀敌而从种好庄稼中去寻绎。包括前文谈到的"骨法用笔",学者每以明清文人画为据,认为是倡导中国画的书法用笔,唐代人物画线描之所以精彩,是因为用书法写出来的缘故。这无异是以对池沼中鱼的认识来诠释江海中的鱼。因为如莫高窟的画工,唐代绝大多数人物画家,文化程度很低,不要说书法,有些甚至还是文盲。即如吴道子,少年时从贺知章学书,不成,去而学画,可知他的书法很差,但绘画的线描很精彩,尽管这精湛的绘画线描与高手书家精湛的书法用笔在理法上相通,但吴本人绝不是因为擅长了书法并用它来作画才画出这样精湛的线描,也不是以不擅长的书法来作画而画出了这样精湛的线描。

> 雄辩,是本文的又一特色,而预设的辩论对象是同样对"六法"做出解释的一些文史哲艺学者。以对"气韵生动"的理解为例,此前已有N多专家做过各种各样的解释,基本上都是与文史哲佛道中的同类词语相比对为切入点,这样说来说去总是与绘画实践无大关系。本文则另辟蹊径,从唐代绘画的实践者身份及具体操作程序入手,一句"这样的概念,是唐时的绝大多数画家,尤其是像莫高窟中那些甚至连初等文化教育也没有受过的画工不能明白也不需要明白的。"就将此前许多依据文史哲佛道理论的解说搁在一边,从更切实可信的角度开辟了解读古代绘画和绘画理论的新路径。本文在纠正以往仅从高深的学术理论层面解释"气韵生动"的另一个可靠证据,是"莫高窟的画工,唐代绝大多数人物画家,文化程度很低,不要说书法,有些甚至还是文盲。"而这样的现象即便在今天的艺术界,也是可以找到充足的证据的,所以文中辨析"骨法用笔"与书法的关系远不像此前普遍认为的那样紧密的观点,也很是可信。

俗话说,"当局者迷,旁观者清",所谓"不识庐山真面目,只缘身在此山中"。所以,以文史佛哲为依据来认识"六法"也未尝全无意义。但俗话又说,"隔行如隔山",所谓"不入虎穴,焉得虎子"。所以,以晋唐人物画为依据来认识"六法"尤显重要。一言以蔽之,要想知道江海中的鱼是什么样子,必须到江海中去撒网捕捉,爬到树上去采摘固然不行,到池沼中去撒网捕捉同样不妥。

(原载《上海文博论丛》2010年第4期,38-41页)

附录 4
被框架的女性意象：上海月份牌广告画的图像符号分析①

原文：孙秀蕙、陈芬仪
缩写及批注：王洪义

> **按**：冒号前边是主标题，后边是副标题。一般主标题用以表达主题思想，副标题用来指示具体研究内容。

【摘要】

本研究针对上海月份牌广告画（1910—1930年）中的女性意象进行图像符号分析。首先参考并修正 Barthes 与 Sonesson 的图像符号研究论述，提出平面广告的符号分析原则与辨识图像符号文本特征的四大要点：符码形式、传播目的、传播媒介与文本图构。再者，就月份牌广告画的图像文本特性做分析，发现其特殊"文本图构"以及此类广告画中的核心视觉符号："被框架的女性意象"。最后，本研究深入探讨"框架"与"女性意象"的符号深层意义指涉。发现因为资本主义所伴随而来的经济发展与西方现代文化，月份牌广告画中的女性角色，从早期高级妓女到电影演员，经历很大转变。但也并不是依照 Goffman、Buker 或 Page 所述，只是满足男性凝视的欲望客体。而是如 Winship、Enstad 与 Gorman 所主张，观察女性如何利用通俗文本建立政治主体性，正可鼓励女性追求自我，建立角色认同。事实上，月份牌广告画中的女性意象指涉不断溢出封建传统框架之外，展现了当时消费者对未来的美好憧憬，而这个美好未来是通过健康、有教养、独立自主的女性来实践的。

【关键词】月份牌广告、女性意象、框架、图像符号学

（批注）
- 这里是研究对象和主要论题
- 这里是陈述研究结果
- 这里依研究流程说明研究方法和研究内容
- 所谓关键词就是把标题拆了

---

① 本文作者是孙秀蕙、陈芬仪，原载于台湾《广告学研究》第 34 集 25—63 页，2010 年。孙秀蕙是台湾政治大学传播学院广告学系教授，陈芬仪是富尔布赖特学人、独立研究学者。原文是 3 万多字，这里是笔者为教学需要制作的约 12 000 字缩写本。

壹·前言

> 前言里只说三件事：研究对象、意义和目标。
>
> 1. 这是研究对象。就是告诉读者你所研究的是什么？

20 世纪初，伴随西方列强侵入，以刺激消费为目标的广告得到快速发展。《月份牌广告画》是结合年画、年历、广告三位一体的产物，被视为中国近代商业广告之滥觞（张燕风，1994；卓伯棠，1993；赵琛，2002）。

> 2. 这是研究意义，是通过其他人的论述，说明这个选题很重要。

按照现代商业运作逻辑，无论视觉或文字，"商品"是广告的主轴，但在 1910—1930 年的月份牌广告中，多是古典或现代美女形象，以"女性"符号为广告主题成为月份牌广告画特色（卓伯棠，1993；王怡文，1997）。Kitch 指出媒体女性形象是文化与消费的透视镜（Kitch，2000/ 曾妮译，2006）。开启中国迈向现代化过程中的新话语（李欧梵，2000）。揭示中国女性在变动的社会中，如何迈向现代化的议题（史书美，1994），对中国家庭影响甚为巨大（吴相湘，1998）。

> 3. 这是研究目标。就是你这个研究最后想告诉别人什么东西。

本研究以月份牌广告画中"女性"视觉符号为分析主题，探究这种符号在当时社会及文化脉络下，反映出何种性别形象、意识形态和价值观？以及建立一套能分析图文兼具的文本符号研究模式，并进而提供一个符号学与广告学门整合及对话的研究范例，对于文本分析及广告文化等研究有所启示。

贰·文献回顾

一、符号学和图像学的理论与发展

> 把文献专门做一章，说明对文献研究的重视。值得学。另外文献研究这部分必须分类，否则无法深入研究。

美国实用主义哲学家 Charlesl Sanders Peirce 和瑞士语言学家 Ferdinand de Saussure 是当代符号学的两大源头。

> 先说普通符号学，因为这部分内容传播较为普遍，所以无需多说。

Saussure 认为符号本身由意符（signifier）和意指（signified）两部分构成。Peirce 则把符号依其特性划分为三大类：肖像性符号（iconic sign）、指示性符号（indesical sign）和象征性符号（symbolical sign）。

意大利符号学家 Umbert Eco 承袭丹麦语言学家 Louis Hjelmslev 的观念，认为符号是两人间意欲表达或沟通时的媒介工具，区分意符与意指，与符号之外的参考物（Eco，1976）。图像符号表达与内容的差异并非必然,大多数图像符号的意符与意指的关系是貌似和雷同,人们也将图像符号的内容看成是实际表达(Sonesson,1992)。

图像符号学(Pictorial Semiotics)是研究图像(pictures)作为意义载体(vehicles)的一门学问。图像符号学锁定研究在本质(material)、结构(structure)与表意过程(signification)各层面都非常不同的图像上。

> 再讲什么是图像符号学。这部分是重点,所以较为详细的介绍了图像符号学的基本研究方法。

Roland Barthes 指出"意象的构成"是"一组意义指涉的复合物",特别是在摄影作品中能够"自然化象征信息的符号并合理化其延伸意义"(Barthes,1977:45)。他用一个意大利面的彩色图平面广告为文本,说明图像文本表意系统由三部分组成:语言讯息(linguistic message),制码式图像讯息(coded iconic message)以及非制码式图像讯息(non-coded iconic message)。并指出语言式讯息对于两个图像讯息有两大功能:

(一)预设(意义)功能(anchorage):文本透过意象的指涉物指读者遥控他趋向预先选好的意义。(Barthes,1977)

(二)情境(意义)功能(relay):文本与意象处于一个互补的关系中而且要以读故事的方式来了解整体讯息。(Barthes,1977)

> 对所使用的理论进行较为详细的讲解,目的是让读者明了本研究所用的到底是个什么方法。这里讲解他人研究方法,就是讲解自己所用的方法。

Barthes 的研究奠定了符号学基础研究方法。他特别注意图像符号的内容以及指涉参考物在现实世界中与意识形态相关的连接。在 Eco 的图像符号学中可以看到语言学方法的痕迹。

语言符号学研究的对象以语言、文字为主,挪用到图像符号会出现适切性的问题。图像符号学广义上是研究图像,但图像组成的本质与表意模式彼此间仍有差异。如广告与图画的不同,不仅有媒介差异,更有传播意义上的差异。

> 说明语言符号学与图像符号学不同,也提出图像符号学需要研究图像之间的差异。

自 Barthes 的文章出现后,图像符号学大致分为两大派,一是广告符号学(the semiotics of publicity)，二是视觉艺术符号学(the semiotics of visual art)。接下来介绍以广告为文本的符号学研究，并说明其研究路径与重要研究成果。

> 介绍图像符号学中的两派，说明本文隶属于其中的广告符号学。

二、以"广告"为分析文本的符号学研究

广告作为一种值得研究的文本，如何以符号学方法进行有系统的研究，以理解广告的表意过程与宣传效用？1957年，法国符号学者 Roland Barthes 已经试图回答这个问题。Barthes 也批评法国新闻与广告内容中的一些问题(Barthes, 1977)，并进一步开展了图像符号学的研究。

> 以提问构建这一节的引导语，引出下面的讨论。

虽然 Barthes 提供广告符号研究核心概念与方法取径，但更全面深入的广告符号研究并不多见。Ron Beasley 与 Marcel Danesi(2002)所著《Persuasive Signs: The Semiotics of Advertising》是 Barthes 之后的广告符号学重量级著作。

> 介绍另一份他人研究的重要成果，进一步为本文积累理论依据。

从符号学观点看，广告如何发挥其宣传与说服功能呢？这必须回到符号组合运用时所处文化脉络来探讨。符号由意指与意符结合而成，原初意义（primary meaning）是"明示意"（denotation），但广告不止于明示意，而是与周围的社会文化脉络有关，其意义因此向外扩展成为延伸意。如"苹果"作为一个符号，在西方被表意为"禁果"或"被禁止的知识"，但台湾广告中出现苹果，未必会被认为是"禁果"或"被禁止的知识"。

Beasley 与 Danesi（2002）指出，延伸意义链(connotative chain)越丰富，说明这则广告可以吸引更多人注意，广告效果就越大。但 Barthes 的看法有不同，他认为广告之所以发挥强大功效，主要是视觉符号发挥了"自然化"（naturalization）功能，使意指与意符之间的距离消失，意指与意符的连接被固定，传达了广告设计要锁定的意义指涉。换言之，意指与意符在结合的过程中，产生的分歧越少，代表着预设(意义)功能越强，说服效果可能就越高。

> 论述符号形式与其所代表的意义之间的关系。为什么讲这个呢？因为本文研究符号形式与其所代表的意义之间的关系的，需要在理论上说清这个事情。

本研究将以月份牌广告画为分析对象，月份牌广告画中

> 这节结尾中引出下一节所讨论的问题，由此使各节之间都有紧密的逻辑联系。

"女性"占据大部分主题。广告中的女性形象研究为本文关注重点，以下就相关文献说明之。

三、广告中的"女性"形象与符号学研究

关于广告中的性别角色研究，美国社会学家 Erving Goffman 著作 Gender Advertisements 一书是代表（Goffman, 1979），他藉由手势、表情与姿态分析了广告模特儿的肢体语言与互动如何呈现两性关系。

Goffmam 的分析方法与研究成果，对于分析女性形象的符号学研究者的影响十分深远。Goffman 从社会学的观点，验证了广告中的女性形象影响了真实社会中男女之互动。他分析了1000 余则平面广告，以六项指标来分析广告中的性别角色：图像相对大小（relative size，例如身高）、柔性手势（feminine touch）、性别优势（function ranking）、家庭关系、男尊女卑的仪式化行为（ritualization of subordination）与退缩感（licensed withdrawal）。研究结果表明，两性之间确实存在不平衡的权力关系，女性在广告中是被男性呵护、指导和保护的角色（Goffman, 1979）。

Signorielli, McLeod 与 Healy（1994）的研究验证了 Goffmam 的观点。发现女性在录影带中出现的次数较男性较少且被描绘成性感尤物。另一项分析发现以女性消费者为诉求的广告，几乎集中于个人用品，"美丽"与"性感"成为女性在广告中少有变动的形象主轴。而 Buker 从女性主义观点出发，指出歧视女性的符号建构，最终仍在便利父权统治者行使社会控制（Buker, 1996）。广告作为社会控制的一环，女性主义者所欲批判与对抗的，包括：

（一）以女性为目标对象的广告：因为它引导女性将注意力放在个别微小问题上，对自己沦为商业控制对象而不自知。

（二）挪用进步意识的广告：因为它让性别平权意识沦为商业工具。

（三）将女性物化的广告：让女性丧失主体，沦为被消费的对象。

Page（2005）的研究也呼应了 Buker 的观点。广告中的"女

> 这一章从符号学理论→广告符号→广告符号学中的女性符号，是越来越小了，也越来越与本文主题契合了。这种文献梳理手法可取。

> 从这里开始连续介绍有影响的女性符号研究理论，详细陈述其具体论点。这些论点都与本文论题有关。

> 介绍很具体，不是只有抽象结论。

> 这些内容体现了不同研究内容的前后延续关系。就是后边的研究多以前边的为基础，用术语来说这个叫"学术谱系"。如 Buker 的研究是对 Goffman 研究结果的进一步展开，Page 则呼应了 Buekr 的观点。

"性"符号,往往代表消费者欲求的客体,同时也召唤着角色认同。女性性魅力之彰显,是广告得以吸引阅听人、从而发挥其效用之主因(Page,2005)

有不少学者对媒介中女体作为欲望客体的论调提出反对意见。Winship(1987)从实用与满足的理论出发,认为赏心悦目的平面广告为女性提供梦想与认同。Enstad(1999)肯定女性的主动性,认为与其批判商业文化与父权同谋,不如观察女性在建构"政治主体性"(political subjectivities)过程中,如何将文本视为一种资源并有效运用。媒体中的女性"理想期望"(utopian hope)对整治行动是必要的,可以启发女性追求自我,建立"女性"角色之认同,促成独特的女性文化(feminine culture)的建立。

> 这里认为女性符号也有主动性,可以建构政治主体性。全面介绍他人相关研究,是因为这些研究与本文论题有关系。

Fowles(1996)指出,20世纪60年代发生于北美的反文化运动(counter-cultural movements)中,女性、性与权力之间的关联是挑战体制的重要主题;女性的"性"魅力,固然被保守人士视为"危险"而大加挞伐,但它也威胁到固有权力秩序,是女性是否获得权力与自由的重要指标(Machin & Thornborrow,2006)。

> 从女性主义角度讨论女性符号,使符号研究与现实中的社会问题联系起来。更显示出本文的重要意义。

Machin 与 Thornborrow(2006)爬梳北美关于女性、性与权力的论述历程,Gorman 则执行内容分析,探究时代改变中的广告女性形象如何被展现。Gorman 认为年轻女性展现傲人身材有可能代表"威力女权主义"(power feminism),透过性魅力展现自信(Gorman,2005)。问题在于,平面广告中的女性形象究竟是"独立的"还是"被动的",其比例分配如何?

以上皆是西方研究成果,分析对象也主要是美国的广告文本。若将广告的"女性"形象置于亚洲文化脉络中,其研究结果又是如何?日籍符号学者 Kodama(1991)引用 Barthes 所提出的多层次表意系统,分析日本建设公司的房地产广告内容。研究结果证明广告主操纵广告中的女性视觉符号,强化了日本社会中的传统价值与信仰。

> 作者介绍完西方研究成果之后,开始关注亚洲的研究情况,这表明文献研究的全面性,也与后边的论题有更密切的关系。

Kodama 的分析样本为一则建设公司的电视广告。这则广告使用了法国画家 George Seurat 的画作《大碗岛的星期日下午》。Kodama 分析女性在广告中的被呈现方式——附属、依靠、非独立个体,以及看顾孩童的母亲角色。Kodama 主要研究发现可以归纳如左:

(一)无论广告之产品如何,女性的性魅力为一大卖点。

(二)藉由刻板印象化女性角色,此则广告维持日本社会团体性、祥和与秩序等价值观。

(三)透过广告,广告主(建设公司)保证消费者一个稳固的"家",买房子等于买一个荣景,而且是融入日本祥和社会的荣景(Kodama,1991)。

综合上述文献,现代广告中最常被使用的符号是"性别"(gender),而其中女性角色的呈现方式究竟是男性欲望的客体,还是权力解放与自由的象征?一直为学术辩论焦点(Fowles,1996)。回顾中国现代广告发展之始,华人社会与西方国家有着极为相似的发展轨迹。清末开放五口通商,中国沿海都市迅速繁荣,西方企业看好中国都市的消费风气,引进现代广告时,"女性"主题正是平面广告之大宗。据此本研究拟探讨,在资本主义及消费风潮的影响之下,中国"女性"形象如何被呈现?如此之呈现方式,反映了何种社会及文化的意义及价值观?接下来,针对本研究分析之文本——上海月份牌广告画,就其起源、风格与发展加以说明。

四、上海月份牌广告画:起源、发展与脉络

从清末开始,国际性的托拉斯集团先后在中国设立分公司,至辛亥革命之后,已经扩充至 3000 余家(赵琛,2002)。这些资金雄厚的洋商是重要的广告主(李天保,2003)。面对来势汹汹的外国资本,中国本地商人也开始建立经营管理法则,将广告引入商品促销活动(赵琛,2002)。

月份牌广告画最早是洋商引进以促销进口商品,而后也被一般商家普遍运用,作为商品附赠物,以达宣传效果,是中国近

> 以案例说明所述观点,是一种很详细的文献研究方法。取详细不取简略,是为了能把这个论点说明白。

> 列举样本陈述日本学者的观点,感觉比较翔实。这种通过具体图像分析意指的研究方法,也是本文所使用的研究方法。

> 这一节的总结也是为了引出与下一节主题相关的讨论话题。

> 前边文献研究从符号学理论讲到女性符号学,到最后这节才开始介绍与本文主要研究对象——月份牌广告画有关的文献。这是先外围后中心的文献研究方法,可取。

> 先介绍月份牌广告画产生时的社会背景,还是先外围后中心的手法。

| 接下来再概略描述月份牌广告画的一般情况。 | — 代最早的现代商业海报与广告形式。"月份牌广告画"命名源自海报发展初期,以附印月历而得名(王怡文,1997)。至于画中女性角色则十分多元(张燕风,1994;赵琛,2002)。"商品"原是广告主角,但在月份牌广告中反而位居角落,出现在视觉中心的是各式各样的传统或现代美女(赵琛,2002)。

| 月份牌广告画的创意产生过程和大致延续脉络。 | — 事实上,广告海报被引进中国时,并非大多以"美女"为主题。洋商带来西方图像不能吸引一般消费者,所以洋商入境随俗,重新设计广告内容。美女为主角佐以摩登生活之背景,对消费者有吸引力;阴阳历兼备的广告可以使用一年,宣传效果因而持久(张燕风,1994)。

根据广告画收藏家张燕风所述,最早的月份牌广告画有中国木板年画传统,后来越来越摩登。(张燕风,1994)。与报纸不同的是,广告画以图像为主,不分阶级都可以"阅读"。1949年以后,代表资本主义"遗毒"的广告画亦随之没落。

| 陈述相关文献中关于月份牌广告绘画风格的两个来源的内容,虽然可说的内容很多,但这里也只是介绍,并不在纠缠考辩,因为月份牌广告画的来源问题不是本文主要论题。 | — 就月份牌广告画的画风而言,它是中西夹杂,归纳相关文献,月份牌广告画之风格,受到两个因素影响,一个是晚清著名风俗画家吴友如的主题与画风;另一个是中国古典的"仕女图"(张燕风,1994)。吴友如曾任《点石斋画报》绘画主笔(吴友如等,2005)

《点石斋画报》的写实风格,对上海广告画师自然有影响。但吴友如对广告画真正的影响不是来自《点石斋画报》,而是来自描绘上海女子生活百态的《海上白艳图》(吴友如等,2005)

影响月份牌广告画画风的第二个因素为中国古典画中的"仕女图"。仕女图源由究竟应溯自哪一年代?众多纷纭,已不可考。可确定的是历经周秦两汉时期,女性形象画作以臻成熟(刘芳如、张华芝,2003)。朱景玄在《唐朝名画录》中提出"士女"概念,后来演变为"宫女"和"仕女",反映出历代审美价值。(刘芳如、张华芝,2003)。

| 这里提到的内容很有趣,也都能引经据典大说而特说,但作者并不横生枝蔓,体现了控制总体的能力。 | — 在中国艺术史中,仕女图占有一席之地。古代王公贵族以及风雅之士发展出仕女图的绘画传统,约有三个原因,一为娱

乐。二为美感价值之传递观。三为皇室教化,藉由仕女图说明妇女在社会中扮演之角色(织布、育子)。至于描绘女英雄的角色,则少之又少,这与中国封建社会中,根深蒂固的"女子无才便是德"关系紧密。

整体而言,以美女为主题的老月份牌广告画与古典仕女图,作画动机或选择题材是不同的。前者追求商业目标(孙秀蕙,2003),后者常被赋予高尚的思想内涵(衣若芬,2005)。

不过,就观看脉络而言,"寄寓情志",传递高尚思想内涵的仕女图,与商业力量主导的广告美人图,其雅俗之分未必如此明确。这是因为"女人"作为一个视觉符号,它如何被运作、安排或解读,都由男性画家或观画者主导(衣若芬,2005)。这不独在古典美人图,在近代广告画中也时常可见。

综合以上文献探讨,本文提出四个研究问题:

(一)图文兼具的平面广告的符号分析原则与研究步骤为何?针对"月份牌"广告的文本特性,如何建构一套可行的符号学研究模式?

(二)平面广告与视觉艺术作品的最大不同之处,在其明显而立即的商业行销意图。因此,当我们在考虑研究模式的可行性时,应如何针对图文并呈的平面广告修正相关的理论与方法?其分析原则与研究步骤应考量哪些要点?

(三)以图像符号研究模式分析月份牌广告画,在广告画的表意过程中,它的符号运作原则为何?如何呈现宣传效果与说服功能?

(四)月份牌广告画在形式与基本构成之呈现,大多使用"女性"图像作为广告之视觉焦点。在月份牌广告画盛行时的中国,从市场特性、广告主因素、消费者特质来看,月份牌广告画反映出何种意识形态与价值观?

这里区别商业图像与艺术作品的差异点和相同点。是很有必要的说明,因为本文研究的是商业图像,不能像研究纯艺术图像那样去研究。

文献研究最有价值之处,是在研究中找到自己可以讨论的话题,即论文主题。本文在文献研究部分找到四个话题,作为本篇论文的主要研究内容。这就是文献研究的成果。

讨论题目出现在文献研究末尾,说明这些问题是在研究过程中发现的。不能在没有研究文献之前就设定好讨论题目。

叁·研究样本与研究方法

> 按：把研究方法专设一章，是因为：① 研究方法能决定研究结果，只有让别人了解你的研究方法，才能知道你的研究结果是怎么来的。② 研究方法是专业工具，没有专业的研究方法，就不可能有专业意义上的高水准研究。

<small>这段是用来说明所选样本的权威性和全面性。这是抽样研究方法必须考虑的前提。</small>

本研究以女性为主题的月份牌广告画进行符号文本分析，并从文本讯息的表层出发，观察其图文符号结构及功能，整理研究所得、描述并说明月份牌广告画的符号运作及其如何发挥广告说服功能。样本来源则以张燕风（1994）的《老月份牌广告牌》及吴昊、卓伯棠、黄英、卢婉雯合编（1994）的《都会摩登－月份牌：1910－1930》中收录的广告画为主。根据王怡文（1997）的访谈，1949年以前的上海月份牌广告画流传至今，约莫剩下有1 000个样板。张燕风（1994）在出版《老月份牌广告牌》一书时，个人收藏已近600张。2006年，研究者曾访问侨居美国的张燕风，彼时张女士蒐藏的月份牌已累计到1 000张。虽然《老月份牌广告牌》收录数量较多，但多偏重摩登美女图，《都会摩登》收录数量较少，但图像和发行年份较为多元化，故分析样本选自这两个来源，彼此有互补功能。

<small>说明所选样本的时间段（30年）是重要历史阶段，显示所选样本的重要性，也间接暗示主题的重要性。</small>

在样本选择方面，本研究采符号学为主的质性研究，故以立意选择为主，以每十年为基础，从1910、1920、1930年代中挑选若干广告画作为文本分析的对象。事实上，从政治面来考量，1910年代以后，中国就发生了推翻清朝的革命，接下来1919年发生五四运动，在这之后的1920年代，中国都会区的知识阶级消费者，通过大众传媒创造一种新型表达方式，"新女性"的存在取得了正当性，女性特质（womanhood）、女性生育问题、自主意志等议题，不但成为重要的社会课题，到了1930年代以后，更与商业力量紧密结合，发展出蓬勃的消费文化风潮，这也是中国第一波现代广告业的高峰（白露，2007/ 苗延威译，2007：208）

<small>研究流程是研究方法的重要方面，所以要先介绍。</small>

研究方法的第一个步骤，是先探讨图像学符号学论述，找

出分析图文并呈的符号理论基础,并就广告与视觉艺术作品的差异,建立适用于分析月份牌广告的符号分析模式。接着将所建立的分析模式套用在解读月份牌广告上,分别观察图像符号与文字符号的构成与互涉方式,进而了解其表意系统运作。接下来,本研究将聚焦于广告画中的"女性"符号,归纳、分析其符号运作原则,并考量广告画流通时的上海社会与文化脉络,以说明其宣传功效与说服功能。

我们在前面文献探讨中已说明,Peirce 和 Saussure 开创符号学后,有多家论述过图像符号学之理论建构与分析法。但过去图像符号研究者多不能对"不同特性"图像符号(如摄影、水彩画、广告等)做出适切的分类和研究(Sonesson, 1993)。毕竟一张相片与一幅画有本质不同,各类文本传播意图也有差异,因此分析工具上的探讨更值得严谨看待。本研究呼应 Sonesson 的见解欲,在图像符号研究中须先确认符号特性,再就该特性挪用并修正理论与研究工具。以下做进一步说明。

> 说明原有符号学研究不能适应各种各样的图像研究,所以应该修正相关研究理论和工具。

针对如何将多样符号图像,依其特性分别出来,Socesson (1993) 提出以下几个观察图像符号文本的重点:
(一)文本的结构规则(rules of construction)。
(二)文本所欲制造的效果(effects which they intended to produce)。
(三)文本的流通管道(the channels through which pictures circulate)。
(四)文本配置的本质(the nature of the configuration)。

根据 Sonesson 的解释,"结构规则"指的是与传递内容息息相关的表现特质。"所欲制造的效果"是要与实际效果(actual effects)区别开来,强调其传播意图。"流通管道"指的是如明信片、壁画、电视画面等各有其不同传播方式。"配置的本质"是指主导图像在表现层配置的本质,Socesson 强调语言符号没有所谓"配置"问题,这是图像文本分类的重要方法。不论多么有效率的分析模式,被挪用到不同配置的图像文本上,都可能发生无法有效分析的情况(Sonesson, 1993)。

> 先介绍已有图像文本的理论,即四个分析原则。然后对这种理论详细说明解释,由此暴露了这种理论的某种薄弱环节。

| 这里指出这种理论的薄弱环节有两项，主要薄弱点是语义模糊。指出前人研究的不足是为了体现自己研究的意义所在。 |

Sonesson对符号特性的说明与观察，虽有其独到之处，但我们不难发现他对第一项"结构规则"与第四项"配置本质"在定义上有些模糊，而他也只能够对第二项和第三项举出实例说明。但不论如何，分类符号特性的四大观察重点，对于实际应用图像符号学于文本研究的人来说，决不能定义模糊。

| 接下来是很自然地提出对原有理论的修正意见。 |

事实上，我们可以藉由一些传播研究的惯用概念来理解Sonesson的说法。"所欲制造的效果"是传播目的。"流通管道"是传播媒介。"配置本质"是指图像文本可以呈现意义的特殊方式，也就是该图像符号特有的构图法。以平面广告来说，可以直接呈现产品，也可以呈现产品与其他物品并置（类似于明喻simile），甚至用另一物件来代替产品的图像（类似于暗喻metaphor）（Forceville, 1996）。相反地，"配置"也会出现在语言符号文本中，并非如Sonesson所言，专属于图像符号文本。广告研究中图文并呈的文本并非少数，图文除了各自的"配置"，更有彼此文本互涉的重要"配置"关系（Barthes, 1977）。

| 详细陈述自己的论点，包括研究路径（借助传播学理论）和对某个概念的释义辨析，以及在前人研究基础上的术语创建。 |

可能是为了与语言学派的符号研究做出区隔，Sonesson故意避开既有语汇，而使用"配置本质"这样的说法。所以我们将"配置的本质"修正成"文本图构"（texture），以文本（text）与图像（pic-ture）兼具的概念来定义它：图像文本（包含图文并置类）中用以产生意义的构图方式。

| 这里正式提出自己的符号分析理论，并将这个理论作为分析工具。能在论文中提出原创性的系统理论并作为分析工具使用，是不简单的学术成果。 |

我们将Sonesson的理论与传播研究的概念结合，可进一步修正并清除地呈现，辨认图像符号文本特性的四大要点：

（一）符码的形式（types of code）

（二）传播目的（goals）

（三）传播媒介（media）

（四）文本构图（texture）

接下来，我们就依照四大要点来分析、说明上海月份牌广告画的符号文本特性。

肆·研究分析

一、"上海月份牌广告画"的符号文本特性

从辨认图像符号文本特性的观点来看"月份牌广告画",首先可以确认的是它的"传播目的"。广告即是为宣传商品以刺激消费,月份牌广告画当然也是如此。其次,月份牌是附赠物。作为"传播媒介"属于印刷品、平面广告类。就"符码的形式"而言,月份牌广告画是以传达视觉图像与文字讯息的符码为主,分别是直接诉诸视觉感官的写实彩色绘图,以及诉诸于阅读理解的繁体中文和西方文字。

> "文本"是指可以由作者独立完成,有待于他人阅读的单个艺术作品本身,即等待被解读之物。

至于月份牌广告画的"文本结构",也就是它(图文并呈的图像文本)用以产生意义的构图方式,则十分特殊。它兼具实用性质的年历、装饰用途的挂画、促销产品的广告等特性。在版面安排上几乎都是直幅,并且用边框将人物画(大多为美女肖像)框住,再把产品名称、厂商名称、广告文案以及年历融入边框图案设计中。举例而言,以下两则香烟公司广告(图1与图2),分别将年历置于边框下缘或两侧:

> 凡以视觉符号为研究对象,必须提供图片,这个很重要,这样读者才能知道你说的到底是个什么东西。"文本结构"也叫"图式",指有某种特定含义的画面的形式构成方式。

图1:哈德门牌香烟广告　　图2:东亚烟广告
(资料来源:张燕风,1994:18)　(资料来源:张燕风,1994:18)

> 本文介绍样本说有1 000多张月份牌广告画,但论文中只用了这几幅。这是因为,这篇论文不是考证作品,而是图像符号理论研究,所以选用样本只要能说明问题即可,不需要提供过多图片例证。

若无边框设计,则将文字直接书写于图画边缘,如图3:

图3：日本仁丹广告
（资料来源：张燕风，1994:18）

> 引用图像与引用文字一样，要交代出处，这里不能含糊，要有完整的出版信息或来源。

> 这一小段专门描述"边框"，因为这是本文的两个关键词之一，另一个关键词是"女性"。

不论产品图像是否直接出现在画中，产品与厂商名几乎都是写在边框或图画边缘上，例如图4中产品（蚊虫香）虽已出现在图中，但它并未占据视觉核心，仍需要边框文字说明：

图4：菊牡丹牌蚊虫香广告
（资料来源：张燕风，1994:18）

> 从视觉形式角度提出本文要讨论的核心问题：框架与图像，也就是"图像被文字框架住"这种形式的特殊意指。这里说的框架和图像，是一种最常见的视觉图式结构，普遍出现在各类视觉艺术领域，但月份牌广告画中的这种图式有其特殊性，研究这种特殊性就是研究月份牌广告画的本质含义。

从视觉上看，图像被框架住了，而它的意义指涉空间，也同时被文字（品名、厂商名）限定了。这是"上海月份牌广告画"为达商品宣传目的图文制码（coding），也正是它的"文本图构"，意义即：图像（意）被文字框架（限制）住了。

前面文献研究中 Barthes 的平面广告符号学分析法涉及图文关系，Barthes（1977）以"预设功能"以及"情景功能"来说明。

这种方法有二个重点：一是认为文字可以将阅听人对图像的可能解释导向符合传播目的(广告促销)的预设意义；二是强调图文并存的脉络，情景脉络消失(或不同)则意义消失(或不同)。"上海月份牌广告画"的文本图构中的"图像(意义)被文字框架(限制)住"，正可被 Barthes 所主张的"文字预设图像意义"与"情境脉络意义"所涵盖。然而，我们仍需进一步深究其中许些差异，以针对不同的文本援引最佳理论根据，这是图像符号学发展至今所面临的最重要课题。

> 通过具体案例说明某种理论学说，但同时因为该种学说不能很好解释某种事实，所以也有修正的必要。这段话把这个想法说清楚了。

举例而言，Barthes 所用来说明符号功能的文本（在"Rhetoric of the image"一文中所举的意大利面广告例子）虽与本文分析的对象同为平面广告，在"符码形式"、"传播目的"、"传播媒介"上也并无太大不同，却在"文本图构"上出现明显差异。[①]意大利面的广告将文字"意大利风味"(Italianicity)与水果图像结合，完成达到刺激消费者欲望的表意过程。

> 举例说明原有 Barthes 符号学理论不适用于本文中特定研究对象——月份牌广告画。这个例子说明了研究对象不同，研究手法也应不同。

反观月份牌广告画却没有出现这样的表意过程。虽然，我们在前边提到，上海月份牌广告画的"文本图构"是：图像(意义)被文字框架(限制)住。但月份牌广告画中的女性，大多没有因为文字符号的指涉，而有进一步的暗示或延伸意义出现，更没有出现新的象征意义。月份牌广告画中女性与产品及厂商名等文字符号之间的连接非常薄弱，甚至是毫不相干。因为任何一幅图都可以被置换成另一幅图，而完全不影响传播(广告或促销)目的。这就是说，月份牌广告画的图文之间，既非"预设"功能也无"情境"关系。所以，Barthes 在《Rhetoric of the imag》一文中提出的符号分析工具无法适用于上海月份牌广告画这样的目标文本。然而，透过图像符号文本特性的辨识过程，我们在"上海月份牌广告画"中找到了"女性"图像与"(文字)框架"这两个重要的表意符号结构单位，也发现了两者在表意过程中的连接断裂。

> 非常具体细致地指出原有研究方法与现在研究对象之间的不能匹配之处。

---

① 这里意思是说，虽然在"符码形式"(可理解为画面样态)上两幅作品有些差异，如意大利文与中文不同，画像与摄影也有不同，但这种将文字与图像密切结合的做法，都是"图文并呈"的结构方式，两者的"文本图构"是一样的。而上海月份牌年画就没有这样的特点，因为它的文字与图片之间缺乏紧密的联系。

也就是说，以"上海月份牌广告画"为例，此文本类型的"文本图构"特点是：图像（意义）被文字框架（限制）住。而在视觉符号上的表面呈现则是"被框架的女性意象"（the framed female image）。其中，"框架"与"女性意象"则成为最重要的两个表意符号单位。

综合以上，针对图文并呈的平面广告文本，我们进一步提出图像符号分析方法与步骤的修正与建议：

（一）依其"符码的形式"、"传播目的"、"文本图构"，找出图像符号文本特性。

（二）定义出该文本或类型文本的符号结构特性。

（三）确认最重要的表意符号单位，以及彼此之间的表意结构关系。

（四）最后就表意符号单位进行意义分析，并揭示其深层结构意涵。

画师展示待价而沽的美女图，由商人们买回，将印有商号、产品、年历的边框直接架放上去，借大量印刷而流通，这就是当时"月份牌广告画"的产销过程（张燕风，1994）。华人社会从封建社会跨越到资本主义时代，视觉艺术跨越到商业广告的原初状态与模型，似乎就是以"文字符号／商品／资本主义－框架－图像符号／女人／艺术作品"这样的设计概念呈现。是否"被框架的女性意象"（the framed female image）就是那个时代（1910–1930年）意义的缩影？那个时代的符号标记？接下来本文即深入分析月份牌广告中"框架"与"女性意象"的符号运作与意义。

二、框架：女人之外

女人虽然通常是视觉的焦点，但"框架"却是月份牌广告画最重要的元素与定义，因为没有了框架，一张张美女图就只是彩色的人物画像，不见得是艺术品或商业广告。而美女加上框架，就成了礼品、展示品和广告。那么，这个"框架"到底包含了些什么呢？

从美术设计来看，大部分月份牌广告画的版面安排都是直

旁注：

- 直接提出修正建议，并在后边用这个修正后的图像符号分析方法研究了月份牌广告画。在这里提出，也等于又一次介绍本文特有的研究方法。

- 经过前边的分析论证，获得了充足理由，于是在这里正式提出修正建议，并在后边用这个改进版的分析方法研究月份牌广告画。论文到这里已经写了一大半，但核心观点才刚刚出现。这其实是一种写作方法，就是在前边把要做的事情铺垫好，然后一击而中。

- 视觉符号标志凝结着时代与社会的变化信息，这里提出这个问题，是将月份牌画女性符号研究置于广阔的历史空间中。很给力！

- 以提问开门见山，直接点出本小节讨论主题。可看做本节引导语。

幅，而其框架中西风格都有。画框图案省却装裱麻烦，框架中内容包含产品名称、厂商名称、广告文案与中西年历，中文洋文并呈的文字安排。狭义"框架"是美术设计的图像配置，广义"框架"是框架内容物中所隐含的多重文化意义指涉。以一张1916年的"英美香烟公司"月份牌广告为例，它的"框架"似乎就能够把当时以上海为代表，才刚迈向现代的中国勾勒出来：

> 本文重要概念之一的"框架"到底指什么？这段话就解释清楚了。

图5：英美香烟公司广告
（资料来源：吴昊等人，1994:1）

> 这些文字是对这幅广告画的解释，每一个形式元素都以符号方式传递着并非形式本身的信息——历史与社会的情况。从形象或形式中，找出不是形象和形式的抽象意义，是符号学的基本研究方法。

此帧"英美烟草公司"的广告画，虽属于较早期的月份牌广告画，但它的框架形式十分具代表性，两侧年历，上方和下方是商号和商品名称（卓伯棠，1993）。

此画的配置包括人物肖像，四周是以文字为主的框架，框架左右是清楚的年历，上下是厂名"英美香烟公司"和产品名称。广告画使用西历，但保持中国历书形式。说明中国上海尚未完全脱离封建传统与农耕形态的思维模式。

其次，可以观察到位于框架上的商场名称与产品图样。产品图样上的文字是英文，但由于上框中有厂商名，所以不懂西文的民众也能了解广告内容。中西文并呈方式，说明当时上海，外来文化出现在日常生活中是习以为常的。这也表示上海被资本主义"框架"住。

> 根据图像内部形式分析出图像外部的社会文化含义，正是标准的符号学研究手法。

西方殖民主义、资本主义、配合深植于人民生活中的封建传统，为我们框架出"广告画"的时空。然而彼时1915年，在广告画中被描绘出来的上海，却还是个绑小脚的女人。

三、女人：框架之外

> 全文侧重两个概念，一个是女人，一个是框架。只拈出两个这样简单的视觉符号，就把握到一个大时代的社会文化脉搏，这就是使用专业研究方法的好处。

> 对本文中特定"女人"概念的时代背景介绍。

中国封建传统礼教要求"女子无才便是德"。1903年，清末所颁订的《蒙养院与家庭教育章程》是中国近代有关女子教育最早的政府规定，规定女子应在家相夫教子。1907年《女子小学章程》规定课程不得违背"中国懿德之礼教"，女子不得与男子同校，……在这样保守封建的环境中，月份牌中被公开展示、还绑着小脚的女子是谁呢？她应是以抛头露面为生的卖笑女子，而一般大众也接受其展示自身等举止的妓女。①

对比同一时代上海的摄影照片，有一张"诗妓：李萍香"人物照，与广告画相似：

> 凡符号，都有原型，这里拿出一个真实的照片，就是月份牌广告画中女性符号的原型。作者从这个原型开始，分析当时现实中的女性生活，这样就从对艺术符号的抽象概念讨论，过渡到到对符号所隐喻的现实女性生活状态的研究和探讨。

图6：诗妓：李萍香
（资料来源：薛理勇，1996：387）

> 对这个特殊的图像原型加以解说，揭示出图像背后的深层社会现实。

图5与图6中的女人形象有相同展现风格，是洋商入境随俗采用的女性图像，受到上海当地民众欢迎。这样的展示形象不是官方主流所称颂的大家闺秀和良家妇女，但却是上海崛起的商业文化中可吸引、刺激消费者的象征。

1898年，《点石斋画报》报道当时上海道台夫人出面邀请中外上流妇女开"裙钗大会"，出席者中有药房老板的情妇（一

---

① 学者曾于清末民初服装研究中指出，当时高级妓女的服饰与月份牌中的人物服饰常十分相似（阮慧敏，2002）

名高级妓女)(叶晓青,1998)。1903 年,美国传教士将中国国际学会总部自北京迁到上海,开幕典礼上也有许多上海名妓出席(薛理勇,1996)。"晚清妓女是第一批在社会上自谋生存的'打工女郎',当时在社会上抛头露面的女子也只有她们。"(许敏,1998:120)。上海小报将诗妓李萍香称为现代李清照(Hershatter,1997)。

民国之后,社会变化,封建贵族式微,时尚领导者是活跃于社会的妇女,青楼妓女是当时女性流行指标之一(吴昊,2006)。根据 Hershatter(1997)的论述,上海当时每 13 名女性中就有一名是妓女,比例是国际都会中少有的高。

尽管有卫道人士批评现状(吴昊,2006:44),但在当时上海商业文化里,她们被视为有文采、经济自主、活跃于社交圈的女性,所以西方资本家用她们的魅力来推销商品。

因此,1915 年这张"英美香烟公司"广告画中的女性图像符号指涉,不能被单纯视为只是绑着小脚的保守女性,而是具颠覆能量、准备溢出框架之外的主体性遗憾。也真的在不久之后,1919 年五四运动后,大学终于开放女禁(吴相湘,1998)

1910 年代的月份牌除了名妓之外,还有男扮女装的京剧演员(卓伯棠,1993)。但在广告画里使用男扮女装肖像的商家,多是华人企业。似乎暗示出华商对女性的态度仍然保守。

自由开放的经济市场引导人心变化,1920 年代后,广告画中的女人形象随着大众口味与价值观急剧变化。1924 年"上海太和大药房"的广告画中女性已经高跟鞋、旗袍、百褶裙、卷发了(图 7)。1927 年"林文烟"的香水广告画中(图 8),女人形象成为视觉焦点。

1920 年上海社会急剧变化,五四带来改革风气,缠足、娼妓、纳妾被视为封建恶习陋规,女学大兴,高级妓女从广告画与大众流行文化中褪色(Hershatter,1997)。广告画中女性图像变成演艺人员,开始扮成女学生或者爱好自然的现代活力女子。如图 9、图 10:

结合历史档案记载,对符号图像所承载的社会现实信息详加描述,呈现出这个简单女性图像的丰厚历史含义。由于有图像在,让文字记载的历史也生动了许多。

转回对女性符号的研究,强调女性图像在那个时代的特殊意义。

这里旁及华商与洋商对女性态度的不同的问题,本来这也是很可疑讨论的问题,但因为本文主题不在这里,所以只略微提到,而绝不多说。

论述时代变化导致广告画中女性形象的变化,描述月份牌广告画中女性符号反映的时代信息,更表明图像符号与意指的一致性。

图 7：上海太和大药房广告
（资料来源：吴昊等人，1994:16）

图 8：林文烟花露香水广告
（资料来源：张燕风，1994:46）

图 9：回春堂健胃固肠丸广告
（资料来源：吴昊等人，1994:26）

图 10：上海中法大药房广告
（资料来源：张燕风，1994:29）

> 通过前后两种月份牌广告画中女性图像的对比，更能看出画中女性形象与现实生活中女性生活的对应性。也因此证明了根据图像推断现实生活内容的合理性。

图 9 所示，穿着打扮、配件饰物上都非常西化，姿态表情也自信大方。而图 10 是上海月份牌广告画最兴盛高峰期的运动系列代表，不再是娇弱斜肩、小鸟依人，而是身材健美，爱好运动。

贴近人民生活和大众文化的月份牌广告，反映当时的审美观与价值观（陈青佩，2004）。从广告画中的女性图像，我们看到自信、积极、主动的女性在当时是受到欢迎的。"上海是女人的天下、她们是春神、创造上海的春景"（徐坤泉，1998：243—244）。

> 在这一节的总结中，指出月份牌广告画中女性图像的社会意指不但溢出了商业行销的"框架"，也溢出了传统封建社会的框架之外，这就揭示出月份牌广告画的重大社会意义。

据此，我们不难推论，当时上海女性经济能力的取得与女性主体意识的提升几乎是同时发生的。过去的研究者,将此一时期月份牌广告画中的女性图像,大多视为商品物化、性化女性身体的指涉(沈淑绮,1999,2005)。根据上述分析,女性广告画图像不是一个单纯的消费或欲望对象。上海月份牌广告画中的女性图像,它的符号意义指涉不但溢出了中国封建传统,也溢出了西方资本主义的"框架"之外。

伍·结论

月份牌广告画中的美女图像没有被限制在框架中,它展示了1910—1930年代,中西文化交错的特殊时空环境中,中国女权地位提升的可能性。本文研究了"溢出框架之外的女性图像意义"的呈现。归纳本文结论如下:

一、本文修正了 Sonesson 与 Barthes 关于图像符号研究的论述,提出平面广告的符号分析原则的四大要点,以表说明:

表一:"上海月份牌广告画"图像符号分析摘要

辨认图像符号四大原则	分析对象:1910—1930年代上海月份牌广告画
符码的形式	1. 女性为视觉核心的写实彩色绘图 2. 中文与西文字并列
传播目的	广告、行销、宣传
传播媒介	平面广告海报
文本图构	图像(意义)被文字框架(限制)住

(资料来源:本研究整理)

接下来的分析步骤,是依据上述原则,找出文本特性,定义符号结构特质,确认最重要的表意单位,以及彼此之间的表意结构关系。最后,针对表意符号单位,进行意义分析,并于当时的社会文化脉络相结合,揭示其深层意涵。

二、分析图文并呈的平面广告文本,不应断然切割"图像符号学"与"语言符号学"方法经验。本研究特别强调了"文本图构"的重要性,主张月份牌广告画的分析重点在于图像文本(包含图文并置类)中用以产生意义的构图方式:亦即图像意义被文字框架。依照文本图构的分析原则,由于月份牌广告画多以女性图像作为视觉核心,因此视觉符号呈现就是"被框架的女性意象"。"框架"与"女性意象"是两个最重要的表意符号单位。

三、女性意象是主要的宣传诉求,从高级妓女到摩登都会女性,从封建社会迈向资本主义,1910—1930年代广告画中女性形象的多次转变,代表大众口味和喜好的转型。这些符号与当时流行文化同步。

> 把这个研究放到大的世界文化背景中,更能显现其重大社会现实意义。结合实际案例指出西方符号学者研究中的不足,并提出不同于他人论点的新论点。

四、西方资本主义带来新兴商业文化,吊诡地提升了1910–30年代中国女性的能见度与地位。作为商业文化标志的月份牌广告画,反映了女性形象变迁的社会现实(卓伯棠,1993)。彼时面临改变的中国正在建立一种新的性别论述,鼓励女性追求自我,建立女性角色认同(Gorman,2005)。女性、性魅力及权力之间的关系,是北美1960年代以来的女性主义论述主轴(Machin & Thornborrow,2006),也可以放在20世纪初的中国文化及社会脉络中来理解。广告中的"女性"并不如同Goffman、Buker或Page等学者所述,只是满足男性凝视(male gaze)的欲望客体而已,"她"的形象指涉溢出框架,代表的是彼时消费者对于理想未来的憧憬,而这个"美好未来"是由健康、有良好教养、独立自主的女性来实现的。

> 最后一段话再次强调本项研究不局限于广告图像层面,而是结合艺术研究与社会文化研究。其符号文本关联着中国现代化进程中的重要时期。本论文研究了这个重要题目。

至此,由洋商所引进的广告画已不单纯扮演产品促销的作用,广告画中女性形象,可能象征中国迈向现代化过程中建立新话语的开始(李欧梵,2000)。从图像符号研究的角度看,月份牌广告画不仅是有价值的艺术收藏品,更是1910—1930年代女性形象与地位最重要的文本之一。

总结:这是一篇以具体案例为实证研究材料,以修正前人图像符号学研究方法为核心目标的论文。这篇论文在选题、文献使用和研究方法上都有很多可取之处。目前艺术学科的同学容易受传统艺术学研究方法的影响,非常缺乏科学方法的训练,仅凭感觉和经验进行研究的情况还很常见。这篇论文能告诉我们怎样运用科学手法研究艺术现象,还告诉我们如何进行文献研究,如何通过文献研究发现论题,如何分析图像符号以发现潜藏于图像背后的历史事实,等等。我建议各位同学最好能去互联网上阅读原文,那样会有更多的收获。

注释(略)。

参考书目(略)。

附录 5

日本京都学派的学风——独创性的学术研究方法与态度

[日] 泷本裕造　张前 译

> 按：这是一篇多年前刊发于中央音乐学院学报上的论述研究方法与态度的好文章，作者是日本京都艺术大学教授、贝多芬研究所所长泷本裕造先生。从这篇文章中我们能知道什么是好的学术态度，什么是好的研究风气，什么是好的研究者，什么是值得追求的致力于学术的人生理想。作者在这里说的"学风"问题的重要性，远远大于个人的学习状态，因为"学风"是指一种群体风气，能影响很多人。学风正，大家一起学好；学风不正，大家一起学坏。学习成绩差只是一个人的事，而学风差就会坑很多人。所以我特将此篇小文放在这里，希望同学们能读到它，如果还能由此知道真正的学术研究是怎样的一种状态，那就更好了。

诸位都知道世界有一项非常著名的诺贝尔奖，在日本首次获得这一奖项的是理论物理学家汤川秀树。汤川毕业于京都大学，后来一直在这所大学任教。他获奖是在 1949 年，那时正是日本发动无理性的战争遭到失败后不久，普通的日本人过着没有地方住、没有东西吃的艰难生活。那时我还是十几岁的学生，抱着对未来的憧憬，希望有一天能够成为京都大学的学生。

汤川博士发表的理论，是当时世界上谁也没有想到过的非常独特的理论，那就是认为在原子中还有中子这种微粒子的存在，这个理论对于揭开原子构造之谜具有非常重要的作用，是一种具有独创性的理论，人们把它叫做"中子理论"。虽然从理论上做出了说明，但是在原子中存在着的非常小的微粒子却是谁也看不见的。汤川经过理论的研究和实际的计算，确信自己的想法是正确无误的。过了不久美国学者通过实验证实了汤川的理论，于是汤川理论的正确性得到世界的承认。后来学者们都学习汤川的理论，并且在他的理论的基础上建立起原子构造的理论体系。

所谓独创性的研究，就是要有与众不同的谁也没有想到过的想法，不仅如此，它还要求这种与众不同的想法能够成为后人学习的模范，并且在它的基础上不断前进，只有这样才能成为独创性的研究。我要向诸位申明，所谓独创性的研究，仅仅与众不同是不行的，无论是多么的与众不同，而且是谁也没有想到过的，但它必须是人们公认为正确的、好的、出色的，而且可供后人学习和模仿的，可以在它的基础上向前发展的，只有具备这种可能性的才能说是有独创性的研究。

> 所谓创造性必须和科学性结合起来，科学意义上的独创的前提，是要符合科学研究的一般条件，比如可以实证，可以检测，可以重复，可以控制，等等。而不是任意胡想，臆想，空想，不是不负责任的满嘴跑马车。国内艺术界和艺术理论界中任意胡说和满嘴跑马车的人不算少，他们都有"独创性"，但这些独创不具有科学研究价值，所以不能对艺术研究有推动作用。弄不好，这样的"独创"越多，中国的艺术研究水准就会越低，中国的艺术研究风气就会越差。所以，独创的基础是科学意义上的可靠性。

在京都大学担任美学讲座教授的是井岛勉先生，他与汤川博士曾是同一年级的学生。我在进大学之前十几岁的时候，在学习钢琴演奏的同时，对美学也很感兴趣，那时我一边练习钢琴，一边读井岛教授写的书。后来才知道我的钢琴老师玉城先生的父亲是京都大学的物理学教授，汤川博士就是他的学生。玉城先生在上完钢琴课之后，常和我谈起他已故父亲和他父亲的学生们的事情，其中就有关于京都大的学风，汤川博士和汤川的学生（也是一位诺贝尔奖获得者）的话题。

幸运的是我的愿望实现了，进入京都大学开始跟井岛先生学习美学。由于井岛先生和汤川博士是同一年级，从井岛先生那里也听到了一些关于京都大学学风以及汤川博士年轻时的事情。

我在京都大学学到了许多东西，那里曾经培养出许多在世界上也很著名的具有独创性的学者，今天我想把它介绍给诸位，主要的是想探讨一下什么是独创性的学术研究，怎样才能做到独创性的学术研究的问题，并且结合着我自己的体会来讲，如果能有值得诸位参考的地方，我将感到很荣幸。

日本的美学，即艺术学研究，是从一位俄国出生的德国学者凯贝尔先生来日本之后才开始的，大约是一百年前的事情。这位先生作为外籍教师，在京都大学执掌教鞭多年。他是德国人，德语当然是他的母语，此外他还通晓希腊语、拉丁语、英语和法语。遗憾的是他在日本几十年，却不会日语。他和日本学生的交流，都是通过其他语言进行的。美学是以德国为中心发展起来的一门学问，<u>因此，如果想从事美学、即包括音乐学在内的艺术学研究的话，德语应该作为不可缺少的必修科目，不掌握德语而要从事美学研究，就像没有钢琴而要演奏钢琴曲，没有船和罗盘而要</u>

<u>横渡大海一样滑稽可笑,是根本不可能的。</u>当然,现在的德国美学也开始重视印度和中国等东方的思想,然而,它的支柱仍然是德国式的思维。

> 有下划线的部分是对从事研究的人提出的一种语言要求。本文作者是日本知名的艺术研究专家,所以他就从专业研究层面上提出这个要求。对于该领域的专业研究者来说,这个要求是很合理的。但在没有条件的情况下,比如语言不通,或者只想了解该领域一般知识而不是想做精深研究,去阅读译本或普及读物也是可以的。当然,对年轻学生来说,即便不是为求专业上的进取,而是只为了增加自己对外部世界的一般了解,学好外语也是绝对必要的。尤其是英语,想想看,现在还有多少受过高等教育的人会把英语当成与日常生活无关的外语呢?它不正在成为全世界人民的普通话吗?

日本的美学、艺术学研究的传统,继承了德国体系的学风。京都大学的美学研究,也是把德国体系的学问作为主流的。与凯贝尔先生朝夕相处,后来留学德国的美学教授深田康算先生,平时使用德语与凯贝尔先生对话,留学德国时又掌握了法语和意大利语,为了研究英、美的美学,英语也很精通。这样,我们京都大学的学风中很重要的一点是重视外国语,认为做学问必须与世界相通,达到世界水平。

重视外国语的京都大学的学风,实际上还有另一个侧面,<u>那就是"必须直接阅读和观察原典和实物"</u>的学风。美术研究要到现场(本来制作的场所)去观察实物(原作)。音乐研究所依据的不应是加上了别人解释的演奏或校订者改动过的出版乐谱,而应该是作曲家的手稿,或是与手稿比较接近的原版乐谱,通过自己的眼睛和耳朵来加以确认,并由此得出自己的看法。

> "必须直接阅读和观察原典和实物"的要求多么好啊!要注意,这里说的是"必须"。这正是学术研究的金科玉律。研究任何题目,只要可能,你一定要读原典,看原物。尤其是研究视觉文化和当代艺术的人,如果不能有直接的感知就很被动了。你要掌握第一手资料,你要根据自己亲眼所见开始你的研究。那种仅靠翻阅典籍和下载互联网信息就写论文的做法,是很难有新颖的研究成果的,因为你做研究的前提已经被你的资料给限定了。

世界并不是只有欧洲。正如诸位所知道的那样,日本在1945年战败之前的旧制度下,中等和高等教育都是把汉语作为必修课的。所说的汉语是指中国的古代汉语,虽然日本有自己独特的汉语读法,但是日本人是用与日本语同样的感觉来学习汉语的。因此,对于受过高等教育的人来说,汉语是日本语的一部分。特别是在一百年以前,日本的知识分子阅读和写作,当然包括写信和记日记,都是使用汉语的。因此,对于日本人来说,中国语不是外国语,而是日本语。特别是京都大学由于有重视中国的学风,因此具有中国语的教养是理所当然的。读深田先生的文章会清楚地感觉到,他对中国的文献与欧洲的文献一样都是非常熟悉的。前面提到的汤川博士也是一位中国文化教养很深的人,他特别喜欢老庄思想,他自己曾说过,他在物理学上取得的具有独创性的业绩,也受到了庄子思想的启发。

归纳一下上面讲的京都大学的学风,可以概括为如下两点:(1)学术研究必须有"独创性";(2)通过外国语使研究者:A、具有"世界性的视野",B、进行原典与实物的考察(即"原典主义"),C、养成特别重视中国的学风,并且使之占有支配性的地位。

> 这里是个小总结,说得很清楚,把京都大学的学风明白无误地告诉大家。但有一点需要注意,其中"对中国思想的重视"是与京都大学的整体学风相关联的。也就是说,正是前面几条扎实的科学原则和操作规范,他们才能在中国思想中发现有价值的东西,就像有想象力的美国人能拍出动画片《花木兰》一样。换句话说,如果没有前边那些现代科学的基础,只有所谓"中国的思想",可能还是不能有大贡献的。

但是,上面讲的做学问必须具有独创性,具有世界水平,这些都是当然的事情,是现代学术研究的常识,我这里并没有讲出新的意思。然而我认为重要的一点是,京都大学对于刚刚入学的年轻学生就提出了上述要求。也就是说,对于年轻的学生来说,要把"学习"和"研究"明确地加以"区别",促使学生具有研究者的自觉性,培养他们成为真正的研究者。学习是为了在自己研究领域里早日达到世界一流的水平,为此目的而学习。另一方面则是要求自己独立地去进行研究。所谓独立研究就是进行"独创性"的研究。从年轻的时候起,就教会学生用一流研究者的态度去进行研究。

> 作者鼓励青年人要有以一流学者心态去开始科研工作的雄心壮志。他说的对,因为如果一个人在年轻的时候都没有学术上的雄心壮志,等到年老了,还会有吗?所以王国维描述做学问的初始境界就是:"独上高楼,望断天涯路"。

有一件事使我难以忘记。有一位学生在课堂讨论中作了发言。当时这个学生为了解释一个概念,引用了辞典《广辞苑》来进行说明。这部辞典是日本一流的辞典,无论是谁会都承认它的价值。但是井岛教授当时却大发脾气,拍着桌子说:"你即使是刚刚开始做研究,也应该把自己看作是一个真正的研究者。而作为一个研究者却把别人写的东西照样搬过来而且还很得意,这样的态度是不行的。虽然现在还不成熟,但是你也应该是一个能够写辞典的人。靠着别人写的辞典来做研究这是什么事情!你必须把它重新做过。"按照先生的想法,无论多么年轻,也无论多么没有经验,但是作为一个研究者,都必须用自己的头脑去进行思考,提出自己独特的看法。这样一来,学生们就开始为怎样才能进行"独创性"的研究而开动脑筋。

> 这个例子很说明问题,能让我们看到日本高等教育是如何培养未来的研究人才的。与之相比,把引经据典当成研究本身,在中国其实是很常见的学术现象,我们把这个称为"考据"。经济学家郎咸平说过:"从宋朝朱熹之后的八股考试,完全扼杀了我们的创造力,因为他在搞考据。一千年之后的今天,我们还在搞考据,那我们的创造力在哪里?"眼光向后看,泥古不化,好古成癖,是不是我们民族的劣根性之一? 所以,看到日本教授在这样进行教学,我个人是很觉汗颜。

根据我在京都大学的学习体会,所谓独创性的研究包含着两个方面:(1)是"研究领域",即新的研究对象的开发;(2)是"研究方法",即在采取新的立场和观点上下工夫。

> 作者讲了判断独创性的两个标准:一个是发现新领域;一个是提出新观点。这也是一般论文写作的两个要求,你或者有新发现,或者有新观点,这样的论文才有价值。但现实中尤其是学院中最多见的,是既没有新发现也没有新观点的论文。对于只想写这种东抄西抄、人云亦云的所谓论文的人来说,实在是对个人生命的挥霍浪费。所以如果你想写出一篇真正的论文,就一定要把这两个标准作为你的工作原则。

首先谈谈研究领域的问题。无论在哪一个研究领域里,都应该去开发谁也没有研究过的课题,这才是进行独创性研究的正确道路。我曾经听到一位取得博士学位的数学家说过这样的话:"从事某项研究并不是那么困难,而真正困难的是,如何去判定和证明某项研究是世界上谁也没有做过的。"为此,就需要广泛了解现代的研究状况。这些现代的研究一般都会在学会或学术杂志上发表,稍后还会以著作的形式出版。对这些信息必须始终加以关注。为了使这些信息成为自己的知识,就必须尽快地阅读原书。当然熟练地掌握外国语的能力也是不可缺少的。然而,如果是在好的研究机构里情况就会变得非常有利,因为在那里教授和前辈们对这些信息都非常熟悉。因此,这也是判断一个大学水平高低的一个很重要的标准。能够判定在世界上谁也没有做过的研究领域是一件非常困难的事情。从具有世界性的眼光这一点来看,京都大学是一所非常好的大学,在这里从事研究工作是非常有利的。也就是说在这里教授可以告诉你:"这是谁也没有研究过的领域。"

> 做没有人做过的事情,是值得鼓励的。可惜,如果是学术制度不合理,学风迂腐暗昧,就会走到相反的路子上去——陈词滥调得到鼓励,敢于创新的、没有人做过的题目遭到压制。所以如果想在学术上取得好的成果,不但要有知识,还要眼界开阔,更要有胆量。

当然,教授也有他的局限,他也不可能什么都知道。像当今这样各种研究领域如此广阔和分散,一个人通晓所有的方面实际上是不可能的。但是,由于京都大学有做学问的传统,而且经过了近百年的积累,在各个研究领域里都活跃着一批一流的研究者。一个教授所不了解的信息,却可以从分散在各地研究机构里的前辈那里来获得。例如,某个人正在从事某项研究,某位前辈的研究领域是什么等等,更详细的情况则可以直接去询问有关的研究者。

就这样,新的研究领域的开发,在京都大学各学部和专业领域里都很活跃。例如,类人猿与猿的研究,昆虫与鸟类语言的研究,新纤维与新建筑材料的开发等等。京都大学的美学教授历来都是由与美术有密切关系的教授来担当的,而且把新美学理论的构建、日本美术、印度美术的研究放在优先地位,所以对于像我这样想要研究音乐的人来说是很困难的。但是反过来说,由于教授对于音乐比较生疏,他的意见和想法不会对我有什么影响,我可以自由地进行研究。京都大学学风的第三个特征,可以说就是这种"自由的学风"。对于教授所不了解的,教授的知识达不到的领域,学生可以自由地进行研究,这是京都大学非常大的一个优点。前面提到过的汤川博士就曾说过,他所取得的独创性的研究成果,是与他的恩师玉城先生重视自由的学风这一点分不开的。幸运的是,我也能够在京都大学按照自己的想法去从事自己喜欢的研究。

> 自由,永远是非常重要的。西方人说"不自由,毋宁死",表明了对自由的高度重视。学术研究也必须要有自由的思想和独立的意识,这是研究者必备的基本素质之一。"学术自由"的意思,包括了选题自由,研究方法自由,写作手法自由,等等。但"学术自由"不等于可以任意胡说,也不等于可以违背科学法则和普世价值。以前我见过一篇某院校美术史论系本科生的毕业论文,是在研究纳粹德国的艺术时有意无意地传播纳粹思想,这就不是自由而恰恰是反自由了。所以学术自由的前提,应该不

> 脱离科学法则和普世价值。也就是说,你可以研究任何题目,你也可以提出任何思想,但你的研究方向和研究内容不能有违背社会公共道德和国家法规政策的地方,也不能宣传迷信思想。前些年有些中国的行为艺术家在公共空间中搞一些血腥和污秽的表演,有意制造视觉暴力,给城市公共生活环境带来视觉污染和生态破坏,那只能算得上一种伪"自由"。因为如果这些有极端精神倾向的艺术家都"自由"了,大多数普通公民的自由就会受到明显侵犯。

如上所述,研究领域的开发,研究对象的确定虽然很困难,但还是可能的。然而,进行研究的是人,而人是有各种不同的兴趣的。也就是说,有你喜欢的,也有你不喜欢的。从事你喜欢的研究,是不会感到疲倦的,甚至还会忘记时间而埋头于自己的工作,其结果是研究工作会做得很轻松,而且很有成效。反之,对于不喜欢的工作则很难投入全部的精力,即使由于是谁也没有做过的研究课题而勉强地去做,其结果也不会很顺利,甚至有中途夭折的危险。

> 一定要选择自己感兴趣的题目去做。这是一个重要原则。不感兴趣,就不写,这是对自己负责,也是对学术负责。因为如果你确实不感兴趣,你也做不好一个研究。只是在功利社会中,有些人已不知道什么是自己感兴趣的,而是只知道什么是有利益的,所以大家会为毕业、评职称和升迁而写论文,这样很值得同情。因为对写作者来说,写那样的论文多少是会有点不愉快的。而当你真正充满兴趣地去做一件事时,你不但能忽略疲倦和劳累,还会收获很多快乐。就算只是为求得个人快乐,也不要去研究不感兴趣的内容。我在这里劝阻你不要那样做,并不是为学术考虑,而是觉得你那样做对自己太亏了。

我在京都大学的时候,曾经进行过民族音乐的研究。这方面的研究在40年前的当时,在日本几乎是没有什么人去做的。我本来很喜欢巴赫和贝多芬,也就是说很喜欢德国音乐。于是就想到要研究德国民歌,并且把它和贝多芬联系起来,研究德国民歌和艺术音乐的关系。过了一些年之后,我依然倾心于贝多芬的研究。但是究竟怎样进行研究才好呢?使我煞费苦心。关于贝多芬的研究成果,堆积得可以说像山一样多,而且每年还在不断地增加。就像中国古代思想和古典文学的研究,或西方对歌德或瓦格纳的研究一样。对于如此庞大的研究成果,即使是耗费一生的精力来阅读和学习也是不够的,根本就不会有你研究的时间和余地。这时候,京都大学的学风救了我。

> 中国的很多学问，哪怕是相对较为简单的艺术史学问，都是"堆积得可以说像山一样多，而且每年还在不断地增加。"对这些东西怎么看？作者说他"耗费一生的精力来阅读和学习也是不够的，根本就不会有你研究的时间和余地"，因此他选择了另起炉灶——开展独创性的研究。而这种独创性研究的具体做法，是下文的"一方面是找到和开发谁也没有研究过的新领域，另一方面则是，如果选择了别人已经研究过的领域，那么也要向这个领域投以新的目光，也就是说要采取谁也没有想到过的立场、观点和方法去进行研究。"这些话都说得太好了，是以金针度人，孤陋如我读了这些话也很有同感。因为我常见有些人会在已经有结论的研究领域开展重复劳动，去论证那些诸如"石涛画论"或"贡布里希思想"之类的题目，使各种美术学院成了根据旧文献制作新文献、新文献又成了旧文献的循环式劳作大本营。这不禁使人要问，我们大家努力的意义何在？所谓学术难道就是重复前人的思想和言论吗？

进行独创性的研究，一方面是找到和开发谁也没有研究过的新领域，另一方面则是，如果选择了别人已经研究过的领域，那么也要向这个领域投以新的目光，也就是说要采取谁也没有想到过的立场、观点和方法去进行研究。当然，采取新的立场说起来容易，做起来却是很难的。这时，京都大学学风的另一点又一次救了我。那就是，扩大自己的视野，即使是和自己的研究没有关系的领域也要加以关注，就像无线电的天线一样把触角伸向四面八方。汤川博士对于在表面上与自己的研究领域完全无关的"中国古典"，曾经进行过认真的学习。有时，好像和自己没有什么关系，但在其中却隐含着对自己的研究富于启示性的东西，在中国思想中就隐含着对汤川博士获得诺贝尔奖的"中子理论"富于启示性的东西。我非常喜欢读书，即使是现在一年也要读300册左右的书，各方面的书我都读。这样，有时会突然拍案叫出："啊！有了！"从书中获得的启示使我豁然开朗。

> "每年读300本书"是个什么概念？是每周只休息一天，其余时间每天读一本书。而且这还不是作者在学习期间的读书量（作者在学习期间的读书量一定比这个更多，所以他用了"即使是现在"这样的关联词）。有谁能不为此而震惊？你说，这个日本教授是不是很让人佩服？

大家都知道中国古代思想中有"性善说"和"性恶说"。人本来是性善还是性恶呢？两种主张完全对立。英国有一部小说《吉凯尔博士与海德先生》，说人不是分为善人和恶人两种，而是一个人同时存在善和恶两个方面，这部小说就是以此为主题的。在日本有一位深受英国19世纪文化影响的著名作家夏目漱石，他写了许多小说，然而它们的结局用一句话来概括就是:"所有的人都是善人,但是在紧要之处却突然地都变成了恶人。"这"紧要之处"就是"金钱"。金钱使人们陷入利害关系之中,彼此对立并产生憎恶的感情。人们之间的争斗是由金钱产生的利害关系引起的,这就是他的主张。在金钱之外,还有名誉、地位等围绕着人的欲望而产生的利害关系,也会使善人突然变成恶人。

我很喜欢已经故去的作家松本清张,他是一位侦探小说家、大众小说家,日本的知识阶层不大喜欢他,还有些轻视他。然而我却对他写的许多小说和历史研究读得很认真,而且反复地读。有一天,我躺在床上反复地在想,松本到底在写什么,他作品的主题是什么?突然像电击一样,我忽然想到他写的不正是"天才从内里来看也不过是一个人"吗?他的所有作品不过是这个主题的变奏曲。贝多芬这个天才从内里来看,不也是一个人吗?如果这样来看贝多芬,他的形象不是也会有所改变吗?贝多芬一直是作为"英雄"和"乐圣"被人们谈论着,而且只谈他的"杰作"。然而,超过"杰作"几倍的却是他的那些"愚作",即拙劣的作品,而且都是出版了的。他的这些"愚作",与"乐圣"到底是一种什么关系?与英雄贝多芬相称吗?乐圣贝多芬为什么写了那么多拙劣的作品,而且把它们都出版了呢?此外,所谓人究竟是怎样的呢?不是一些"普通的人"、"非伟大的人"、"非圣人"、"非天才"、"没有地位、没有名誉、没有金钱"的人吗?用中国的说法,或许可以说是"小人"。而所谓"小人"有什么特征呢?极而言之,就是那种追逐世俗名利和欲望的人。想金钱、想美食、想豪宅、想女人、追求地位和名誉……这就是俗人和小人。如果认真调查一下贝多芬,他不也是一个俗人和小人吗?这就是我的贝多芬研究的立场、观点和角度。我的贝多芬研究是从松本清张的侦探小说获得启示的,归根结底,它也是京都大学"把天线伸向四面八方"的学风的影响。

> 这些下划线是我加的,为什么加?因为我与作者的看法有相通处,我也一向认为所谓"知识阶层"常常是文化偏见比较严重的阶层。比如日本的知识阶层就看不起"侦探小说家"和"大众小说家",但恰恰是这个小说家的书给了作者很大的启示,使他找到了自己的新研究方向。中国的研究艺术的知识阶层也常常看不起"大众文化"、"通俗艺术"和"大众视觉狂欢现象",但这些可能是指引未来研究方向的。比起传统的艺术研究方向,大众文化研究、视觉文化研究、生活美学研究、环境美学研究,文化传播学研究,诸如此类的相对较新的研究领域,正越来越多地引起年轻学者的关注,也正越来越多地涌现出多样化的研究成果。所以,从事科学研究不应该存在社会等级之心,当以客观平等的态度去对待各类工作,还要保留住热爱新鲜有趣事物的健康心态。就像本文作者这样。

如果用这种观点来重新考察贝多芬,那么他作为一个"俗人"的形象就变得很清晰。今天,由于时间的关系,我只举一个例子来谈一下乐圣贝多芬和俗人贝多芬。例子是后期的名曲《第九交响曲》。

　　这首乐曲是以法国大革命的思想为根据的,把"自由、博爱、平等"作为主题。由于席勒的《欢乐颂》也是以此为主题的,因此贝多芬在第四乐章里选用了它做歌词。由于这首诗喊出了"王侯和乞丐都是平等的"的口号,在当时森严的等级制度下,可以说是非常大胆的主张。但是,贝多芬却把这首作品呈献给了普鲁士皇帝,而且他自己还写了"皇帝陛下的忠实奴仆","能获得把这首乐曲献给陛下的荣誉我感到非常幸福"之类令人难以启齿、极为谦卑的"献辞"。由于贝多芬和皇帝没有直接交往,他间接地拜托大使馆的职员去转呈,是那种"强求式的"呈献。贝多芬为什么要这样强求式地去呈献呢?说穿了,就是他想呈献了作品皇帝一定会给他钱,还会使自己名誉大增。可惜,贝多芬只得到了一颗不值钱的假宝石,他非常生气,随即到珠宝店把这颗假宝石给卖了,所得的钱当然少得可怜。

　　贝多芬的其他作品也几乎都是献给可以赏给他金钱的贵族们的。只要浏览一下贝多芬作品的呈献一览表就会清楚地看到,他的音乐绝不是为大众写的,而是为王侯贵族写的。

> 为谁而写?为谁而画?为谁奉献才能?这是个重要的问题。作者认为,贝多芬是为贵族写音乐的,无论他有怎样高的音乐才能,其攀附豪门的行为总是偏于俗,所以不能在道德上成为伟大人物。这是对历史人物的客观评价,作者也由此为自己的研究找到了不同于他的视角。在这段论述中,暗含着一种与当下中国社会很不相同的社会伦理准则,是重平民轻权贵。事实上,一切艺术研究都包含着某种社会伦理准则,这是评价艺术的社会基础之一。我们应该向本文作者学习,不要忽略这种能决定艺术家创作趋向的社会因素。

　　《第九交响曲》提出"乞丐与王侯贵族是平等的"主张,但是却为了钱把它献给皇帝。第九响曲中提出的主张是贝多芬的本心,而想要金钱也是贝多芬的本音。还有,对于想从与自己思想相对立的人那里要钱这件事应该怎么看?这样一种贝多芬形象,与至少是应该淡泊名利的乐圣贝多芬好像并不吻合。对于那种只用英雄贝多芬的观点来看贝多芬的论著来说,这件事是非常矛盾的,而且还必须把贝多芬那些凡作、愚作、小品类的作品全都抹去,才能和贝多芬的形象相吻合。然而,所以会感到矛盾,是因为只把贝多芬作为英雄和乐圣来认识的缘故。如果也把他作为想要名誉、金钱的俗人和小人来看,那么就什么矛盾也没有了。为此,我把贝多芬定位于"伟大的普通人"的基点上。

贝多芬是一个普通的俗人,这是可以加以证明的。如果坚持乐圣贝多芬、英雄贝多芬的观点,那么对于他1813—1814年发表的被称作《战争交响曲》的作品91号,还有在写出众多优秀作品被称作"杰作之林"的1810年作曲的钢琴小品《献给爱丽丝》(WoO. 59)等凡庸的作品群,无论如何也是做不出合理的解释的。此外,对于贝多芬最后十年为侄子的问题而烦恼,以及其他传记上的以及作品解释上的问题,如果用我采取的"天才如果从内里来看也是人"的松本清张式的观点来看,那么关于贝多芬的所有这些问题都是可以得到解决的。

我现在就是这样在京都学派学风的影响下,孜孜不倦地埋头于我所喜欢的"伟大的普通人"贝多芬的研究之中。今天我的讲演就到这里,谢谢诸位的静听。

本文根据京都艺术大学教授、贝多芬研究所所长泷本裕造先生于1998年9月11日在中央音乐学院音乐学系举办的学术讲座上的讲演稿翻译而成。

(原载《中央音乐学院学报》(季刊)1999年第1期,42-46页)

总结:这篇演讲稿质朴清新,以清澈明白的语言把个人多年来的研究经验与心得与听众分享。全篇围绕学风问题展开论述,历数诸家贡献,结合研究经历现身说法,既概略总结日本京都学派形成的历史因缘与构成要素,也兼及讨论一般的学术知识,有很强的指导性和应用性。本文最后一部分是对个人具体研究课题的介绍,对研究缘起、思路和结果也都说得很清楚。但本文最重要的价值还不是对具体事实的描述,而是在这描述背后所包含的学术态度和学术思想。这些思想归纳起来是三条:(1)广阔的视野;(2)自由与独创;(3)做自己感兴趣的事。对准备以学术研究为职业生涯的人来说,这些思想都是相当重要的,堪称是保佑你在学术道路上不断进步的"真言护符"。

附录6
一个大学生论文答辩后的致谢词

一雁飞

> 按：这篇小短文不是真正的论文答辩会上的致谢词，而是一篇拟仿答辩致谢词形式的网文。作者在文中提到的一些现象，有真有假，有虚有实；既有客观陈述，也有主观夸大和恶搞。虽然这种"恶搞"不是可取的学术态度，但其中也折射出当代高校中的学术道德滑坡和论文管理体制混乱现象，是值得我们深思的。我把这篇讽刺文学小品放在全书末尾，是为了让大家在读过前面那么多严肃的文字后，能开心一笑，放松心情，感受一下论文完成之后的快乐。事实上，只有经历了学院式论文写作的辛苦之后，我们才能感受到这篇短文中的反讽和戏谑是既荒诞也有趣的！这也正是一篇并不起眼的文字会在网络上广泛流传的原因吧。

感谢冯·诺依曼先生。是他整出了世界上的第一台计算机，才使得我们这些后人鸟枪换炮，由"剪刀加糨糊"的"学术土匪"晋级为"鼠标加剪贴板"的"学术海盗"。计算机，将我们从枯燥的书本中解救了出来，我们无须再在图书馆里东寻西觅，只要一敲键盘，我们就能方便快捷地搞定所需的一切。计算机，是我们写论文的制胜法宝，是我们写论文的大功臣。因此，他是我所应感谢的第一人。

感谢比尔·盖茨先生。他以大无畏的革命主义精神、英雄主义精神和牺牲主义精神毅然从哈佛辍学。他发明了Windows操作系统，创立了微软公司，不遗余力地推动计算机事业的发展，将人类的历史推进到了信息时代，将我们的地球变成了一个小小的村落。在信息的高速路上我们畅通无阻，正是借助了网络我们才得以找到了丰富翔实的论文、资料。可以说，比尔·盖茨先生以他的辍学换来了我们数以千万计中国大学生的毕业。

感谢百度和Google公司。他们的搜索功能强大、快捷又免费。在这里，我敢说，我们每一位写论文的同学，没有一位不曾借助过它们。那些日子，我们启动电脑后打开的第一个网页一定是它们中的一个。是它们让我们很方便地搜索到了我们所需要的"论文材料"，国内的、国外的、中文的、外文的。正是靠着这些"论文材料",我们才得以顺利完成我们的"百衲衣"论文。更感谢 Google 公司增设了翻译功能,它的翻译不仅正确率高而且功能强大,一次便可翻译一整篇论文。我们的外文文献,全赖于此。

感谢那些免费的论文网站。虽说这些网站都是些不起眼的小网站,可正是它们无偿地向我们提供了大量的论文蓝本,保证了贫穷的我们也能得到所需要的论文。这可以说是一种"想人之所想,急人之所急"的人道主义精神。在这里,我殷切地呼吁那些收费的论文网站,能够向它们学习,端正服务态度,放下架子,解放思想,变收费为免费,更好地为人民服务。

感谢我的导师。他放下神圣的师道尊严,以朋友的身份告诉我怎样完成这篇论文。他告诉我如何搜集资料;他告诉我如何快捷地找到相关论文;他告诉我哪个学校的网站有本专业的硕士、博士论文;他指导我如何利用手头上的论文取舍嫁接整合。本论文的完成,离不开他的悉心指导和孜孜不倦地教诲。

感谢负责答辩的老师。在我也不明白所写为何物的情况下,他们只问了我两个问题———都知道写的是什么吗? 知道;参考文献都看了么?看了———尔后便让我通过了答辩。他们是如此和蔼可亲,他们如此善解人意,他们是如此伟大而平易近人。

感谢那些与我朝夕相处了 4 年的同学。这些日子,他们和我一块努力奋斗共进共退,相互鼓励相互扶持,你帮我找我帮你找,互通有无,及时沟通,以免出现论文撞车事件。我们是如此的团结友爱,从未出现过"五十步笑百步"的现象,我们总是相互开导着:天下文章一大抄,不抄白不抄,抄了也白抄,白抄谁不抄? 不抄大傻帽! 正是在这样的相互激励下,我那一点点文抄公的羞耻感也便邮给了上帝,而我的论文也得以完成并顺利通过。

(原载《杂文选刊》2011 年第 3 期(中旬版),51 页)

主要参考文献

[1]秦. 小论文写作七堂必修课——美国中小学生研究性学习特训方案[M]. 周凯南, 译. 北京: 北京大学出版社, 2009.

[2] 鲁德斯坦, 牛顿. 大学论文写作十二讲: 本科、硕士和博士论文通解[M]. 颜晓维, 译. 北京: 首都师范大学出版社, 2005.

[3]王嘉陵. 毕业论文写作与答辩[M]. 成都: 四川大学出版社, 2003.

[4]徐有富. 治学方法与论文写作[M]. 南京: 南京大学出版社, 2003.

[5]吴秀明, 李友良, 张晓燕. 文科类学生毕业论文写作指导[M]. 杭州: 浙江大学出版社, 2003.

[6]宋楚瑜. 如何写学术论文[M]. 台北: 三民书局, 1987.

[7]LELAND GRAHAM, ISABELLE MCCOY. How To Write a Great Research Paper:A Step-by-Step Handbook [M]. Tennessee: Incentive Publications, 2007.

[8]PAUL J, SILVIA.How to Write a Lot: A Practical Guide to Productive Academic Writing[M]. Washington D C: American Psychological Association, 2007.

[9]BEVERLY ANN CHIN. How to Write a Great Research Paper[M]. New York: Wiley, 2004.